Wolf Amadeus Fröhling

Ick ooch

Meine 20 Jahre DDR und die Folgen

Dosse Verlag

Für meine Kinder Carla (*2005) und Konstantin (*2002),
die in einer offenen Gesellschaft aufwachsen

„Wenn der HERR
die Gefangenen
erlösen wird,
so werden wir sein
wie die Träumenden."
(Psalm 126, Vers 1)

„Auferstanden aus Ruinen
und der Zukunft zugewandt,
lass uns Dir zum Guten dienen,
Deutschland, einig Vaterland.
Alte Not gilt es zu zwingen,
und wir zwingen sie vereint,
denn es muss uns doch gelingen,
dass die Sonne schön wie nie
über Deutschland scheint."
(Johannes R. Becher 1949)

„Für uns DDR-Bürger
ist die Existenz der DDR
erst im Nachhinein
zu einem wirklichen Glückserlebnis
geworden –
wir durften sie untergehen sehen,
dabei sein,
wie ein für allmächtig gehaltenes System
in sich zusammenfiel.
Seitdem wissen wir:
Nichts ist unendlich."
(Peter Ensikat)

Vorwort: Wie ehemalig ist die DDR?

Die ehemalige DDR liegt im ehemaligen Osten. Denn mit dem Ende der DDR ist offenbar auch die Himmelsrichtung ehemalig geworden, wenn man vielen entsprechenden Veröffentlichungen glauben kann. Da ist mitunter sogar vom „ehemaligen Osten" die Rede.

„Führerscheine, die noch in der ehem. DDR ausgestellt wurden, werden leider nicht mehr akzeptiert", schreibt mir das Reisebüro unter anderem zur Beachtung beim Abholen des Mietwagens in Schottland. Warum redet man von der DDR als „ehemalig" (mitunter sogar abgekürzt als „ehem.")? Jeder weiß doch, dass es die DDR nicht mehr gibt. Wenn es keine „jetzige DDR" gibt, so kann es doch auch keine „ehemalige DDR" geben.

Streng formaljuristisch gesehen hörte die DDR am 3. 10. 1990 um 00.00 Uhr auf zu existieren.

Streng genommen hätte ich als im August 1969 in Potsdam Geborener in diesem Buch daher nicht über zwanzig, sondern über 21 Jahre DDR zu berichten, aber für mich war die DDR nun einmal keine formale Angelegenheit. Im Gegenteil.

Als sich unsere kleine Familie bei Mutters Cousine zu Hause an diesem 3. Oktober 1990 in Westberlin, im beschaulichen Dahlem, traf, sagte eine Tante: „Ich bin froh, dass es jetzt vorbei ist." Mutter und ich sahen einander fragend an, denn uns kam es so vor, als ob die DDR doch erheblich früher aufgehört hatte, als DDR zu existieren und nicht erst am 3. Oktober 1990 um 00.00 Uhr.

So wie es heute „gefühlte" Temperaturen gibt im Wetterbericht, so gibt es doch auch ein „gefühltes" Ende der DDR.

Riesenoptimisten im Elfenbeinturm setzen dieses gefühlte Ende bereits mit der Ausbürgerung des Liedermachers Wolf Biermann 1976 an, dem „Anfang vom Ende der DDR“ – so der Untertitel eines Jubiläumsbandes zur Biermann-Ausbürgerung. Andere nehmen den 9. Oktober 1989, als auf Anweisung von oben eben kein Schuss bei der Großdemonstration in Leipzig fiel. Aber wirklich unumkehrbar wirklich und jedem bewusst wurde doch das wirklich Neue nach dem Fall der Mauer am 9. November 1989.
Ein flüchtiger Bekannter soll damals gesagt haben: „Jetzt kommt die Einheit“ und wusste oder ahnte damit viel mehr als die allermeisten in Deutschland.
Eine DDR mit nach allen Seiten offenen Grenzen? Wie wäre die vorstellbar gewesen? Höchstens so wie in dem alten Witz: Honecker landet am Flughafen Berlin-Schönefeld, zurückgekehrt von einer Auslandsreise, niemand ist da, alle Straßen sind hell erleuchtet, und nach längerem Suchen nach der Ursache der Menschenleere findet Honecker ein Loch in der Mauer. Daneben steht: „Erich, Du bist der letzte; Du musst das Licht ausmachen“.
Man hätte, sagten viele damals, darum den 9. November nehmen sollen als Nationalfeiertag, aber das ging nicht, wegen des 9. November 1938, als die Nazis in einem angeordneten Pogrom deutschlandweit jüdische Geschäfte zerstörten und Synagogen in Brand setzten. Dabei ging dieser Pogrom doch zurück auf eine Nazifeierlichkeit, die mit dem 9. November 1923 zusammenhing, als der antirevolutionäre aus Österreich stammende Weltkriegsgefreite Adolf Hitler mit ein paar Getreuen am 5. Jahrestag der deutschen Revolution in München vor der Feldherrnhalle aufmarschiert war.

Oder man hätte den 17. Juni als Tag der deutschen Einheit lassen können, sagen viele, die sich an diesen Tag als altbundesdeutschen Feiertag sowieso gewöhnt hatten. Aber die Bewertung des 17. Juni 1953 als spontane Demonstration gegen die Planvorgaben („Runter mit der Norm!“) oder einen bewusst antisozialistischen Arbeiteraufstand oder etwas dazwischen irgendwo in der Mitte wird wohl noch lange kontrovers bleiben, wie im Jahre 2003 das 50. Jubiläum des 17. Juni 1953 in vielen Büchern und Fernsehdiskussionen offenbarte.

Man spricht nicht vom „ehemaligem Kaiserreich“, der „ehemaligen Weimarer Republik“, dem „ehemaligen Nazideutschland“, sondern immer nur von der „ehemaligen DDR“. Muss man sich also rückversichern, dass es die DDR wirklich nicht mehr gibt? Vielleicht, weil es viele Menschen gibt, die ihre Vergangenheit in der DDR, ihr Leben in dieser DDR verdrängen, weil sie es als „wahres Leben im falschen“ empfinden (so ein Buchtitel von Christoph Dieckmann)? Weil es wie Pfeifen im Walde klingt, wenn gesamtdeutsch tuende Menschen gönnerhaft erklären, 16 oder 17 Jahre nach der Einheit sollte es doch mal endlich vorbei sein mit der Einteilung in Ossis und Wessis, frei nach Kaiser Wilhelm II.: „Ich kenne keine Parteien mehr, ich kenne nur noch Deutsche.“? Oder weil sich viele Menschen resigniert und frustriert über den real existierenden Kapitalismus oder die Freiheit und den Stress der Demokratie in sich selbst zurückgezogen haben, so wie sie das in der Nischengesellschaft DDR ohnehin schon getan hatten? Viele Menschen jammern über die Demokratie, weil sie eine so unvollkommene Staatsform ist, aber vielleicht unter den denkbaren und durchführbaren das

kleinste Übel. Geahnt haben die meisten das nicht, die voller Energie und Hoffnung Ende 1989 in Sprechchören gefordert haben: „Demokratie! Jetzt oder nie!“
40 Jahre unterschiedliche Sozialisation in beiden Teilen Deutschlands hinterlassen ihre Spuren, das merken wir sogar in unserer Ehe; meine Frau hat nur 16 Jahre den reinen DDR-losen Westen erlebt und ich 20 Jahre die DDR. Wir reden viel miteinander über die Zeit vor 1990. Nur ein Viertel aller Ost-West-Ehen sind so, dass die Frau aus dem Westen kommt und der Mann aus dem Osten. Wir sind also eine ganz besondere Minderheit innerhalb einer Minderheit, das müssen wir ausnutzen. Ich habe eine Frau, die für die Zeit vor 1990 mehr als ein offenes Ohr hat, die ganz oft zu hören kriegt: „Dass Sie aus dem Westen kommen, das merkt man überhaupt nicht.“ Ich fühle mich oft von ihr wie auf Händen getragen, und sie entschädigt mich für all das Pech, das ich vor November 1998 mit Frauen hatte. Doch über den Geltungsbereich der Bezeichnung „ehemalige DDR“ konnten wir uns nur mühevoll einigen. Meine Frau hatte als Pfarrerin in einer Nachbargemeinde eine Trauerfeier zu halten; ich las hinterher ihre Predigt, und stundenlang (gefühlte Zeit!) stritten wir wegen des Satzes über die Verstorbene in der Ansprache: „Sie zog 1960 von Polen in die ehemalige DDR“ – „die es doch heute schließlich nicht mehr gibt“, wandte meine Frau ein. Von Ossis habe ich die Wortgruppe „ehemalige DDR“ jedenfalls eher selten ausgesprochen gehört.
Meines Erachtens ist die Wortgruppe „ehemalige DDR“ nur berechtigt für einen kurzen Zeitabschnitt in der Geschichte, nämlich vom faktischen Aufhören der DDR-

Wirklichkeit mit dem Mauerfall im November 1989 bis zum Anschluss an die Bundesrepublik gemäß Artikel 23 des Grundgesetzes am 3. Oktober 1990, kurz vor dem 41. DDR-Geburtstag, der zur allgemeinen Verhinderung geistiger Masturbation nicht mehr stattfinden sollte.
„Sie kommen aus der ehemaligen DDR?“ Viele Wessis fragen so. Wäre ich Jahrgang 1990, dann würde ich diese Frage bejahen, aber die DDR, in der ich geboren wurde und aufwuchs, war nicht ehemalig; sie existierte, weil ich nun einmal in Potsdam zur Welt kam.
Und Potsdam war eine „Bezirkshauptstadt“ in der DDR. Und lag direkt neben der „selbständig-territorialen und von der BRD nicht regierbaren Einheit von Berlin (West)“. Meine Eltern wurden zwar beide noch zur Nazizeit geboren, also als es nur ein Deutschland gab, aber sie waren beide im Osten geblieben. Ich hatte also keine andere Möglichkeit, denn als DDR-Bürger zur Welt zu kommen. Und da ich aus dem selbstkritischen Westfernsehen wusste, dass „drüben“ nicht alles Gold war, was glänzte, kam ich auch nie auf die Idee, abzuhauen oder einen Ausreiseantrag zu stellen. Unsere Lehrer schimpften immer auf das Westfernsehen, weil sie dazu verdonnert waren, aber sie übersahen geflissentlich: Die meisten Ausreiseanträge kamen aus der Region, in der man kein Westfernsehen empfangen konnte: aus dem „Tal der Ahnungslosen“, dem Bezirk Dresden, Gegenstand von derben Witzen in der DDR: „Wer ist der dümmste Mann der DDR? Professor von Ardenne! Hat das Fernsehen erfunden und wohnt in Dresden!“ Oder: „Was heißt ARD? Außer Raum Dresden!“
Deren Bild vom Westen war nämlich wirklich von den tollen Westpaketen geprägt.

Ich komme also nicht aus der ehemaligen DDR, sondern aus der DDR, so wie meine Eltern nicht in der DDR geboren wurden, sondern in Deutschland, wenn auch im allerschlimmsten.

„Ehemalig" war die DDR für mich eben nur in dieser kurzen Zeit, bevor wir alle Bundesbürger wurden. Einige DDR-Bürger wurden schon früher Bundesbürger, nämlich diejenigen, die sich im Westen einen bundesdeutschen Pass besorgt hatten, etwa wegen einer Arbeitserlaubnis als Au-Pair-Mädchen in England oder wegen der Möglichkeit, von Onkel und Tante am Niederrhein aus einfach mal so ohne bürokratische Hürden nach Holland fahren zu können. Ich erinnere mich noch, dass ich diesen Vorab-Bundesbürgern mit innerlicher Distanz begegnete, weil es mir vorkam, als schämten sie sich ihrer ostdeutschen Herkunft. Aber schämen kann ich mich doch nur für etwas, wofür ich etwas kann, genauso wie ich nur stolz sein kann auf etwas, das ich aus eigener Kraft geschafft habe. Und wir Ostdeutschen konnten doch erhobenen Hauptes in die Welt reisen, so meinte ich; hatten wir doch der Welt gezeigt, dass das geflügelte Wort Stalins nicht stimmte, in Deutschland würde es wegen der Schilder „Betreten des Rasens verboten!" nie zu einer Revolution kommen.

Denn es war nicht einfach eine „Wende" – auch wenn dies den Herbst 1989 beschreibende von der SED benutzte Wort sich normalsprachlich gesamtdeutsch durchgesetzt hat.

Wem die drei Buchstaben DDR nicht reichen – von mir aus komme ich aus der „damaligen DDR", aber das klingt bescheuert. DDR – so hieß nun mal der Staat, in dem ich

20 Jahre meines Lebens unfreiwillig ohne Alternative verbracht habe. Deutsche Demokratische Republik. Deutscher, als uns allen lieb war; von Demokratie keine Spur, und auch keine Republik; allenfalls eine konstitutionelle Monarchie mit zuletzt Erich Honecker als Sonnenkönig, der nicht mitbekam, was das Volk wirklich brauchte und wollte und darum scheitern musste. „DDR“ und „BRD“, so standen die beiden Abkürzungen der zwei deutschen Staaten auf Landkarten, wo wenig Platz war, etwa auf einem Leuchtglobus, den man in der DDR nur über Beziehungen bekam. Die DDR sprach von sich selbst meistens als Kürzel, vielleicht damit der Mangel an Demokratie nicht in der ausgesprochenen Form ständig auffiel, und genau so wurde auch die Bundesrepublik Deutschland abgekürzt als die „BRD“.

Selbige BRD redete hingegen von sich immer nur vollständig in der ausgeschriebenen Variante, oft unter Weglassung der „Bundesrepublik“ verkürzt zu „Deutschland“. Beim innerdeutschen Vergleich während der Eishockey-Weltmeisterschaft im Westteil Deutschlands 1983 stand auf der im Fernsehen sichtbaren Anzeigetafel doch tatsächlich „Deutschland gegen DDR“. Es war dies einer der wenigen Momente, wo ich meinen Lehrern recht geben musste, die einen „Alleinvertretungsanspruch der BRD“ geißelten. Noch heute werde ich traurig, wenn ich Statistiken im „kicker“ lese in Vorbereitung auf Fußball-Länderspiele: Da werden sämtliche Spiele gegen den aktuellen Gegner – sagen wir Brasilien – aus dem Kaiserreich, der Weimarer Republik, der Hitlerzeit und der Bundesrepublik addiert, und dann wird sortiert nach Siegen, Unentschieden, Niederlagen, geschossenen und kassierten

Toren. Und dann steht ganz klein drunter: „Hinzu kommen so und so viele DDR-Länderspiele gegen Brasilien mit folgenden Ergebnissen...". Und dies nur, weil eben zwei deutsche Staaten 40 Jahre lang parallel existiert haben. Zwar nebeneinander, aber die DDR gilt offenbar als weniger deutsch, wie die Statistik im „kicker" zeigt. Eine Addition mit den weiteren Länderspielen zu einer gesamtdeutschen Statistik muss der Leser am Taschenrechner selbst leisten. Die Staatsdoktrin der DDR hat im „kicker" jedenfalls einen posthumen Sieg errungen: Die DDR hatte mit dem Deutschland (auf ostdeutschem Gebiet) davor nichts zu tun.

Oder wir Ex-DDR-Bürger können uns bei solchen Statistiken wieder einmal als das fühlen, was wir angesichts des Mangels an D-Mark in Prag oder Budapest und selbst in Moskau früher waren: als Deutsche zweiter Klasse. Solche Fußball-Statistiken sind der Stoff, aus dem die Wahlerfolge der Partei der Nichtwähler und versteckt oder unverhohlen demokratiefeindlicher Parteien sind und die bei den Wahlen entsprechend viele Stimmen kriegen, weil der liebe Gott die Dummheit in Deutschland bestimmt annähernd gleich verteilt hat. Der bekennende Atheist und Kabarettautor Peter Ensikat hat dies einmal treffend vermutet. Nein, es kann gar keine „ehemalige DDR" geben, weil es gottlob keine „jetzige DDR" gibt. In der Zeitung sprach ein West-CDU-Politiker sogar vom „ehemaligen SED-Regime", als gäbe es ein „jetziges SED-Regime". Gibt es aber nicht. Und wird es auch nie wieder geben. Gott sei Dank.

Danke!

Es gibt Autoren, die es vermögen, lange zurückliegende Erinnerungen so aufzuzeichnen, als gäbe es die Gegenwart nicht, sondern nur die Vergangenheit, in der diese Erinnerung spielt. Einer von ihnen ist der selige Joachim Fest, von dessen Buchtitel „Ich nicht" ich inspiriert wurde. Bei mir schwingt hingegen bei allen Erinnerungen oft das „Heute" mit. Fests Buch samt Titel macht deutlich, wie die Haltung seines Vaters einen Prozess der Immunisierung gegen den Nationalsozialismus auch bei seinem Sohn bewirkte. Seine Schilderungen, wie sein Vater ihn politisch gegen die staatskonforme Ideologie erzog, haben mich in frappierender Weise an meine eigene Erziehung erinnert, für die ich mehr als dankbar bin. In Absprache mit meinen Eltern nahm ich jedoch an allen vom Staat geforderten sozialistischen Ritualen teil, weil sie mir nützlich für meinen eventuellen späteren Studienplatz als Dolmetscher (was in der DDR „Sprachmittler" hieß) erschienen oder weil ich oft einfach nicht den Helden spielen wollte. Auch ich war Teil der Nischengesellschaft DDR.

Das Foto auf dem Buchumschlag (bitte zurückblättern!) vom 1. Mai 1975 in Potsdam löst noch heute Fragen in mir aus: Es war ein Jahr vor meiner Einschulung. Ich ging offenbar mit dem Arbeitskollektiv meiner Mutter zur Demonstration; das katholische Krankenhaus, in dem mein Vater arbeitete, erschien gewiss nicht geschlossen zu solchen Maidemonstrationen.

An meinem Anorak hatte ich eine kleine Mainelke befestigt und hielt eine aus Buntpapier und einer kleinen Gar-

dinenstange selbst gebastelte Fahne der Sowjetunion als Wink-Element hoch. Wollte ich auf Nummer sicher gehen und lieber gleich die Fahne des „Vaterlandes aller Werktätigen“ basteln? Ich weiß es nicht mehr. Allerdings sehe und spüre ich bei meinem Bild eine Distanz zu meinem Opus. Ich versuche, mich hinter der Fahne zu verstecken. Weil ich mich gegen den sprachlichen Willen meiner Eltern im Berlinischen Idiom zu Hause fühle, das ich mir fern von jeglichem elterlichen Einfluss klammheimlich im Kindergarten aneignete, heißt dieses Buch nicht „Ick nich'“, sondern „Ick ooch“, denn „Ich nicht“ wäre angesichts meines bei offiziellen DDR-Anlässen nicht vorhandenen Widerspruchs gelogen.
Dass die DDR mir zurecht misstraute und mich ebenso wenig liebte wie ich sie und sie mir dies bei jeder sich bietenden Gelegenheit zeigte, steht auf einem anderen Blatt – nämlich auf den folgenden Seiten.
Hinzu kommt: Die DDR-Bürger werden des öfteren im Rückblick als „Bastlervolk“ bezeichnet, weil die Mangelwirtschaft Improvisatoren hervorbrachte. Mit meinen zwei rechten Händen als Linkshänder konnte ich nie basteln, auch darum lag die DDR mir nicht.
Manch Leser wird angesichts von Erinnerungen, die er mit mir teilt, mitunter andere Namen von Personen als die gedruckten im Gedächtnis haben. Der Grund dafür ist der, dass es gewiss nicht allen in diesem Buch zwangsläufig vorkommenden Menschen recht wäre, ungefragt in meinen Erinnerungen mit Klarnamen zu erscheinen. Daher sind gleich sämtliche Vor- und Nachnamen von nicht allgemein prominenten Menschen in diesem Buch verfremdet, mit Ausnahme der Namen von Familienmitgliedern.

Ich danke meiner Frau Michaela für ihre Ermutigung zu diesem Buch. Dank ihrer Bereitschaft, für ein Jahr die gesamte Pfarrstelle in Neustadt (Dosse) zu übernehmen, die wir uns bisher geteilt hatten, konnte ich für das gesamte zweite Lebensjahr unserer Tochter in Elternzeit gehen. Meiner Tochter Carla verdanke ich die weitgehende gedankliche einjährige Auszeit von meinem Pfarrberuf. Carla gab mir Gelegenheit und gedankliche Freiheit, von der Gegenwart in die konzentrierte Vergangenheit abzuschweifen, was angesichts der beruflich bedingten konzentrierten Gedanken der Gegenwart oft erst Pfarr-Rentnern zuteil wird.
Mein Dank gilt meinen Freunden André, Thomas, Gunnar, Katrin, Oliver und besonders meinen Eltern für alle zustimmenden, vertiefenden und kritischen Rückmeldungen, die in die Endfassung eingeflossen sind. Ich danke auch meinem Sohn Konstantin. Beider Kinder täglicher Nachtschlaf ab 19. 30 Uhr ermöglichte es mir nämlich, die Zeit zum Niederschreiben dieser Zeilen zu haben.
Meinen Kindern ist auch deshalb dieses Buch gewidmet.

Kapitel 1: Bilder einer Ausstellung

Im Inforadio vom Rundfunk Berlin-Brandenburg höre ich ein kurzes Interview mit einer Mitarbeiterin der Amadeu-Antonio-Stiftung über eine neue Ausstellung in Berlin.

Amadeu Antonio war aus Angola als Vertragsarbeiter in die DDR gekommen, hatte eine deutsche Frau geheiratet und mit ihr eine Familie gegründet. Er wurde im Alter von 28 Jahren am 6. Dezember 1990 im brandenburgischen Eberswalde von mehreren Neonazis erschlagen, weil er ein Schwarzer war.

Die nach Amadeu Antonio benannte Stiftung hat sich daher dem Kampf gegen den Rechtsextremismus verschrieben; die aktuelle Ausstellung im Berliner Rathaus Lichtenberg wurde von Schülern erarbeitet und hat den Titel „Das hat es bei uns nicht gegeben... – Antisemitismus in der DDR“. Da die Ausstellung nur für 14 Tage zu sehen ist, ergreife ich die erste Gelegenheit, mit meiner Tochter Carla nach Berlin zu fahren.

Mit ihr habe ich schon einige Ausstellungen in Berlin besichtigt, sie macht das gut mit.

„Antisemitismus in der DDR“ – also Hass auf Juden, antijüdische Ressentiments, antijüdische Hetze in einem Staat, der sich selber als antifaschistisch definierte, wo es also eigentlich keine Antisemiten geben durfte („Das hat es bei uns nicht gegeben...“ – treffender Titel, denke ich).

Ich habe nicht mitgezählt, wie oft ich in Schulaufsätzen darauf hingewiesen hatte, dass Faschismus und Rassenhass bei uns in der DDR mit Stumpf und Stiel ausgerottet wurden (und meistens habe ich dann aktuelle Beispie-

le aus der BRD gleich mit geliefert, wo das Gegenteil geschildert wurde).
Schon früh begann ich mich für den Nationalsozialismus zu interessieren und habe deshalb mitbekommen, welch eine tragende Rolle der Antisemitismus bei Hitler und den Nazis spielte. In der 11. Klasse forschte ich im Fach Geschichte über die antijüdische Politik der Nazis und durfte auch die Ergebnisse dieser Hausarbeit im Unterricht in einer ganzen Unterrichtsstunde vorstellen. Mir war aufgefallen, dass im Geschichtsunterrichtsbuch von Antisowjetismus, Antimarxismus und so weiter die Rede war, der Antisemitismus zur Beschreibung von Hitlers Programm jedoch nur am Rande vorkam.
Auch die intensive Recherche des Film- und Theaterregisseurs Andres Veiel in Potzlow bestätigt dies. In diesem uckermärkischen Dorf ist im Jahre 2002 ein Jugendlicher von drei jungen Rechtsradikalen grausam umgebracht worden. Veiels Theaterstück „Der Kick“ verarbeitet die Geschehnisse um diesen Mord. Im Kapitel „Die Mauern des Schweigens – Eine Reise ins historische Gedächtnis von Potzlow“ in seinem Buch zum Theaterstück schreibt Veiel: „Grundsatz der SED-Politik war, dass sich die DDR nicht als Nachfolgestaat des NS-Regimes verstand. Der Faschismus galt als Endform des Spätkapitalismus, der dem Umschlag in den Sozialismus vorauszugehen habe. Die Naziherrschaft war nach diesem Verständnis eine Maßnahme des Großkapitals, die in der zugespitzten Krisenzeit seinen Sturz abwenden sollte. Und die Rassenideologie galt den SED-Ideologen zufolge als Ablenkungsstrategie: Da sich das Elend im Staat nicht mehr leugnen ließ, sollte von den wahren Ursachen abgelenkt werden.

Scheinschuldige mussten her – die Juden. Dass die Rassentheorie zum ideologischen Wesenskern des deutschen Faschismus gehörte, bestritten die Chefideologen der Partei."
Die DDR hatte zum Staat Israel eine einhellig negative Meinung. Israel, das war nicht die von Holocaust-Überlebenden gegründete einzige Demokratie im Nahen Osten, sondern der Aggressor im Nahen Osten, vom US-Imperialismus gesteuert. Israel begehe „Völkermord" am palästinensischen Volk, schrieben die DDR-Zeitungen. Sogar in meine Jugendweihe-Feierstunde baute der Festredner, der damalige Theaterintendant Gerald Zirkel, diesen Antizionismus ein. Ich weiß das noch genau, weil der Festredner Schwierigkeiten hatte, das Wort „Palästinenser" auszusprechen. Ich glaube, er brauchte insgesamt drei Anläufe, um den Halbsatz über die Israelis zu vollenden, „die nichts, aber auch nichts unversucht lassen, den Palästinensern ihre Heimat vorzuenthalten".
In der 11. Klasse analysierten wir in der O-Stunde eine aktuelle akute Spannung im Nahen Osten. Die O-Stunde war eine Klassenleiterstunde, meist an den Fachunterricht angehängt, in der nicht nur „Organisatorisches", wofür das „O" stand, besprochen wurde, sondern auch Polit-Informationen stattfanden. Thoralf Keitel sagte zur Klasse: „Im Grunde machen die Juden da in Israel mit den Palästinensern dasselbe, was die Nazis damals mit ihnen gemacht haben". Keiner widersprach. Man war ohnehin gelangweilt, es war die siebte oder achte Unterrichtsstunde, alle wollten endlich nach Hause. Meine Klassenlehrerin sah vorsichtig zu mir rüber, als wüsste sie genau, was in meinem Kopf vorging, nämlich blankes Entsetzen.

Doch auch ich sagte nichts, obwohl mir Vokabeln wie „Volksverhetzung“ und „Verharmlosung des Nationalsozialismus“ auf der Zunge lagen. Aber wie wir von einer Reise deutscher katholischer Bischöfe nach Palästina Anfang 2007 wissen, gibt es auch geistliche Würdenträger, die bei Pressekonferenzen den Vergleich zwischen dem Warschauer Ghetto und einem palästinensischen Flüchtlingslager nicht scheuen, bis der Kardinal zu relativieren, zu beschwichtigen und zu entschuldigen versucht.
Irgendwie hatte ich das beklemmende Gefühl, zwischen der Israelfeindlichkeit der DDR und der spärlichen Erwähnung des Nazi-Antisemitismus im DDR-Schulunterricht musste es Zusammenhänge geben. Ich freute mich, mit der Ausstellung „Antisemitismus in der DDR“ mehr zu diesem lange zurückliegenden dumpfen Gefühl zu erfahren und mache mich an einem schönen Sonnentag, zwei Tage nach der Ausstellungseröffnung, auf den Weg nach Berlin-Lichtenberg. Rathaus und Ausstellungsetage sind schnell gefunden. Eine erste Schautafel konfrontiert mich mit antisemitischen Bildern aus der NS-Zeit, die ich – obgleich sehr ausstellungserfahren in diesem geschichtlichen Rahmen – noch nicht kenne.
Zwei weitere stille Betrachter sind gekommen, vertieft in die nächste und letzte Schautafel auf dem Flur, bevor im Sitzungssaal dann die weitere Ausstellung ihren Verlauf nehmen soll. Ein älterer Herr mit einem Fotoapparat weist die beiden Betrachter darauf hin, dass jetzt gerade der kulturpolitische Sprecher der Linksfraktion im Rathaus, Herr Professor Soundso, die Ausstellung in Augenschein nimmt und bietet Anschluss an, was die beiden unabhängig voneinander gekommenen Herren jedoch stillschweigend, da

in die Schautafeln vertieft, ablehnen. Ich werde, da mit den letzten Räumarbeiten am Kinderwagen beschäftigt, offenbar nicht als Ausstellungsbesucher angesehen.
Als ich nach dem Studium der beiden Schautafeln im Flur in den Sitzungssaal komme, ist ein älterer Herr im grauen Anzug in Begleitung zweier Herren und zweier Damen dabei, seine Kritik an der Ausstellungskonzeption zu erläutern. Er wird von dem Mann mit dem Fotoapparat im Bild festgehalten; ein spontanes Gruppenfoto der fünf beieinander stehenden Menschen entsteht. Als der eine Besucher, zum offensichtlichen Herrn Professor hingewandt, verkündet, für ihn sei diese Ausstellung ein weiterer sehr typischer und sehr oft in dieser Zeit anzutreffender Versuch der Delegitimierung der DDR, schwinden allerletzte Zweifel: Hier ist nicht die Amadeu-Antonio-Stiftung beim Ausstellungsrundgang versammelt, sondern eine Kleingruppe von Aktivisten der Linkspartei, die früher Partei des Demokratischen Sozialismus (PDS), davor Sozialistische Einheitspartei Deutschlands (SED) hieß, und für eine Zwischenzeit, um des immensen Parteivermögens wohl nicht verlustig zu gehen, SED/PDS.
Der Professor (den Titel hat er bestimmt schon zu DDR-Zeiten verliehen bekommen) beginnt vor den fünf interessierten, deutlich gleich gesinnt gestimmten Besuchern der Ausstellung aufzuzählen, was in der DDR alles Antifaschistisches geleistet wurde. Dass er gleichzeitig der offenbar gerade abwesenden BRD vorrechnet, was diese hingegen versäumt hat, erinnert mich an meine eigenen Schulaufsätze. Tenor: „Diese Ausstellung verallgemeinert in unwissenschaftlicher, unzulässiger Weise die DDR-Wirklichkeit".

Was in der DDR Wirklichkeit war bzw. sein sollte, das haben der Herr Professor und seine Kollegen damals in der DDR ja hinreichend vorgegeben.
Längst habe ich nach diesen paar Minuten bemerkt, dass ich mich weniger für die Schautafeln interessiere als vielmehr für den Fortgang der Diskussion, die eigentlich keine richtige ist.
Wäre es Musik, so würde man von einer Jam-Session sprechen: Man spielt den gleichen Song, und jeder swingt sich mit seinem Instrument ins große Ganze ein.
Leider oder Gott sei Dank kann ich nicht alles von der Diskussion mitbekommen, denn Carla beginnt auf meinem Arm lautstark zu quengeln. Sie kennt ihren Papa; sie weiß genau, dass der sich den ganzen Tag über diese Leute furchtbar aufregen wird, wenn sie jetzt nicht die Initiative ergreift. Ich drifte auf dem Weg zu einer nächsten Schautafel, hinter der ich mich verschanze, an der DDR-Affekt-Gruppe vorbei. Die jüngere der beiden Damen, die PDS-Bezirksbürgermeisterin, erzählt mir, sie habe ein Enkelkind, das auch so in dem Alter sei. Carla quengelt wieder lauter. „Ist ja auch noch nichts für so ein kleines Mädchen, so eine Ausstellung, nich'?", sucht sie das direkte Gespräch mit ihr. Carla wendet sich ab. Sollte ich vor ihr schon so viel monologisiert haben über die DDR, dass sie merkt, was hier abgeht?
„Man kann gar nicht früh genug anfangen, die Kinder zu erziehen", sage ich mit eisiger Stimme, über die ich selbst ein wenig erschrocken bin und lasse offen, ob ich die Erziehung gegen den Antisemitismus oder gegen Verklärung der DDR-Wirklichkeit meine oder beides.
Während wir weiter im Saal auf und ab gehen, frage ich mich: Wie kommt es, dass solch eine Ausstellung, die

über Defizite in der DDR berichten will, solche heftigen Reaktionen in Parteikreisen zur Folge hat? Der Satz, über den sich der Herr Professor besonders empört, lautet sinngemäß: „In der DDR hat auf Grund der Verengung des Faschismusbegriffs und des behaupteten antifaschistischen Charakters der DDR eine Auseinandersetzung mit dem Antisemitismus der Nazis nicht stattgefunden". Ich verstehe diesen Satz. Ich verstehe ihn so:

Es gab in der DDR keinen Antisemitismus, es durfte ihn ja gar nicht geben, denn dann wäre es mit dem antifaschistischen Charakter des Staates nicht mehr hingekommen.

Vielfach im Osten beobachtete mangelnde Zivilcourage oder fehlendes zivilgesellschaftliches Engagement gegen Neonazis hat meiner Meinung nach mit dieser Verdrängung zu tun.

Der Antifaschismus war der DDR-Gründungsmythos; die DDR hatte mitgesiegt, wir DDR-Bürger somit auch.

Es durfte von daher auch keine Nazis geben, weder alte noch neue.

Die Ausstellungstafeln erhärten genau diese Beobachtung: Wenn es Schändungen von jüdischen Friedhöfen gab, wurden sie als Dumme-Jungen-Streiche hingestellt. Und als man die Existenz von Neonazis nicht mehr leugnen konnte, da wies man ihnen anhand des klammheimlichen Besitzes von „Bastei"-Romanen nach, dass sie voll und ganz dem Westen huldigten und nur von dorther die Ideen zu ihren Untaten haben könnten.

Bei einer antifaschistischen Alibi-Demonstration im September 1989 in Potsdam wurden jugendliche, unabhängige Antifa-Aktivisten sofort verhaftet, die ein Transparent

mitführten: „Achtung! Neonazis in der DDR!“ Es konnte eben nicht sein, was nicht sein durfte.
Diese Logik des Staates DDR habe ich am 1. Mai 1989 im Gegensatz zu den sich empörenden Ausstellungsbesuchern am eigenen Leibe erfahren. Mehrere Monate zuvor hatte ich mir von meinem Kumpel Mario Eicher, der sich auf grafische Darstellungen verstand, einen Antifa-Aufnäher für meine Jeansjacke besorgt und diesen mit Sicherheitsnadeln befestigt. Auf dem Aufnäher waren zwei Hände beim Zerbrechen eines Hakenkreuzes zu sehen, und um dieses Bild herum stand in großen Buchstaben: „GEGEN NAZIS!“.
Kurz nachdem ich heuchlerisch jubelnd an der Tribüne gegenüber vom Potsdamer Filmmuseum aus der von meinem Arbeitskollektiv besuchten Demonstration zum 1. Mai ausgeschert war (die Tribüne mit dort versammelten lokalen proletarischen Größen war der Endpunkt der Demonstration, weshalb ich in Richtung Filmmuseum aufbrechen wollte, wo mein Fahrrad stand), packte mich ein ca. 40 Jahre alter unauffällig aussehender Herr mit Lederweste und Schirmmütze am linken Arm und erklärte: „Kommen Sie mal bitte mit!“ Er dirigierte mich in Richtung Filmmuseum; ich wehrte mich nicht, denn da wollte ich ja auch hin. An einem Pfeiler beim Torbogen des Museums, wo wir unbeobachtet schienen, zeigte er mir flüchtig einen grünen Dienstausweis. „Ich bin vom Ministerium für Staatssicherheit. Ich möchte gern Ihren Personalausweis sehen.“ Wortlos übergab ich ihn ihm, noch immer ohne Ahnung, was man mir vorwarf. Hatte ich zu übertrieben gejubelt? Wurde ich beim Passieren der Tribüne als zu teilnahmslos eingeschätzt? Mein Herz schlug sehr schnell; vor einer solchen

Begegnung hatte ich immer Angst gehabt. Der Mann, der sich mir natürlich nicht vorgestellt hatte und auch nicht daran dachte, dies nachzuholen, hatte sich meine Personalien auf einem Zettel notiert, den er in seiner Lederweste verschwinden ließ. „Es geht um Ihren Aufnäher, Herr Fröhling. Da steht drauf: Gegen Nazis. Was wollen Sie damit bezwecken?" „Na, demonstrieren, gegen Faschismus, gerade am 1. Mai... Warum denn nicht?" „Halten Sie das in einem antifaschistischen Staat wie dem unseren wirklich für notwendig?" „Aber ja! Es gibt doch viele, die so denken." Es sprudelte nur so aus mir heraus. Schon damals habe ich, wenn ich aufgeregt war, eher viel als wenig gesagt. Ich erzählte ihm von beobachteter Ausländerfeindlichkeit, latenten Sympathien für die Republikaner, die im Januar in Westberlin über 7 % der Stimmen bekommen hatten und gab sogar das Gerücht weiter, dass sich in Karl-Marx-Stadt ein Ableger dieser Partei heimlich formiert hätte.

Der Stasi-Mitarbeiter hatte aufmerksam zugehört. „Ich bin ja auch Antifaschist", gab er sich mir zu erkennen. Deine Methoden sind aber eher faschistisch, dachte ich bei mir und war froh, dass die Stasi noch kein Gerät entwickelt hatte, mit dessen Hilfe sie die Gedanken der DDR-Bürger lesen konnte. „Ich wollte mich ja auch nur mit Ihnen unterhalten." Sein „nur" klang mindestens so übertrieben wie mein 1.Mai-Jubel gerade eben an der Tribüne. Jetzt hatte ich aber Oberwasser bekommen. „Wissen Sie, ich verstehe Sie nicht! Gerade, wenn Sie Antifaschist sind, dann müssten Sie sich doch freuen über einen anderen Menschen, der Ihre Gesinnung zur Schau trägt! Statt dessen behandeln Sie mich wie einen Verbrecher. Und während Sie mich hier verhören, könnten Sie -zig Menschen verhaften, die neofaschis-

tische Tendenzen unterstützen." Fast musste ich mir auf die Zunge beißen, denn ich wollte ja nun nicht behaupten, dass hinter jedem Baum in Potsdam ein Skinhead stand, der den Sozialismus nur in Verbindung mit dem Attribut „national" gelten ließ. Der Stasist war aber schon auf dem Absprung: „Ich wollte mich ja, wie schon gesagt, nur mit Ihnen unterhalten. Ich wünsche Ihnen noch einen schönen 1. Mai." Er gab mir zum Zeichen der Gleichgesinntheit die Hand.
Im Telegrammstil erzähle ich den beiden Damen unter den Ausstellungskritikern von dieser Begegnung, ernte von der älteren der beiden allerdings nur als Entgegnung „Das hat es auch gegeben. Na ja, man muss die DDR jedenfalls differenziert sehen, und das tut diese Ausstellung eben gerade nicht, das hat der Herr Professor als Experte ja auch gerade gesagt."
Langsam wird es mir echt zu doof. „Differenzierung? Das ist doch ein Totschlagargument. Das sagt der Udo Pastörs ja auch über Hitler. Den müsse man differenziert sehen." Der Fraktionsvorsitzende der NPD in Mecklenburg-Vorpommern hat das wirklich gemäß dem Motto „Jeder blamiert sich, so gut er kann" am Landtagswahlabend bei einem kurzen Fernsehinterview gesagt, und im gleichen Atemzug hatte er angefügt: „Die DDR muss man schließlich auch differenziert sehen. Pauschale Verurteilungen helfen da nicht weiter."
Die Dame ist konsterniert. Ihr Wort „Differenzierung" sollte eine gemeinsame Schnittmenge mit einem NPD-Mann bilden? Sie wendet sich ab.
Der Herr Professor hatte während unseres kurzen Seiten-Gespräches mit den beiden bei ihm stehenden Männern eine Schautafel analysiert, in der es um die Schändung

von jüdischen Friedhöfen in den Jahren 1946 und 1947 geht. „Die DDR ist 1949 gegründet worden. Das kann man also wirklich nicht der DDR anlasten“, stellt der eine Zuhörer erleichtert fest.
Der Professor setzt zu einem längeren Exkurs an über die Umerziehung von Nazis in der DDR und wie hervorragend dies gelungen sei. Er redet von einem großen Umbruch, der 1945 stattgefunden habe, ähnlich wie es ja auch 1989/90 der Fall gewesen sei, und da habe man in diesen Jahren noch nicht eine allgemeine Abstreifung des Antisemitismus erwarten können.
Der Antizionismus der DDR – mit antiisraelischen Polemiken in der DDR-Presse befassen sich mehrere Schautafeln – ist das nächste Thema. Der Professor erklärt den umstehenden Gesinnungsgenossen anhand der Geschichte des Zionismus, auch viele Juden würden den Zionismus ablehnen. Also, so mein Fazit beim Zuhören (wenn man sich das Prinzip des Physiklehrers aus dem Film „Die Feuerzangenbowle“ aneignet und sagt „Nu stell'n wir uns mal janz dumm“): Die DDR hat sich gegenüber Israel nicht anders verhalten als viele Juden dies auch tun würden, weil auch sie ja den Zionismus ablehnen.
Die ältere Dame ist entzückt: „Wie gut ist es, solch einen Experten hier vor sich zu haben.“
Für einen kurzen Moment erwäge ich den Gedanken, der versteckten Kamera von „Verstehen Sie Spaß?“ auf den Leim gegangen zu sein, und die DDR-Apologeten sind nur Schauspieler.
Doch das Ganze ist bitterer Ernst. Hier wird verdrängt, verharmlost, relativiert und verdreht, was das Zeug hält.

Die Namen der Partei des Herrn Professors mögen sich ab und zu ändern, aber die fehlende (Selbst-)Kritik an der DDR bleibt dieselbe.
Ich weiß nicht, welche Professur der Herr Professor zu DDR-Zeiten innehatte, irgendwie muss er mit dem Ministerium für Volksbildung zu tun gehabt haben und auch mit Geschichte.
Während ich die schreiende Carla wickle, verpasse ich leider, warum der Professor beim Lutherjahr 1983 angekommen ist. Als er zum dritten Mal das Wort „Lutherjahr" ausspricht, muss ich ihn korrigieren: „In der DDR hieß das Luther-Ehrung im Karl-Marx-Jahr, weil der DDR kurz vor Beginn des Lutherjahrs eingefallen war, dass nicht nur Luthers 500. Geburtstag 1983 gefeiert werden könnte, sondern auch Karl Marx' 100. Todestag gefeiert werden müsse – und schon hieß es Karl-Marx-Jahr in der DDR."
Jetzt sagt keiner: „Welch ein Experte hier unter uns" oder etwas Vergleichbares. Während ich den Saal verlasse – Carla ist außer sich, Papa auch, aber bewahrt dennoch die Contenance – erklärt der Professor noch den Umbruch 1989 als dialektische Lösung eines Widerspruchs, der sich bereits im Lutherjahr (er sagt es wieder!) zeigte und berichtet von den Schwierigkeiten, mit denen die seriöse Forschung in der DDR von politischer Seite her zu kämpfen hatte, „wie es ja im Grunde genommen heute auch ist". Also ob neues Deutschland oder alte DDR – alles dasselbe? Das könnte den Herrschaften so passen, denke ich noch im Gehen. Wir gehen zügig zur U-Bahn, fahren zum Alexanderplatz Mittag essen. „Papa braucht jetzt erst einmal einen Schnaps, Carla", – nimmt aber dann doch keinen.

Trotz aller Macht im Rathaus Lichtenberg konnte die Partei diese Ausstellung daselbst nicht verhindern. Das beruhigt mich einigermaßen.
Zu Hause gebe ich in meiner Internet-Suchmaschine „Antisemitismus-Ausstellung DDR Lichtenberg“ in den Computer ein und lande unter anderem bei der Positionsseite der PDS von Berlin-Hohenschönhausen, wo sich auch ein Foto des von mir erlebten Geschehens findet nebst einem Text unter der Überschrift: „Wir verdrängen nichts“. Es heißt da unter anderem: „Hinterfragt werden müssen allerdings die konzeptionellen Vorgaben der Ausstellung und einseitige Bewertungen. Die Behauptung, die DDR habe keinen Grund gesehen, ‚sich mit dem Erbe des Nationalsozialismus... auseinanderzusetzen‘ und ‚sich ihrer Verantwortung vor der Geschichte verweigert‘, hält einer sachlichen Überprüfung nicht stand.“
Ganz ähnlich äußerte sich bereits eine Woche davor – auch ein Treffer der Suchmaschine – eine konspirativ aufgemachte Internetseite ehemaliger Stasileute namens „mfs-insider“. Unter der Überschrift „Du sollst nicht falsch Zeugnis geben“ findet sich ein Vorab-Verriss der Ausstellung aus der PDS-nahen Zeitung „Neues Deutschland“ von einem Professor Pätzold unter Aufzählung der guten Taten der DDR gegen Antisemitismus unter gleichzeitiger Nennung der Untaten der BRD. Alles wie gehabt.
In manchen heute noch lebendigen Kreisen könnte ich meine Aufsätze tatsächlich noch immer genauso schreiben wie damals in der Schule. Es muss nur die richtige Nische sein, in der man sich im neuen Deutschland – zum Beispiel im „Neuen Deutschland“ – verkriecht.

Kapitel 2: Fahnenappel

Ich konnte immer an meinem Geburtstag Geburtstag feiern, so lange ich wollte. Ich musste nie am nächsten Morgen in die Schule. Für die DDR gab es republikweit einheitliche Schulferien. Und die Sommerferien dauerten acht Wochen und endeten zum 1. September, keinen Tag früher. Wenn der 1. September auf einen Sonntag fiel, begann die Schule eben am 2. September, aber auf keinen Fall am 31. oder gar am 30. August, meinem Geburtstag.

Alle meine Freunde waren aus den Schulferien zurückgekehrt; die Ferienlager, in denen viele von ihnen einen Teil der Sommerferien verbrachten, endeten rechtzeitig, nicht zu knapp vor dem Beginn des neuen Schuljahres.

Und am ersten Tag im neuen Schuljahr, am besten am 1. September, begann der Schultag mit einem Fahnenappell. Mein Vater sprach dieses Wort immer mit großer Verachtung aus, wenn er mich morgens früher als gewöhnlich weckte, so als würden sich das Wort „Fahne“ und die berlinerische Variante des Wortes „Apfel“ verbunden haben: „Aufstehen! Fahnenáppel!“ – das klang schon fast wie „Pferdeappel“. Und dabei achteten meine Eltern streng darauf, dass bei uns zu Hause hochdeutsch gesprochen wurde. Bei „Fahnenappel“ musste man nämlich ungefähr eine halbe Stunde früher raus aus dem Bett.

Der „Weltfriedenstag“ war der Grund für die Fahnenappelle zu Beginn des neuen Schuljahrs.

Die Teilnahme daran erfolgte in entsprechender angemessener Kleidung: Von der ersten bis zur vierten Klasse also mit dem blauen Halstuch der Jungpioniere, ab dann mit dem roten Halstuch der Thälmann-Pioniere, benannt nach

dem Führer der Kommunistischen Partei Deutschlands Ernst Thälmann, der bereits 1933 von den Nazis eingesperrt worden war.
Apropos Ernst Thälmann: Der kam aus Hamburg, Marx aus Trier, und Engels kam aus Wuppertal (das hieß damals nur anders). Und Honecker, der bei mir die ganz Schulzeit von 1976 bis 1988 dazugehörte, kam aus dem Saarland. Komisch – alle aus dem Westen.
Ab der 8. Klasse nahm man an den Fahnenappellen im Blauhemd der Freien Deutschen Jugend (FDJ) teil. In meiner Schule, die ich bis zur 8. Klasse besuchte, waren alle Kinder meiner Klasse 1 b bis 8 b Mitglieder der Jungen Pioniere und der Thälmannpioniere. Zwei von ihnen allerdings wurden nicht Mitglieder der FDJ. Remus und Ines. Remus nahm auch nicht an der Jugendweihe in der 8. Klasse teil. Er gehörte zur christlichen Gemeinschaft der Adventisten des siebten Tages, einer Freikirche, die spätere christliche Traditionen nicht akzeptierte wie den Sonntag als Feiertag; sie hielten am Sabbat, also dem Samstag, fest und auch an den Speisevorschriften des jüdischen Glaubens.
Remus aß also kein Schweinefleisch und kam samstags nicht in die Schule. Wir mussten schließlich auch samstags zur Schule gehen, die ganzen zwölf Jahre meiner Schulzeit. Bis zu fünf Unterrichtsstunden lang. Mein Klassenkamerad musste sich also spätestens freitags erkundigen, was samstags gemacht wurde im Unterricht und dann am Montag glaubhaft versichern, den Unterrichtsstoff nachgeholt und verstanden zu haben.
Die DDR bildete sich etwas ein auf ihre von der Verfassung her garantierte Religionsfreiheit, und die Schule machte

ihm keine Schwierigkeiten. Es gab einen Lehrer, der sich darüber lustig machte und bei der Anwesenheitskontrolle fragte: „So, wo ist denn heute der, der Sonnabend nischt isst?“ Als Kind habe ich mir manchmal eingebildet, der frühe Tod dieses Lehrers wäre eine Art Strafe für diese nicht DDR-verfassungskonformen Witzeleien gewesen.
In der DDR hieß der Samstag meistens „Sonnabend“ – manche Autoren sehen im „Samstag“ eine Wessifizierung, so wie man „viertel vor“ und „viertel nach“ bei den Uhrzeiten sagt (davon später), doch der Deutschfanatiker Bastian Sick hat mich in seinem Buch „Der Dativ ist dem Genitiv sein Tod“ belehrt, „Samstag“ sei der historisch verbürgte Begriff gegenüber dem „Sonnabend“ (bei Ausländern führt es nämlich immer zu Irritationen, dass es in Deutschland zwei gleichberechtigte Bezeichnungen für ein und denselben Wochentag gibt), und „Sonnabend“ sei eingeführt worden, um sich von der sprachlichen Wurzel des „Sabbat“ abzugrenzen. Auf diese Wurzeln möchte ich mich gern mit rückbesinnen und gebe hier entgegen meinen Erinnerungen dem „Samstag“ den Vorrang.
Dass ein Junge, der samstags nicht zur Schule kam und nicht an der Jugendweihe teilnahm, auch nicht Mitglied der FDJ wurde, sorgte im Klassenverband und in der Schule nicht gerade für überraschte Gesichter. Komischer war das bei Ines hingegen, die nicht durch vermeintliche Sektenmitgliedschaft auffiel. Sie nahm im Gegensatz zu Remus auch an der Jugendweihe teil. Ihre Eltern wollten nicht, dass sie Mitglied der FDJ wurde. Man nahm Ines jedoch nicht in Sippenhaft und ließ sie in Frieden.
Zum Fahnenappell mussten allerdings alle gehen, auch wenn sie nicht in der FDJ waren.

Ich erinnere mich nicht mehr, welche Fahne da eigentlich hochgezogen wurde. War es die DDR-Fahne oder die rote Fahne, oder war es die blaue mit dem gelben Emblem der FDJ? Wahrscheinlich habe ich aus Angst, eine falsche Bewegung zu machen und negativ aufzufallen, immer stur geradeaus gesehen und nie auf die Fahne geachtet.
Fahnenappelle fanden oft statt, denn sie wurden nicht nur im Gedenken an bestimmte historische Ereignisse verordnet, sondern auch dazu genutzt, Kulturprogramme aufzuführen und den Reden unserer Direktorin zu lauschen, verdienstvolle Schüler auszuzeichnen oder – das gab es jedoch selten – Schüler, deren Handlungen nicht denen einer allseits gebildeten sozialistischen Persönlichkeit entsprachen, zusammenzuscheißen.
Meine Eltern haben einander mal, als ich klein war, in meinem Beisein einen politischen Witz erzählt: „Was ist ein Eichhörnchen? Ein von der Waldpartei zusammengeschissener Fuchs." Bei den seltenen Fahnenappellen, bei denen aus Füchsen Eichhörnchen wurden, musste ich jeweils an diesen Witz denken und mir das Lachen verkneifen. Wohl mit ein Grund, warum ich nie hochgesehen habe zur Fahne.
Der einzige Fahnenappell, bei dem ich wirklich einem Lachkrampf nahe war, fand in der 8. Klasse statt. In Vorbereitung auf das Schul-Szenario „Die bösen Kapitalisten haben gegen uns einen Krieg begonnen – was tun wir?" hörten wir im Rahmen des Fahnenappells Plattenaufnahmen von Warntönen für A-, B- oder C-Alarm, so dass wir also herausfinden konnten, ob uns die bösen Kapitalisten mit Atombomben, biologischen Waffen oder mit Chemiekeulen angegriffen hätten. Die Plattenaufnahmen dieser Warntöne wurden durch den sozialistischen Lautsprecher

allerdings so verzerrt wiedergegeben, dass es sich eher nach einem Angriff der Killerbienen anhörte, und während der Demonstration der Sirenentöne fiel auch noch der Plattenspieler aus.
Am Weltfriedenstags-Fahnenappell wurden wir daran erinnert, dass am 1. September 1939 Hitlerdeutschland Polen überfallen und damit den Zweiten Weltkrieg begonnen hatte. Dass selbiges Hitlerdeutschland mit der Sowjetunion seit 1939 einen Nichtangriffspakt hatte, habe ich in der 9. Klasse im Geschichtsunterricht erfahren. Damals war ich schon in einer anderen Schule, wo nicht eine Direktorin, sondern ein Direktor mit verkniffenem Blick und schnarrender Stimme die Fahnenappell-Ansprachen hielt. In der 9. Klasse habe ich dank der Rede von Bundespräsident Richard von Weizsäcker zum 40. Jahrestag des Kriegsendes im Bundestag erfahren, dass 14 Tage nach dem Überfall der Wehrmacht auf Polen die Rote Armee von der anderen Seite in Polen einmarschiert war – ein Zusatzprotokoll im Nichtangriffspakt. Warum hatte man uns das eigentlich in der Schule verschwiegen? Unsere Geschichtslehrerin legte großen Wert darauf, die Sowjetunion nicht etwa zweideutig darzustellen. Sie erzählte im Brustton der Überzeugung, es hätte keine Vergewaltigungen durch Sowjetsoldaten am Ende des 2. Weltkrieges gegeben, und am 17. Juni 1953 wäre nicht ein einziger Schuss gefallen.
Solange wir mit Halstüchern zum Fahnenappell erscheinen mussten, konnte man sich diese außen an den Winterjacken als Schal umbinden. Aber die FDJ-Hemden bei Wind und Wetter zu präsentieren, das war schwieriger. Manche trugen sie über den Mänteln, um nichts falsch zu machen, doch bei einigen sah es schon fast so aus, als

wollten sie die Lächerlichkeit solcher Fahnenappelle zur Schau stellen. Meistens war es am besten, mit Hilfe eines neutralen Überziehpullovers „FDJ-Ecken“ jederzeit vorzeigen zu können. Doch auch diese Methode wurde nach und nach als Schamgefühl für die Mitgliedschaft in der Einheits-Organisation missverstanden. Dabei wollte es uns die DDR doch so leicht wie möglich machen. Man war frei, man war deutsch (genauso wie die im Westen ja auch Deutsche waren, aber darauf sollte man lieber nicht allzu oft hinweisen), und man war jung. Was hinderte einen also, in die Freie Deutsche Jugend einzutreten? In der Sowjetunion war der Name jedenfalls viel bekenntnisorientierter: Da hießen die FDJ-ler „Komsomolzen“, also waren auf russisch abgekürzt Angehörige des „Kommunistischen Jugendverbandes“.

In jedem Falle galt es, das FDJ-Hemd oft zu präsentieren, lieber einmal zu viel als einmal zu wenig. Lieber die irritierten Blicke der Mitschüler als die fragenden Blicke mancher Lehrer.

In der Prüfungsordnung der Schulen für die Abschlussprüfung der 10. Klasse und für die Abiturprüfungen in der 12. Klasse hieß es wörtlich: „Die Prüfung wird abgelegt entweder in FDJ-Kleidung oder in einer der Prüfung angemessenen Kleidung.“ Unser Klassenlehrer gab die Antwort gleich hinterher: „Also in Schlips und Kragen.“ Erscheinen in FDJ-Ecken wäre einem wahrscheinlich als subversives Verhalten ausgelegt worden, und eine unterstellte Gleichrangigkeit der beiden Kleidungs-Vorgaben der Prüfungsordnung entsprach einem auf mangelndes Klassenbewusstsein (wobei nicht die Schulklasse gemeint war) zurückgehenden Missverständnis. Es stand in der Prüfungsordnung zwar das Wort „oder", aber auch die Möglichkeiten als eine klare Vorgabe: Erst kam die FDJ, dann kam die Angemessenheit.

Als ich als Achtklässler zu meinem Eignungstest für die Spezialklasse mit verstärktem neusprachlichen Unterricht an der Erweiterten Oberschule Nr. 4 „Hermann von Helmholtz" in Potsdam antrat, entschied ich mich für „angemessene Kleidung". Der gemeinsame Beginn bei diesem Auswahlverfahren ließ mich erkennen, dass ich mich in einer Minderheitenposition befand mit meinem Schlips- und Kragenaufzug, und dabei hatte ich mein Sakko angezogen, das ich auch für die Jugendweihe vorgesehen hatte (was freilich die Fachlehrer bei diesem Eignungstest nicht wissen konnten). Und es kam, wie es kommen musste: Meine spätere Englischlehrerin Frau Grande fragte mich während des Gespräches auf Englisch: „Are you a member of the Free German Youth?" Sie fragte mich, da sie kein „th", sondern ein „s" sprach, nach meiner Mitgliedschaft im Freien Deutschen Gebrauch („use").

Innerlich musste ich grinsen – sie sollte für die nächsten vier Jahre meine Englischlehrerin werden. Ich bejahte, und sie fragte weiter: „And why didn't you put on your shirt?" Ich wollte, da ich die Prüfungsordnung noch nicht kannte, sagen: „Ich dachte, es sei nicht notwendig", leider fiel mir das Wort „necessary" nicht ein, aber sie half mir mit der fehlenden Vokabel aus. Damit hatte ich ihr zumindest gegenüber erklärt: „FDJ-Hemd? Bei mir nur, wenn es gar nicht anders geht." Dass ich trotzdem an diese Schule kam, das ist eine andere Geschichte.

Ich habe mich im Mai 1990 auf einer Potsdamer Versteigerung des im September 1989 gegründeten Neuen Forums von meinem FDJ-Hemd zwar freudestrahlend, aber auch schweren Herzens getrennt. Gesammelt wurde für die Restaurierung des Holländerviertels, und der Käufer zahlte sogar „in West“, zwei Monate vor der Währungsunion. Noch heute, wenn ich durch unser Potsdamer Holländerviertel gehe, denke ich bei mir so: „Wahnsinn, was – auch mit Hilfe Deines FDJ-Hemdes – hier so alles entstanden ist!“

Kapitel 3: Farm der Tiere

„Geboren am 13. August – der Sozialismus und ich“ – so heißt das erste Buch von Jens Bisky, einem Sohn des PDS-Politikers Lothar Bisky. Ein „schonungsloser Rückblick“ – der Klappentext übertreibt nicht. Der Autor ist drei Jahre und siebzehn Tage älter als ich, wir sind in etwa eine DDR-Generation. Unter anderem schreibt Bisky, wenn er Wolfgang Leonhards Buch „Die Revolution entlässt ihre Kinder“ früher gelesen hätte als geschehen, so hätte er viel früher den Sozialismus der DDR als eine Totgeburt verstanden. Diese Lebensbeichte eines mit großen Idealen angetretenen und mit großen Enttäuschungen vom Sowjet-Sozialismus geschiedenen Menschen hatte eine große Wirkung auf viele Menschen, die an die DDR glaubten und von Leonhard die Augen geöffnet bekamen. Schließlich war der schon als Kind nach Moskau gekommen, arbeitete ab 1943 für das Nationalkomitee Freies Deutschland und kehrte Anfang Mai 1945 mit der „Gruppe Ulbricht“ nach Berlin zurück, wo er als Dozent an einer Parteihochschule arbeitete, bevor er mit dem Stalinismus brach und 1949 über Jugoslawien in die Bundesrepublik floh. Leonhards Bücher durften selbstredend in der DDR von Normalsterblichen nicht gelesen werden. In seinem Buch „Meine Geschichte der DDR" berichtet Leonhard von ca. 100 DDR-Bürgern, die nachweislich allein wegen des Besitzes seiner Schriften Ärger bekamen.

Bei der Lesung mit Jens Bisky in Wusterhausen, wenige Kilometer von Neustadt (Dosse) entfernt, hatte ich Gelegenheit, ihn nach Details seiner literarischen Begegnung mit Wolfgang Leonhard zu fragen, die sein Sozialismusbild ins Wanken und zum Einsturz gebracht hatten.

Bisky berichtete von Leonhards Schilderungen der Zeit in Moskau; ihm war durch die Lektüre klar geworden, wie die Menschen auf dem Boden der späteren DDR den Sozialismus als Ideologie überhaupt nicht angenommen hätten, sondern nur darum der Sozialismus eingeführt worden war, weil es in Moskau eben hieß: „Gruppe Ulbricht geht in dieses Gebiet", und fertig. Ein Sozialismus, der nicht als folgerichtige Lehre der Geschichte aus dem Hitlerfaschismus folgte, sondern von außen oktroyiert wurde.

Ich musste kein verbotenes Buch lesen, um mein Sozialismusbild zusammenbrechen zu sehen – ich hatte kein Bild vom Sozialismus.

In der Nähe unserer Potsdamer Wohnung nahe am Heiligen See, wo ich mit meinen Eltern lebte, bis ich fast sechs Jahre alt war (dann zogen wir nach Potsdam-West) gab es einen katholischen Kindergarten. In ihm hörte ich nichts von der DDR, nichts vom Sozialismus.

In staatlichen Kindergärten wurde kleinen Kindern bereits von Ernst Thälmann erzählt, wie mir andere Kinder

später in der Schule aus eigenem Erleben lebhaft versicherten.
In unserem Kindergarten gab es Andachten mit dem Potsdamer Priester – ich habe sogar ministriert und das Weihrauchfass geschwenkt, obwohl ich evangelisch getauft war; es gab eine Fahrt mit einem Kleintransporter Marke Barkas nach Berlin in die St. Hedwigs-Kathedrale zu Alfred Kardinal Bengsch. Seine Autogrammkarte, die er mir nach dem Gottesdienst in die Hand drückte, hob ich mir lange auf, denn ich glaubte jahrelang, dem Papst persönlich begegnet zu sein.
Meine Aufklärung über den Sozialismus der DDR fand bereits vor meiner Einschulung statt. Offenbar hielt mein Vater, nachdem ich angesichts meines Alters von sieben Jahren nicht mehr in der katholischen Obhut bleiben konnte, die Zeit für gekommen, mir gewisse Wahrheiten zu sagen.
Vater wollte offenbar nicht die politische Erziehung der Schule überlassen, so wie viele Eltern dies aus Naivität, Gleichgültigkeit oder auch aus Angst taten. Ich lernte in der 11. Klasse einen Jungen aus einer Parallelklasse kennen, dessen Eltern beide Lehrer waren. Der Junge war vor der Einschulung in einen evangelischen Kindergarten gegangen. Als sein Bruder vier Jahre später ins kindergartenfähige Alter kam, wurde vom Chef seines Vaters erklärt, wenn der zweite Sohn auch noch in einen evangelischen und nicht in einen staatlichen Kindergarten geschickt würde, dann müsste man ernsthaft überlegen, ob der Vater im Lehrerkollektiv weiterhin tragbar wäre.
Meine Eltern ließen mich taufen, als ich ein halbes Jahr alt war, schickten mich in den katholischen Kindergarten und

meldeten mich mit Beginn der Schule in der Christenlehre an, die montags von 16 bis 17 Uhr im Pfarrhaus bei der Frau von Pfarrer Kandinsky, einer Katechetin, stattfand. Außerdem hatten meine Eltern völlig zurecht befürchtet, dass mich nach den ersten Musikstunden in der Schule Frau Schulze in den Pionierchor bitten würde.

Darum hatten sie mich prophylaktisch im Kinderchor unserer Kirchengemeinde angemeldet. „Natürlich, zwei Chöre wären ja für Dich viel zu viel." Die Musiklehrerin hatte Verständnis für den Korb, den ich ihr gab. Und nach dem Ende der Christenlehre meldeten mich meine Eltern zum Konfirmandenunterricht der 7. und 8. Klasse bei Pfarrer Alpenstein an, denn ich sollte so wie sie auch konfirmiert werden. Ich habe lange Zeit nicht gewusst, wie viel meine Eltern mit diesen Aktionen schon für meine christliche Erziehung getan hatten. Es waren damit ganz klar bestimmte Weichen gestellt worden. Dennoch gibt es große Unterschiede zu einer klassischen christlichen Erziehung, befördert durch berufschristliche Eltern, wie es meine Frau etwa als Pfarrerstochter erlebt hat.

Es hätte bei mir jedenfalls ganz anders kommen können, denn in der Schule wurde es natürlich nicht gern gesehen, dass man an Gott glaubte. Aber man durfte ja offiziell wegen des christlichen Glaubens nicht benachteiligt werden. Mein Vater hatte mir früh erklärt, dass 1978 ein ausführliches Gespräch zwischen Erich Honecker und dem Vorstand des Bundes der Evangelischen Kirchen in der DDR stattgefunden hatte, wo man sich auf bestimmte Eckpunkte einigen konnte. Einer von ihnen war: Keine Benachteiligung von Kindern in der Schule, weil sie zur Christenlehre gehen. Mein Cousin, fünf Jahre vor mir ein-

geschult, hatte noch in der ersten Klasse erleben müssen, dass die Klassenlehrerin sagte: „Alle Kinder, die zur Christenlehre gehen, stehen mal auf“, um die dann kollektiv auszulachen. Bei mir fand das nicht mehr statt. Vater erzählte mir, dass sich ein Pfarrer namens Oskar Brüsewitz im August 1976 in der Kreisstadt Zeitz im Bezirk Halle (Saale) aus Protest gegen die Unterdrückung von christlichen Kindern in den DDR-Schulen mit Benzin übergossen und angezündet hatte. Er war an den Folgen der Verbrennungen gestorben. Für Vater war die Begegnung von Honecker mit der Kirchendelegation eine unmittelbare Folge dieser Selbstverbrennung, so als würde die Kirche fragen: Sollte etwa so etwas Schreckliches auf dem Boden der DDR noch einmal passieren, nur weil der Staat das Gespräch verweigerte?
Rainer Eppelmann, Ex-Pfarrer aus Ostberlin, sagte im Hinblick auf den 30. Jahrestag der Tat von Oskar Brüsewitz im August 2006: „Ihm gebührt das Verdienst, in der evangelischen Kirche eine umfassende Diskussion über das Verhältnis zum Staat begonnen zu haben, die bis zum Ende der DDR nicht mehr zu unterdrücken war.“
Ich habe schon an vielen Gräbern gestanden, aber zu dem von Pfarrer Brüsewitz bin ich gewallfahrtet, auf den Tag genau 18 Jahre nach dessen Selbstverbrennung in Zeitz zum Friedhof von Rippicha – in diesem Dorf bei Zeitz war Oskar Brüsewitz Pfarrer gewesen.
Die Lehrer durften uns zwar nicht mehr auslachen lassen, dafür aber ließ man uns Christen spüren, für wie unwissenschaftlich man unsere Weltanschauung hielt.
In der 7. Klasse behandelten wir irgendein Gedicht, das zum Atheismus aufrief. Mein Freund Anton war eigentlich

Atheist, setzte sich aber zunehmend besonders wegen seines Kontaktes zu Remus, dem Siebentagsadventisten in unserer Klasse, mit dem Glauben auseinander. Er sagte zu Frau Schmidt im Deutschunterricht einmal: „Es kann doch eigentlich keine Seite beweisen, dass sie recht hat. Man kann Gott nicht beweisen, aber man kann auch nicht beweisen, dass er nicht existiert." „Doch, Anton", widersprach ihm die Lehrerin, „doch, das kann man beweisen." Den Beweis freilich blieb sie schuldig. Ich stand da drüber, denn im Konfirmandenunterricht bei Pfarrer Alpenstein widmeten wir uns die meiste Zeit der Kritik an der DDR, insbesondere an ihrem wissenschaftlichen Atheismus. Es gab Christenlehrekinder, die nach der 6. Klasse ein Jahr Christenlehre dranhängten, um dann zu Pfarrer Dietrichsen in den Konfirmandenunterricht zu kommen, denn sie wussten: „Alpi hetzt immer nur gegen die DDR." Wie doof die war, bekam man tagtäglich vorgeführt, dazu brauchte man den Konfirmandenunterricht nicht, sagten beispielsweise Detmar, Bernd und Edwin. Für die Arbeit in der Schule fand ich „Alpis" Konfirmandenstunde dank der klaren Aussagen mitunter sehr hilfreich. Wenn irgendein Lehrer uns erzählen wollte: „Gott gibt es nicht" – ich hatte meinen Glauben und wusste, wie stark die Angst der Partei vor der Kirche war.

Mein Vater erzählte mir vom antifaschistischen Gründungsmythos der DDR, und wie viele der DDR-Funktionäre bei den Nazis eingesperrt gewesen waren, unter anderem Erich Honecker, der bereits 1935 in Gestapohaft gekommen und die gesamte restliche Nazizeit politischer Häftling gewesen war. Es war das einzige Mal, dass mein Vater von Honecker mit Hochachtung sprach, ansonsten war Honecker bei uns zu Hause nur Gegenstand von Witzen über die DDR.

Mein Vater versuchte, mir die DDR anhand der Geschichte „Die Farm der Tiere“ von George Orwell zu erklären. Die Tiere machen Revolution und vertreiben den Farmer und seine Familie, und dann setzt sich eine einzige Tiergruppe (die Schweine) an die Spitze dieser Bewegung und beginnt unter dem Motto „Alle Tiere sind gleich, manche sind gleicher“ jetzt alle anderen Tiere zu unterdrücken. „So ungefähr ist es nach dem 2. Weltkrieg auch hier gelaufen“, schloss mein Vater seine Aufklärungsstunde. Ich hatte verstanden.

Mein Vater kaufte der SED den Antifaschismus in der Konsequenz nie ab; zu sehr erschienen ihm Parallelen zum Dritten Reich hinsichtlich der Lenkung der Jugend durch eine Ideologie und propagandistische Aufzüge. Als wir im Fernsehen einmal ein Pfingsttreffen der FDJ mit Fackeln auf der Ost-Berliner Straße Unter den Linden betrachteten, sagte mein Vater nur: „Wie sich dic Bilder gleichen.“ Ich hatte keine Fragen, sondern kannte die anderen Bilder aus den dreißiger Jahren, auch wenn die DDR-Aufmärsche verglichen damit „peinliche Kleinkunstdarbietungen“ gewesen sein mögen, so der Kabarettautor Peter Ensikat jedenfalls.

Einmal, als Vater eine dienstliche Westreise gestrichen worden war, sprach er gar sichtlich erregt von der DDR als „KZ-Staat“, um mir nach meinem Protest gegen diese Unsachlichkeit des Vergleiches vorzurechnen, dass der Staat DDR in der Konsequenz seine Bürger ihrer Freiheit beraube und auf Fluchtversuche hin Menschen bis zu sieben Jahren wegsperren oder gleich an der Mauer erschießen lassen würde.

Als wir in der 10. Klasse einen ehemaligen Schüler unserer Schule als Grenzunteroffizier bei einem FDJ-Nachmittag befragen durften (bzw. mussten), erzählte dieser ganz lapidar von seinem Streifendienst. „Und wenn da mal jemand kommt, dann wird lautstark davor gewarnt, weiterzugehen. Wenn dann nicht Folge geleistet wird, dann wird ein Warnschuss abgefeuert, und wenn der Bürger dann noch immer nicht stehen bleibt, dann wird geschossen. Es handelt sich nämlich um eine Verletzung unserer Staatsgrenze, und man muss sich ganz klar fragen: Warum macht der das? Wenn er die DDR verlassen will, kann er doch einen Ausreiseantrag stellen." Ich war schockiert über diesen Verlust humaner Orientierung und blickte zu unserem Oberstudienrat Herrn Retzlaff, der diesen Nachmittag organisiert hatte, um uns zu einer Selbstverpflichtung zum dreijährigen Dienst in der Nationalen Volksarmee (NVA) bei den Grenztruppen zu ermutigen. Doch Herr Retzlaff schrieb gerade etwas auf und verzog keine Miene.
Ich kann mich an keine Situation sexueller Aufklärung erinnern, die meine Eltern bestimmt als Arzt und Apothekerin sehr gelassen und entspannt vorgenommen haben, aber an die politische Aufklärung denke ich noch genau zurück. Vielleicht, weil ich mir selber viel zu jung dafür vorkam. Vielleicht, weil es mir vorkam, als begegne mir mein Vater auf diese Weise mit einer besonderen Form von Wertschätzung. Vielleicht, weil mein Vater etwas riskierte damit. Wenn mich die Stasi hätte zwingen können, ihr alles zu erzählen, was meine Eltern mir über die DDR erzählt haben, so hätte es gelangt, sie als Staatsfeinde einzubuchten, da bin ich sicher. Wir hatten als Familie die

Verabredung: „Das bleibt unter uns“ oder „Das kannst Du in der Schule ruhig erzählen“.
Jens Bisky hatte erst als Erwachsener aus der Literatur erfahren, was an der DDR nicht stimmte. Als ich meinen Eltern von Biskys Buch und seiner Antwort auf meine Frage nach Wolfgang Leonhard erzählte, musste ich daran denken, wie viel Mühe sich mein Vater gegeben hatte, mir die DDR frühzeitig kindgerecht zu erklären.
Mein Vater hatte im Bezirkskrankenhaus Potsdam Anfang der siebziger Jahre seine Facharztausbildung absolviert. Danach legte man ihm nahe, Kandidat der SED zu werden. Er wollte aber nicht in die Partei. Mein Vater rechnete mir vor, dass man dann sich gegen nichts mehr wehren könne. „Wenn die Partei sagt: Genosse Fröhling – Du gehst nach Kyritz an der Knatter; die Partei braucht Dich dort, dann musst Du das machen.“ Als Ablehnung der Nahelegung, in die Partei zu gehen, wählte mein Vater den Weg an ein konfessionelles Krankenhaus: Sankt Josef in Potsdam. An diesem katholischen Hause verfügte er als Evangelischer zwar über das falsche Gesangbuch – dies bedeutete nur marginale Aufstiegs-Chancen, allerdings konnte er wegen seiner fachlichen Kompetenz als Facharzt für Innere Medizin, Subspezialisierung für Nieren- und Hochdruckkrankheiten im Jahre 1977 „Reisekader“ werden und durfte erstmalig ins „nichtsozialistische Ausland einschließlich BRD und Westberlin“, wenn es um fachlich wichtige Kongresse ging.
Die DDR war einerseits darauf bedacht, ihren Fachärzten Fortbildungsmöglichkeiten einzuräumen, um die sozialistischen Menschen von möglichst vielen Krankheiten zu heilen, und andererseits konnte sie meinen Vater als Aus-

hängeschild benutzen im Sinne von „Bitte! Seht her! Hier darf jemand ins kapitalistische Ausland reisen, ohne dafür in der SED sein zu müssen! Sage einer da noch was gegen den Sozialismus!" Die Stasileute, die auf meinen Vater angesetzt waren, berichteten ihren Vorgesetzten gewisslich, dass Herr Dr. Peter Fröhling ein guter Ehemann und liebender Vater sei und keine Gefahr bestünde, dass dieser von einem Kongress im Westen nicht zurückkehrte.
Mein Vater hat mir später erzählt, dass er bereits bei seiner ersten Westreise 1977 in Würzburg ein Abwerbeangebot erhalten hatte. Bis heute weiß er nicht, ob das damals ernst gemeint war – es hätte für meine Mutter und mich eventuell bedeutet, über mehrere Jahre mit der Ungewissheit zu leben, endlich in den Westen zu meinem Vater ausreisen zu dürfen, von den vielen Besuchen der Stasi mal abgesehen. Genau dies sagte mein Vater dem vermeintlichen West-Arzt auch, und außerdem verwies er auf seine Kollegen in der DDR, die mit der Erfahrung eines abgehauenen Arztes im Rücken wegen potentieller Fluchtgefahr keine Westreisen in der darauf folgenden Zeit genehmigt kriegen würden.
Mein Vater hält es für möglich, dass die Stasi ihn damals prüfen wollte, inwieweit er als Reisekader tauglich war. Schließlich wissen wir heute, dass die Stasi genügend Leute im Westen hatte, die für sie arbeiteten.
Falko Götz, bis Frühjahr 2007 Trainer von Hertha BSC, kickte einst beim Stasiklub BFC Dynamo. Er setzte sich im Zusammenhang mit einem Europapokalspiel seines Vereins 1983 in Belgrad in den Westen ab. Als er dort dann seinen einstigen Jugendtrainer Jörg Berger traf – er war vor ihm in den Westen abgehauen – trafen sich die beiden konspirativ. Beide versicherten bei einem Treffen im Herbst 2004 im

„Aktuellen Sportstudio" des ZDF glaubhaft, dass sie sich dabei von der Stasi beobachtet gefühlt hätten.
In diesem Zusammenhang wurde von Berger auch an den Fußballer Lutz Eigendorf erinnert, der nach seiner Flucht in den Westen bei einem Autounfall auf mysteriöse Weise ums Leben gekommen war. Ich selbst kenne Menschen, die nach ihrer erfolgreichen Flucht von der Stasi bedroht wurden: „Egal, wo Du auch hinziehst – wir finden Dich!"
Seit ich diese Geschichten kenne, glaube ich noch viel weniger, dass eine Flucht in den Westen eine ernsthafte Alternative zu einem Leben in der DDR gewesen wäre.
Als ich 12 Jahre alt war, bekam mein Vater die Anfrage vorgelegt, für zwei Jahre als Arzt nach Los Angeles zu gehen. Er sagte: „Ich gehe nur, wenn ich meine Familie mitnehmen kann."
Los Angeles – ich kannte aus dem Kinofilm mit Barbara Streisand „Is' was, Doc?", den ich ungefähr siebenmal gesehen hatte, San Francisco. Und im ZDF gab es die Krimiserie „Die Straßen von San Francisco" mit Karl Malden und Michael Douglas. Erst später habe ich mitbekommen, dass es sich sogar lohnt, in ein Flugzeug zu steigen, um von L. A. nach San Francisco zu reisen, aber in meiner Vorstellung sah L. A. eben aus wie San Francisco mit Hängebrücke über der Bucht, den cable cars und den engen, steilen Straßen. Als ich an einem Nachmittag auf dem Weg von der Musikschule zu mir nach Hause war, sagte ich mir: „Wenn die Fußgängerampel jetzt, während ich über die Dortustraße gehe, nicht auf rot umschaltet, dann klappt das mit Amerika." Während ich schnellen Schrittes über die Straße strebte, tauchte vor meinem geistigen Auge Barbara Streisand in den Straßen von San Francisco auf. Ob-

wohl ich in meiner Trance eine alte Frau anrempelte und noch um Entschuldigung bat, schaffte ich es bequem bei grün über die Straße. Ich war glücklich.
Aus Amerika wurde trotzdem nichts. Vater erfuhr später, seine Anfrage, meine Mutter und mich mitnehmen zu wollen, habe im Ministerium ausgereicht, seinen Antrag dem Papierkorb zu überantworten. Irgendwie machte mich das glücklich, denn mein Vater würde bei uns bleiben; zunächst aber war ich natürlich enttäuscht.
Später, allerdings noch zu DDR-Zeiten, habe ich meinen Vater einmal im Vertrauen gefragt, ob wir denn in die DDR zurückgegangen wären, wenn es damals mit L. A. geklappt hätte.
Seine Antwort war eindeutig. Er sah mich an, als wäre er erstaunt über die Frage. „Ich hätte danach sofort in Würzburg oder in der Schweiz anfangen können.“, sagte er.
Ich war damals sehr still und habe nicht weiter gefragt. Im nachhinein sehe ich in der ehrlichen Antwort meines Vaters einen riesigen Vertrauensbeweis. Hätte er damals gesagt: „Selbstverständlich wären wir zurückgekommen danach“, – ich hätte ihm geglaubt.
Ich wusste, dass meine Eltern, besonders mein Vater, noch mehr unter der Unfreiheit der DDR litten als ich. Aber die Stasi wusste das auch. Wäre ich mit 12 Jahren politisch reifer gewesen, hätte ich mir denken können, dass die Forderung meines Vaters, seine Familie nach L. A. mitnehmen zu können, niemals genehmigt worden wäre.
Wenn Karl Mays Winnetou im Fernsehen einen Weißen der Lüge bezichtigte, so sagte er mit finsterer Miene: „Bleichgesicht spricht mit gespaltener Zunge“. Doppelzüngigkeit meinte er, und das Resultat solcher Erziehung,

wie ich sie genoss, waren Kinder mit gespaltener Zunge. Zum Doppelleben verdammt, aber aufgeklärt.
Ich bin misstrauisch, wenn ich Menschen, die in einer offenen Gesellschaft gelebt haben, über die DDR reden höre. Doch Ralph Giordano sprach mir aus dem Herzen, als er bei einer Lesung in Neuhardenberg über die DDR sagte: „Dieses System hat Menschen deformiert – Anhänger wie Gegner gleichermaßen." Ich fühlte mich und andere treffend beschrieben.
Als die DDR-Satirezeitung „Eulenspiegel" als eine der letzten im Herbst 1989 auf den Revolutionszug aufgesprungen war, da gab es in einer Ausgabe dieser alle zwei Wochen erscheinenden Zeitschrift eine ganzseitige Karikatur. Zu sehen war ein Schüler unter dem Torbogen einer Schule. In seiner Hand ein Zeugnis mit „alles Einsen". Dem Betrachter steckt er die Zunge heraus. „Bäh!" hieß die Bildunterschrift. Seine Zunge war gespalten.
Meinen Eltern habe ich diese Karikatur damals vorgelegt. „Ja, genau so war es wirklich", sagten beide. „Es stimmt. Wir haben Dich zur Doppelzüngigkeit erzogen, aber wir haben Dich immer aufgeklärt, wie es wirklich zugeht in der DDR." Ich konnte das nur bestätigen. Vielleicht dachten meine Eltern, ich wollte sie mit dieser Karikatur anklagen, und dieses in mir aufsteigende Gefühl, meine Eltern könnten das denken, beschämte mich.
Ich bin dankbar, dass ich mir bei meinen Kindern nicht die Gedanken machen muss, wie sie sich meine Eltern gemacht haben, und ich weiß, dass es Eltern gibt, die sich diese Gedanken nicht gemacht haben und dann aber sich auch nicht beschweren dürfen, dass für ihre Kinder Ende 1989 die Welt wie ein Kartenhaus einstürzte.

Meine Eltern haben mich zur Doppelzüngigkeit erzogen, mir gegenüber haben sie jedoch nicht mit gespaltener Zunge gesprochen. Die Ehrlichkeit meines Vaters, mir noch zu DDR-Zeiten klar zu sagen, dass wir aus L. A. nicht zurückgekommen wären, legt davon beredt Zeugnis ab. Sein Kommentar im nachhinein: „Wir waren untereinander doch immer ehrlich.“

Kapitel 4: Faule Kompromisse

„Natürlich musst Du nicht mitfahren. Aber Du wirst die Konsequenzen tragen müssen. Die Teilnahme am Lager für vormilitärische Ausbildung ist so etwas wie freiwilliger Zwang.“

Wir verstanden diese satirische Wortschöpfung meines Klassenkameraden Thoralf Urbanczyk als eine treffende Umschreibung unserer Situation. Man war in der DDR, wenn man etwas aus seinem Leben machen wollte, von der Wiege bis zur Bahre erpressbar.

Du musst zu den Pionieren, erst zu denen mit blauem Halstuch, dann ab der vierten Klasse zu denen mit dem roten Halstuch, in der 8. natürlich in die FDJ, und Jugendweihe musst du auch machen. Sonst kommst du nicht zur Erweiterten Oberschule, und dann kannst du kein Abitur machen, dann kriegst du keinen Studienplatz, dann kriegst du höchstens irgendeine Arbeit, die du nie haben wolltest. Meine Mutter pflegte immer mir vorzurechnen, dass ich in der Schule in meinem Ehrgeiz nach Einsen nicht nachlassen dürfte, um dann am Ende der Belehrung zu sagen: „Mit den Zensuren kannste sonst auf'm Feld arbeiten gehen.“

Selbstredend musste man sich als Junge verpflichten, doppelt so lange zur Armee zu gehen wie die Grundwehrdienst-Ableister, nämlich drei Jahre, und wenn möglich auch noch zu den Grenztruppen. Wer nur anderthalb Jahre ableisten wollte, dem wurden Daumenschrauben angesetzt: Mein Freund Martin aus einer Parallelklasse, mit dem ich im Klassenraum während der großen Pause alleine war, war vollkommen verzweifelt, als ich ihn auf sein gerade erfolgtes Orientierungsgespräch beim zuständigen Lehrer für Studienlenkung Herrn Retzlaff ansprach. Martin hatte seinen stark körperbehinderten, auf die Hilfe des Sohnes angewiesenen Vater als Grund angegeben, warum er nur anderthalb Jahre zur Armee gehen wollte. Retzlaff soll sehr erregt gewesen sein und gesagt haben: „Ich werde persönlich dafür sorgen, dass Sie nicht zum Medizinstudium zugelassen werden." Was Martin Tränen in die Augen trieb, war die Tatsache, dass sein Klassenkamerad Markus Baum nicht bereit war, sich als Ohrenzeuge dieses Gespräches zur Verfügung zu stellen. Auch er hatte Angst vor Nachteilen.

Da Menschen wie Herr Retzlaff in einer offenen Gesellschaft keine Macht zur Studienlenkung mehr haben, ist Martin inzwischen Oberarzt mit Leib und Seele.

Herr Retzlaff trat übrigens Ende 1989 aus der SED aus mit der Begründung, so erzählte mir einer meiner früheren Lehrer in der Straßenbahn, er sei als Sozialdemokrat 1946 mit der KPD zur SED zwangsvereinigt worden. Glücklicherweise war ich 1988 von der Schule abgegangen, ansonsten hätte ich mich bestimmt totgelacht, denn ich kann mir kaum einen überzeugteren Bonzen vorstellen als Herrn Retzlaff, der nicht nur für Studienlenkung, sondern

auch für Offizierswerbung in der Schule zuständig war.
In der DDR war man, wenn man studieren wollte, eben besonders erpressbar.
Und es ging dann im Laufe des DDR-Lebens so weiter: Man will Karriere machen, also wird man Kandidat der SED, oder wenn man Glück hat, kommt man in einer der „Blockparteien" unter – die formal in der DDR existierenden anderen Parteien waren im „demokratischen Block" unter Führung der SED zusammen geschlossen. Ich kenne einen langjährigen Vorsitzenden einer Landwirtschaftlichen Produktionsgenossenschaft (LPG) im Oderbruch, der in der Bauernpartei unterzukommen und „Blockfreund" zu werden gedachte, aber am Ende musste er doch in die SED.
Wer weiß, wie viele faule Kompromisse ich noch hätte schließen müssen, wenn es die DDR länger gegeben hätte. Zu den Eigentümlichkeiten dieses Staates gehörte es, dass man die Bürger jederzeit mit drohender Verhinderung von Aufstiegschancen erpressen konnte, dadurch eine Atmosphäre permanenter Drohung erzeugte und Menschen letztendlich als Untertanen gefügig machte.
Einem Staat, der seine Bürger wie Untertanen behandelt, ist es in der Konsequenz egal, ob die geforderten Lippenbekenntnisse ehrlich sind oder nicht. Wichtig ist nur, dass die Untertanen das Spiel mitmachen.
Manche Menschen fanden im Sozialismus einen ganz eigentümlichen Weg, um weniger Ärger zu kriegen. Ich weiß von einem Lehrer aus dem Oderbruch, der seine Tochter in Thüringen, in seiner Heimat, konfirmieren ließ, weil er als Lehrer garantiert Ärger bekommen hätte mit einer Vor-Ort-Konfirmation seiner Tochter.

Ein Dozent für Kirchengeschichte, spezialisiert auf die russisch-orthodoxe Kirche, hatte uns im Studium erzählt, wie manche nominellen Kommunisten in der Sowjetunion Hunderte von Kilometern mit dem Flugzeug zurücklegten, um ihre Kinder taufen zu lassen, damit die Partei das nicht mitbekam. So manchem Lehrer wurde gleichzeitig auch das mittlerweile vorhandene distanzierte Verhältnis zur Kirche klar, wenn man kirchlichen Werbern gegenüber eine Konfirmation seines Nachwuchses mit Verweis auf die eigene Lehrertätigkeit ausschloss.

Da mein Vater an einem konfessionellen Krankenhaus arbeitete und meine Mutter einen Chef hatte, der seine eigenen Söhne zur Konfirmation schickte, drohten meinen Eltern bei Taufe und Konfirmation des einzigen Kindes keine Nachteile.

In der Schule hatte sich für meine Konfirmation, die am Ende der Frühjahrsferien stattfand, niemand interessiert. Ich hatte Jugendweihe, war in der FDJ, hatte in Staatsbürgerkunde eine 1, was sollte da sein? Schwierig wurde es erst, als ich begann, anderen vom christlichen Glauben zu erzählen und meinen Lehrern zu widersprechen, wenn es um ideologische Fragen ging. Da war ich in der 9. Klasse.

Eigentlich aber spielte ich das Spiel ganz gut mit. Ich war ein guter Schauspieler, und mir gefiel es auch, dass ich an den Blicken mancher Lehrer genau sehen konnte, dass sie mir kein Wort glaubten, aber die Fakten waren von mir nun einmal im akzentfreien Parteichinesisch zusammengetragen worden. Man wusste ja, was die hören wollten. Und wenn man alles so sagte und schrieb, dass man „den richtigen Klassenstandpunkt" (womit nicht die Schulklas-

se gemeint war) offenbarte, dann klappte es auch jeweils mit der Note 1.
Allerdings zeigte sich hierin wieder ein Grundproblem der DDR: Man zog Kinder eben zu Untertanen heran, nicht zu Menschen mit einer eigenständigen Meinung.
Ich glaube, dass viele Probleme, die der Osten heute hat, eine Folge dieser schulischen Praxis sind. Und wenn man heute mit Verweis auf die PISA-Studie von Finnland sagt, die hätten „das DDR-System“ übernommen und deshalb so erfolgreich abgeschnitten, so ist dies eine unzulässige Verkürzung. Es handelte sich um die Verwendung so genannter „konzentrischer Kreise“, wie mir eine Deutschlehrerin erklärte; es bezeichnet ein in sich logisches hilfreiches pädagogisches System. Für mich äußerte sich das Bildungssystem allerdings nicht in mir verborgenen, vielleicht unsichtbaren konzentrischen Kreisen, sondern in einer durchweg vorhandenen Ideologisierung und Politisierung jeglicher Unterrichtsfächer; das können die Finnen unmöglich übernommen haben. Es gab die DDR nun einmal nur mit Ideologie, freiwilligem Zwang und Politkram in der Schule.
Bei jeder meiner am Familientisch geäußerten Überlegungen, im Unterricht aus ideologischen Gründen zu widersprechen, stellten meine Eltern die Fragen: „Lohnt sich das?“ und „Wem nützt Du damit?“ Meine trotzig-bejahende Antwort auf Frage 1 zog die Antwort auf Frage 2 nach: „Dir ganz bestimmt nicht.“ Ich hatte das Gefühl, dass meine Eltern oft keine Ahnung hatten, wie schwer es mir fiel, mit meiner Meinung hinter dem Berg zu halten und wie sehr ich vor mir selber darunter litt, faule Kompromisse einzugehen. Heute weiß ich mehr.

Dass es alle anderen genau so taten, half mir nicht, ganz im Gegenteil. Besonders die Jugendweihe, wo ich die Finger zum Schwur auf den Sozialismus hinter dem Rücken verknotete, die Mitgliedschaft in der FDJ, die „Kampfreserve der Partei" sein sollte und mein Lippenbekenntnis, drei Jahre lang mein Vaterland mit der Waffe in der Hand verteidigen zu wollen, quälten mich. Ich war in meinen Augen ein erbärmlicher Feigling.
Außerdem hatte ich nicht das Gefühl, mit Verschweigen von unbequemen Wahrheiten mir wirklich zu nützen. Ob ich redete oder schwieg – es kam auf dasselbe heraus. Ich war abgestempelt als Sonderling.
Ein Beispiel: Zu Beginn des neuen Schuljahres in der 7. Klasse wurde ein neuer Gruppenrat gewählt. Da unser bisheriger Vorsitzender in den „Freundschaftsrat" der Schule delegiert werden sollte, stand dieser Posten zur Neubesetzung an. Ich weiß nicht mehr, ob ich mich selbst vorschlug, oder ob es ein anderer tat. Jedenfalls wurden Pläne für die Zusammensetzung des Gruppenrates am Reißbrett gemacht, und man schrieb meinen Namen oben hin. Bis zum nächsten Pioniernachmittag wollte man die Vorschläge durchdenken.
In der nächsten Staatsbürgerkunde-Stunde kam unsere Lehrerin Frau Grell plötzlich auf die anstehenden Gruppenratswahlen und auf den christlichen Glauben zu sprechen. Sie meinte, es sei hochproblematisch, wenn Menschen alle Entscheidungen letztlich einem höheren Wesen überlassen würden. Man könne daher verantwortungsvolle Leitungspositionen eigentlich nicht mit solchen Menschen besetzen. Es war klar, dass sie mich meinte. Jeder wusste, dass ich im Kirchenchor mitsang und zum Konfir-

mandenunterricht ging. Ich blieb mit meinem Glauben von der Außenwahrnehmung in meiner Klasse allerdings immer im Windschatten von Remus, der samstags nie zur Schule kam.

Allerdings widersprach ich meiner Lehrerin nicht nur nicht, sondern schien Frau Grell sogar noch beizupflichten. Als sie sagte, Christen würden alles immer „von einem höheren Wesen her abhängig machen", da antwortete ich mit einem Zitat der tschechischen Marionette Hurvinek: „Das haben Sie schön dichterisch gesagt." Mein Gott, streng theologisch gesehen hatte sie ja recht. Das ist ja eben der Grund, warum Christen in einer totalitären Gesellschaft eigentlich automatisch zu Gegnern werden, weil sie Gott mehr gehorchen als den Menschen.

Es war dies das einzige Mal in meiner POS, dass auf so unmissverständliche und andererseits subtile Art zu meiner Benachteiligung aufgerufen wurde, denn eigentlich gab ich sonst nicht viel Anlass zur Distanzierung. Ich verweigerte mich offiziell dem Sozialismus ja nicht.

Man begegnete mir nur mit vorauseilender Distanz, so nach dem Motto „Vorsicht, Christ!"

Damals in der 7. Klasse, als ich den Vorsitz im Gruppenrat nicht wahrnehmen sollte, bekam ich im Endeffekt einen anderen Posten in diesem Gremium. Ich erinnere mich nicht, wer eigentlich Vorsitzender war und wer außer Anton und Markus und mir zu diesem Gruppenrat gehörte, denn dieses Leitungsgremium hatte in Wirklichkeit nichts zu sagen. Was wirklich von Belang war, wurde vom übergeordneten Freundschaftsrat entschieden, und auch der machte und sagte nichts anderes, als die Pionierleiterin angeordnet hatte – die Pionierleiterin war übrigens die

Staatsbürgerkundelehrerin. Sie wurde später sogar eine Zeit lang stellvertretende Direktorin, aber da war ich schon nicht mehr Schüler der POS 13.
Manchmal habe ich mich gefragt, was mir erspart worden wäre, wenn ich mich schon früher als im Frühjahr 1989 zum Pfarrer berufen gefühlt hätte. Dann wäre ich nach der 10. Klasse auf das Kirchliche Oberseminar (KOS) in Potsdam-Hermannswerder gegangen. Dort konnte man ein nur von der Kirche anerkanntes Abitur ablegen. Und vorher wäre nichts gewesen mit FDJ und Jugendweihe, und was die NVA anging, wäre für mich natürlich nur der Wehrersatzdienst in Frage gekommen. Ich wäre zu den so genannter Bausoldaten mit dem Spaten auf den Schulterstücken eingezogen worden. Die DDR kannte keinen Zivildienst, war aber unter den Ostblockländern der einzige Staat, soviel ich weiß, der wenigstens diesen Ersatzdienst anbot. Von einem angehenden Pfarrer hätte man schließlich nichts anderes erwartet.
Wenn meine Eltern Pfarrer gewesen wären, hätte ich wahrscheinlich nicht einmal zu den Jungen Pionieren gemusst. Die Pfarrerskinder, die ich kenne, bewegten sich in der DDR von ihren Erlebnisberichten her zwischen erlebter Narrenfreiheit und erlebten Schikanen, wobei man mit Letzterem vorsichtig zu sein hatte, denn offiziell bildete sich die DDR ja auf ihre Religionsfreiheit ordentlich was ein.
Ein Studienfreund, dessen Vater Pfarrer war, hatte jedoch keine Chance, zum Abitur zugelassen zu werden, weil schon seine ältere Schwester an der EOS war. Pfarrer hatten ja traditionell viele Kinder, und diese waren oft wegen der anderen Erziehung zu Hause sehr differenziert denkende Menschen. Wenn der Staat alle Pfarrerskinder gleich-

berechtigt behandelt hätte, so hätten sie einen nicht unbedeutenden Prozentsatz der Abiturienten ausgemacht und in subversiver Weise bestimmt sehr effektiv feindlich-negativ staatsfeindlich gewirkt. Schon, dass man da war und seine Meinung vertrat, wurde einem ja so ausgelegt.

Und wenn es hart auf hart kam beim Diskutieren, dann hieß es: „Jugendfreund" – so war die offizielle Anrede in der FDJ – „Du bist doch für den Frieden..." Wer wollte denn schon als Kriegshetzer dastehen? Mit diesem Satz wurden dann alle Unterschiede und Widersprüche wieder eingeebnet. Ergebnis war Schweigen und Ärger, sich auf diese Schiene einer Friedenserörterung eingelassen zu haben.

Ich war nun einmal kein Pfarrerskind und wollte zur Abiturzeit noch nicht Pfarrer werden, sondern erst ein halbes Jahr danach.

Ich hatte meine Meinung, und die habe ich meistens nicht einbringen können.

Was soll's – die DDR wurde auch so gestürzt. Nicht nur mit geflügelten weißen Pferden, die im Stall vom Elfenbeinturm wohnten, sondern auch mit Hilfe von trojanischen Pferden, deren Soldaten drinnen vielleicht innerhalb der Holzverkleidung im Dunkel oft kotzen mussten wegen ihrer engen, unbequemen Position im Pferdebauch. Schlimm war für mich nur, dass man so schlecht lüften und nur selten herauskommen konnte, um mal tief durchzuatmen: In der Begegnung mit meinen Eltern spätestens beim Abendbrot, wo im Hintergrund die „heute"-Nachrichten im ZDF liefen, in der Begegnung mit Freunden, denen ich vertraute, im Konfirmandenunterricht bei Pfarrer Alpenstein, der bekannt und berüchtigt dafür war, die DDR abzulehnen, und später in der Jungen Gemeinde.

Wenn DDR-Leute aus meiner Generation sagen: „Schulzeit war die schönste Zeit“ oder „Ich hatte eine glückliche Kindheit“, dann erkläre ich mir das mit einer totalen Abspaltung, wie sie in deutschen Landen Tradition hat. In einem Film über ostpreußische Kinder in Königsberg sagt rückblickend eine Seniorin über die Zeit vor 1945: „Ich hatte eine unbeschwerte Kindheit – dann kamen die bösen Russen und haben uns unser schönes Land weggenommen.“

Was war mit der ganzen Naziideologie? Ist der Dame vielleicht aufgefallen, dass in der Schule eines Tages ihre jüdischen Mitschüler fehlten? Dass ihre Verwandten auf dem Lande plötzlich Zwangsarbeiter aus Russland und Frankreich hatten, die gezwungen waren, in der Landwirtschaft Ostpreußens zu arbeiten? Dass diejenigen Gutshäuser Ärger kriegten, die an Führers Geburtstag bewusst vergaßen, die Hakenkreuz-Fahne aus dem Fenster wehen zu lassen? Dass der Einmarsch der Roten Armee und die Grenzziehungen nach dem Kriege die direkten Auswirkungen vom 30. Januar 1933 waren?

Nein – im Abspalten, Leugnen, Verdrängen und Verharmlosen von geschichtlichen Zusammenhängen gibt es eine erschreckende Einheit beim Reden über die DDR wie über das Dritte Reich bei vielen Zeitzeugen.

Es gibt allerdings noch eine andere Möglichkeit als Verdrängung und Abspalten unbequemer Zusammenhänge, um von einer glücklichen Kindheit in der DDR-Schule reden zu können: Begeisterung vom System! Hier zeigt sich allerdings ein großer Unterschied zur Nazizeit: In meinen zwei Schulklassen mit den ca. 40 Schülern, mit denen ich von der 1. bis zur 8. bzw. von der 9. bis zur 12. Klasse die

Schulbank gemeinsam drückte, habe ich nur eine einzige wirklich von der DDR Überzeugte getroffen. Dass ausgerechnet die als Erwachsene einen Wessi geheiratet hat, wie sich bei einem späteren Klassentreffen herausstellte, das war mir wirklich ein innerer Vorbeimarsch.

Kapitel 5: Oberschüler ohne Beförderung

Eigentlich hätte ich, da ich an der westlichen Ecke der Kreuzung Meistersingerstraße/Nansenstraße wohnte, auf die Polytechnische Oberschule (POS) 12 „Gerhard Hauptmann" gehen müssen, aber diese Schule wurde im Volksmund „Räuberhauptmannschule" genannt. Sie stand im zweifelhaften Ruf, „50% Asoziale" (Original-Zitat besorgter Eltern!) unter den Schülern zu haben – ob diese Zahl stimmte, habe ich nicht herausfinden müssen, denn meine Eltern meldeten mich einfach in der Schule 13 „Käthe Kollwitz" an. Diese war genauso weit bzw. nah wie die Schule 12. Andere Eltern, die noch näher an der Schule 12 als an der Schule 13 wohnten, taten das Gleiche.

Meine Eltern schüttelten über die Bezeichnung „Polytechnische Oberschule" immer den Kopf. Jeder Erstklässler konnte sich „Oberschüler" nennen, ohne „Schüler" gewesen zu sein. Vielleicht wollte man uns mit einer sofortigen Beförderung den Schulalltag versüßen, denn sehr schnell sollte gezeigt werden, dass die Schule kein Kindergarten war.

Rasch wurde deutlich, dass ich in meiner zehnklassigen Schule eigentlich nicht wirklich gefördert wurde, sondern mich in den meisten Fächern langweilte. Und was macht ein guter Schüler, der sich langweilt? Dummes Zeug! Zumindest ab der 6. Klasse; wahrscheinlich eine Art Pubertätskrise. Auffällig war allerdings bereits in einer der ersten Klassen meine Verächtlichmachung des Schulessens. Ich war „belle cuisine at its best“ zu Hause von meinem Vater her gewöhnt, der sich sonntags mitunter um 8 Uhr in die Küche stellte, um für den bereits vor zwei Tagen eingelegten Braten eine Sauce zuzubereiten, die meine Mutter und ich als „Küchenblöde“ hinnahmen wie später die Menschen das Ozonloch. Meinem Vater wäre eigentlich eine anspruchsvollere kulinarische Abnehmerschaft zu wünschen gewesen.

Ich hatte wieder einmal mein Schulessen kaum angerührt und defätistische Bemerkungen über den Allgemeinzustand des Schulküchen-Niveaus fallen lassen. Frau Schulze, die neben ihrer Tätigkeit als Musiklehrerin noch Horterzieherin war und auch die Schulspeisung mitbetreute, ergriff unsanft meinen linken Arm. Sie zerrte mich samt meinem vollen Teller aus dem Speiseraum. Es ging treppab und über den Hof, direkt auf das Schulgebäude zu. „Wohin bringen Sie mich?“, wollte ich fragen, doch mir saß ein Kloß im Hals, was nichts mit den Versuchshappen des Mittagessens auf meinem Teller zu tun hatte. Frau Schulze führte mich in die erste Etage und setzte mich erst im Zimmer unserer Direktorin ab. Frau Paech bedeutete mir, mich zu setzen. Der Teller wurde wie ein Beweisstück in die Mitte des quadratrischen Tisches zwischen uns abgesetzt. Frau Schulze klagte der Direktorin ihr Leid mit diesem Schüler und bat die Direktorin um Hilfe. Frau Paech holte tief Luft und begann, mir einen längeren Vortrag über den Hungerwinter 1946/47 zu halten. Ich musste in diesem Moment nur an einen Klassenkameraden meines Cousins denken, der auf seinem Schulhof einen Mitschüler offenbar mit dem falschen Beispiel erziehen wollte: „Mensch, inne Sowjetunion hamse nischt zu essen, und Du schmeißt hier Stullen in' Papierkorb!", was seinem Vater ein ernstes Gespräch mit dem dortigen Direktor einbrachte.

Frau Paech meinte jedenfalls, es sei wohl das beste, mich zum „Hauskind" zu ernennen, um andere Schüler nicht negativ zu beeinflussen. Fast erschien sie mir tolerant meinen Geschmacksnerven gegenüber mit dieser Anweisung. Fortan aß ich zu Hause brav Mittag, wärmte mir eine „Ein-Wolf-Portion" auf, die mein Vater zurechtgelegt hatte; oder Frau Kindler, die mehrmals die Woche unsere Wohnung im Auftrage meiner Eltern in Ordnung hielt, kochte für mich.

Meine Eltern wollten, dass ich in der Schule möglichst gut war, um dann später studieren zu können. „Arzt werden" – das war der Weg, den der Arzt und die Apothekerin für mich am liebsten gesehen hätten. Ich konnte zwar kein Blut sehen, aber mein Vater meinte, das würde man sich spätestens im Studium abgewöhnen. Er selbst hatte die Erfahrung gemacht, dass man sich als Arzt mit fachlich guten Leistungen eine Art Westreisen-Nische erarbeiten konnte. Manchmal beschrieb er seine ärztliche Profession sogar ziemlich drastisch als „den einzigen vernünftigen Beruf, den man in diesem Scheiß-Staat ausüben kann".

In der 2. Klasse wurde die Chance verpasst, mich ab der 3. Klasse auf eine Russisch-Spezialschule zu schicken. Da wäre ich bestimmt nicht auf dumme Gedanken gekom-

men, sondern voll ausgelastet gewesen: Da hätte es ab der 3. Klasse Russisch-Unterricht gegeben, den Normalschüler erst ab der 5. Klasse hinnehmen mussten. Der Grund, dass nur Bernd aus der 2 a abging, aber keiner aus meiner Klasse 2 b, war simpel: Unsere Klassenlehrerin war in der Woche krank, als die Informationsveranstaltung für die Russischschule in den 2. Klassen potsdamweit durchgeführt wurde.
Für meinen weiteren Bildungsweg wurde dann aber eine Lösung gefunden: In der siebten Klasse hörten meine Eltern von einer Spezialklasse für neusprachlichen Unterricht, die an der EOS 4 „Hermann von Helmholtz" ab der 9. Klasse angeboten wurde.
Es gab zwei Schulen in Potsdam, in denen nicht nur Englisch-, sondern auch Französisch-Unterricht angeboten wurde. Da man einem sozialistischen Schüler keine Steine in den Weg legen wollte, sich sprachlich fortzubilden, nahm man mich als externen Schüler an der Salvador-Allende-Schule für zwei Jahre auf. Russisch fiel mir leicht (ich war der Einäugige unter lauter Blinden), englisch kam ab der 7. Klasse dazu, warum also nicht noch französisch dazunehmen?, dachte ich mir. Um an die andere Schule pünktlich zum Französisch-Unterricht zu gelangen, musste ich einmal in der Woche 10 Minuten bei Englisch früher los, und ansonsten konnte ich beim für mich grausamen Fach wie „Technisches Zeichnen" (TZ) früher loskommen.
Mit dem Berufswunsch „Sprachmittler" überzeugte ich sogar meine Arztberuf-fixierten Eltern. Die erste Reaktion meiner Mutter: „Wenn Du gut bist, dann kommst Du ja auch mal ein bisschen raus aus der DDR."

Bewerbern für die Sprachspezialklasse wurde gesagt, es gebe keine Garantie auf Übernahme in die Abiturstufe (11. und 12. Klasse). Allerdings wusste man, dass es leichter wäre, über eine solche Spezialklasse in die Abiturstufe übernommen zu werden, als sich dem üblichen „Die Besten kommen durch" nach der 10. Klasse zu stellen.
Auch wusste man, dass der Übergang von der 10. zur 11. Klasse, der Stufe von der POS zur EOS, ziemlich haarig sein konnte. Es gab unter denen, die ab der 11. Klasse in die EOS kamen (und das waren die allermeisten), zunächst einen deutlichen Leistungsabfall, denn man war ja nicht mehr in einem normalen Klassenverband, sondern nur noch unter Bestschülern.
Wer nach der 8. Klasse an die EOS wechselte, hatte zwei Jahre Zeit, sich den höheren Normen anzupassen.
Allerdings bedeutete dies, dass ich in der siebten Klasse meine Dummheiten abstellen musste, da die Endjahresnoten der 7. Klasse und das Halbjahreszeugnis der 8. Klasse bei der Bewerbung für die „Sprachenschule", wie wir die EOS 4 nannten, besonders beachtet wurden.
Besonders langweilte mich der Unterricht in Deutsch, wo es einzelne Teilfächer wie Literatur, Muttersprache, Rechtschreibung und Grammatik sowie mündlicher und schriftlicher Ausdruck gab sowie in Musik. Dort machte ich den meisten Blödsinn, noch dazu mochte ich meine Klassenlehrerin Frau Schmidt nicht besonders. Das beruhte auf Gegenseitigkeit. Ausgerechnet sie unterrichtete Deutsch und Musik. Nicht nur wegen ihrer Leibesfülle, sondern auch wegen ihres häufig brüllenden Umgangstons mit uns nannten wir sie „Sweetums" (gesprochen „Switjems"), nach einem Monster mit Keule aus der Muppetshow.

Der Spitzname muss von meinem Freund Anton oder mir eingeführt worden sein, da wir mit meinen Muppetfiguren und Schlümpfen in meiner Puppenstube des öfteren „Schule“ spielten, und Frau Schmidt wurde von Sweetums dargestellt. Wir kriegten Lachanfälle, wenn Sweetums die Keule schwang in unserem Klassenraum Puppenstube und die verschreckten und auch belustigten Schlümpfe anbrüllte: „Ruhe!“, „Leise!“ und „Seid doch mal still!“.
Nach der 8. Klasse gab sie uns ab – den neuen Klassenlehrer habe ich ebenso wenig kennen gelernt wie den neuen Direktor, der wegen seiner Ähnlichkeit mit dem polnischen Arbeiterführer „Walesa“ genannt wurde, was natürlich einer echten Provokation gleichkam.
Jeder Lehrer gab „Kopfnoten“ – Betragen, Ordnung, Fleiß, Mitarbeit. Diese erschienen auf dem Zeugnis, und die Gesamtnote durfte nur eine Note besser sein als die schlechteste Teilnote. Unsere von niemandem verehrte Klassenlehrerin Frau Schmidt gab mir in ihren Fächern Deutsch und Musik in Betragen eine 5. Dadurch langte es nur zur 4, wiewohl mir alle anderen Lehrer Note 2 oder 3 gaben. Frau Schmidt gab mir sogar, wenn ich in den einzelnen Deutschfächern (es gab auf dem Zeugnis mehrere Noten) oder in Musik Blödsinn machte, eine 5 im jeweiligen Unterrichtsfach. Da ich ansonsten glatt 1 stand, ergab sich zum Halbjahr ein Durchschnitt von 1,5; und das langte bei mir eben nicht zur 1.
Im Musikunterricht wurde das Lied „Brüder, seht die rote Fahne“ gesungen. Marie Gerschowski musste vorsingen. Da plötzlich fiel mir und anderen auf, dass man in die Pausen wunderbar „Cha-cha-cha“ reinflüstern könnte, versehen mit entsprechenden Bewegungen von der Schul-

bank aus. Marie stand vorne, sah unser Tun und musste sich mühevoll das Lachen verkneifen, während sie sang: „Brüder, seht die rote Fahne, weht uns kühn voran“ (cha-cha-cha!), „um der Freiheit heil'ges Banner schart Euch Mann für Mann“ (cha-cha-cha!). „Haltet stand, wenn Feinde drohen, schaut das Morgenrot“ (cha-cha-cha), und dann der Schluss „Vorwärts ist die große Losung, Freiheit oder Tod!“ (cha-cha-cha!). Und dann auch noch, Marie war echt am Ende mit den Nerven, eine Wiederholung. Doch zu der kam es nicht mehr, denn Frau Schmidt hatte mich als Ober-Percussionisten ausgemacht und brüllte mich unbeherrscht an: „Wenn ich Dich jetzt schon ankucke, dann brauchst Du Dich nicht umzusehen, ob jetzt irgendein anderer cha-cha-cha macht!“ Note 5 für mich – vielleicht auch, weil das Verulken eines Arbeiterkampfliedes auf mangelndes Klassenbewusstsein (womit nicht die Schulklasse gemeint war) schließen ließ, Widerspruch zwecklos.

Im Deutschunterricht rezitierten wir das Gedicht „Die schlesischen Weber“. Die einzelnen Strophen enden jeweils mit „wir weben, wir weben“. Bei diesen Worten sah ich – reiner Zufall, irgendwohin musste ich ja kucken – Frau Schmidt an. Nach der dritten Strophe unterbrach sie mich brüllend: „Da brauchst Du mir nicht immer zuzunicken!“ Ich reagierte damals sehr offensiv und drohte: „Ich werde mich über Sie beschweren! Zum Direktor persönlich gehe ich, jawohl!“ Wir hatten zwar mit Frau Paechs Nachfolgerin Frau Premnitz eine Direktorin, aber ich wollte mich hinter dem Zitat aus einem Kinofilm mit Louis de Funès offenbar verstecken. „Na, mach's noch mal!“, war ihre kaum hörbare Reaktion.

Frau Schmidt schrieb mir in meine drei Endjahreszeugnisse, für die sie als Klassenleiterin bei mir zuständig war, jeweils mindestens einen Satz rein, der mir schaden konnte. Andere wie Markus Papen, mit dem ich mir immer den ersten Platz vom Zensurendurchschnitt her teilte, hatte, wie wir verglichen, keinen Negativsatz im Zeugnis.
„In Zukunft muss sich W. konsequent und zielstrebig um die Verbesserung solcher Persönlichkeitsqualitäten wie Disziplin und Verantwortungsbewusstsein für die Ergebnisse des gesamten Kollektivs bemühen, da er bisher noch zu oft durch Undiszipliniertheiten auch andere Schüler ablenkte.“ (6. Klasse).
„Es gelang ihm auch, sein Verhalten besser als bisher unter Kontrolle zu halten.“ (7. Klasse). Das liest sich wie ein Auszug aus einer Patientenakte in der Klapse. „In der Pionierarbeit trat W. als Mitglied des Gruppenrates noch zu wenig in Erscheinung. Er arbeitet nicht selbständig genug und nutzt Möglichkeiten, seine Mitschüler in der Lerneinstellung zu beeinflussen, nicht aus.“ (gleichfalls 7. Klasse). Das machtbetonte Nachtreten von Frau Schmidt in der 8. Klasse – da stand mein Weggang zur EOS schon fest – liest sich so in der Gesamteinschätzung auf dem Zeugnis: „W. war Mitglied der FDJ-Leitung seiner Klasse. Es fiel ihm dabei manchmal schwer, gewonnene Einsichten auch im Verhalten umzusetzen.“
Meine 4 in Betragen auf dem Halbjahreszeugnis der 6. Klasse fiel auch deshalb so besonders auf, weil ich in den drei anderen Kopfnoten meistens eine 1 hatte. Die häufige 1 in „Ordnung“ ging nicht in Ordnung, sondern auf den wachen Geist meiner Mutter zurück, die immer meine Schulmappe kontrollierte. Als sie auf eine mehrtägige Apo-

theker-Fortbildung musste, rief sie Vater und mir noch vom Treppenhaus her nach: „Wehe, Ihr versaut mir meine 1 in Ordnung."
Ein weiteres Alarmsignal: Ich hatte in der 6. Klasse wegen der 3 in Betragen erstmalig nicht (und ich nehme es vorweg: letztmalig nicht!) die obligatorische Urkunde „Für gutes Lernen in der sozialistischen Schule" erhalten. Wenn ich so weitermachen würde, könnte ich am Ende noch auf dem Feld arbeiten gehen, warnte meine Mutter.
Ich musste im Endjahreszeugnis der 7. Klasse mindestens eine 2 in Betragen vorweisen können, und das hieß: Ich musste den Schalter umlegen. Meinen Klassenkameraden fiel meine plötzliche Andersartigkeit natürlich sofort auf. Auf einmal war ich nicht mehr der Kumpel, der für jede Unterrichtsstörung zu haben war, sondern der Streber. Warum wollte ich denn überhaupt weg von dieser Schule, weg von meiner Klasse, mit der man doch eigentlich bis zur 10. gehen musste? Einige der Wortführer hatten mir mehrfach aufgelauert, um mich zu verprügeln. Dass mir bei einem solchen Versuch ein Paar Handschuhe (aus dem Westen) leicht lädiert wurden, nahm mein Vater zum Anlass, bei der Direktorin vorstellig zu werden. Mein Klassenkamerad Jens, den ich als Anstifter angab, wurde vor das Elternaktiv und die Direktorin zitiert, außerdem wurde ich ihm gegenübergestellt. Kleinlaut versprach Jens, sich im Klassenverband dafür einzusetzen, dass man mich künftig in Ruhe ließe.
Ich war froh, meinen Vater so konsequent an meiner Seite zu wissen. Schon in der zweiten Klasse, als mich ein stärkerer Junge aus der A-Klasse verprügeln wollte, kam mein Vater eines Morgens – es war noch dunkel – auf den

Schulhof, fragte „Wo ist Ole Bernhard?“, hob den Knilch an einer Hand empor und drohte ihm Senge an, wenn dieser mich künftig nicht in Frieden lassen sollte. Ich wurde von diesem Jungen aus der Parallelklasse nie wieder belästigt.

Ich kann diese Handlungsweise jetzigen Schülern und Eltern nur empfehlen: Es lohnt sich, den Eltern schlimme Erlebnisse in der Schule und ungerechte Behandlung durch stärkere Schüler zu erzählen, denn ansonsten funktioniert das System der Angst, das in der Logik dem beschriebenen DDR-System nicht unähnlich ist, denn es basiert auf Verängstigung und Erpressung. Noch heute, wenn ich mit Eltern von Schülern diskutiere, merke ich, wie oft dieses System der Angst in seiner Funktion nicht im Geringsten hinterfragt wird. Die Eltern glauben, sie würden ihren Kindern „Kloppe“ ersparen können, wenn sie ihre Sprösslinge täglich zur Schule bringen und wieder abholen – und das bei zumutbaren Fuß- oder Radwegen. „Ja, nachher wird mein Sohn da noch erpresst oder was weiß ich. Man hört ja so einiges, was auf Schulwegen passiert...“. Zum Erpressen gehören immer zwei: Einer, der erpresst, und einer, der sich erpressen lässt. Abgesehen davon werden Kinder zu faulen Säcken erzogen, indem deren Eltern sich selbst zu Chauffeuren degradieren.

Ich hatte, nachdem Jens vor dem Tribunal erscheinen musste, jedenfalls wirklich meine Ruhe in der Klasse – natürlich gab ich mir auch große Mühe, nicht ganz so extrem als Streber in Erscheinung zu treten, und für einen der größten Unterrichtsstörer übernahm ich eine Lernpatenschaft im Fach Russisch.

Dies band mich wieder ganz gut ein im Klassenkollektiv. Ich hatte Ruhe und zählte die Tage, bis ich in die EOS kommen sollte und „Sweetums“ endlich loswurde.

Kapitel 6: Funktionär funktioniert!

„Sind wir heute auch noch Kinder, sind wir heute auch noch klein, werden wir doch ganz natürlich einmal auch erwachsen sein.“ Diese Zeilen waren der erste Wortbeitrag bei der Jugendweihe unserer Schule im Potsdamer Schlosstheater 1977, gleich nach der instrumental vorgetragenen Nationalhymne der DDR. Diese Zeilen kamen aus meinem Munde, waren dem Buch „Lyrik der DDR“ entnommen und von meinem Vater zum Vortrag ausgesucht worden.

Mein Vater sollte mir meine ganze Schulzeit über größtmögliche Erfolge bei stadtweiten Rezitatorenausscheiden verschaffen. Er hatte als Schüler in seiner Stralsunder Heimat im Schülertheater die Rolle des Karl Mohr in Schillers „Die Räuber“ gespielt und hätte, wäre er nicht Arzt geworden, sicher eine Karriere als Schauspieler vor sich gehabt. Vater wusste genau, wie man sozialistische Gedichte beim Vortrag so betonte, dass die Rezitation gläubige Kommunisten zum Ohr-Gasmus brachte.

Es war üblich, dass ein Erstklässler bei Jugendweihefeiern der 8. Klasse als Gedicht-Aufsager einen großen Auftritt hatte, direkt nach der Nationalhymne, die ein Bläserquintett intonierte. Wer ein Blasinstrument spielt, kann währenddessen nicht singen. Offenbar ließ die DDR – Honecker war ja alter Schalmeienbläser im Saarland ge-

wesen – mit Vorliebe Bläserchöre bei der Intonierung der Nationalhymne zu feierlichen Anlässen antreten, denn der Text wurde seit den siebziger Jahren nicht mehr gesungen. Man erklärte uns Schülern auf Nachfrage, dass der Autor, als er dieses später von Hanns Eisler vertonte Gedicht schrieb, noch an die deutsche Einheit glaubte, diese aber heute nicht mehr zu realisieren wäre. Und dies hätte die DDR mittlerweile eingesehen. Zu unterschiedlich seien die politischen Systeme. „Sozialismus und Kapitalismus sind unvereinbar wie Feuer und Wasser", deklamierte Honecker des öfteren. Ich musste unweigerlich daran denken, dass in den Indianerfilmen im Zusammenhang mit Alkohol immer von „Feuerwasser" die Rede war. Habe ich an die deutsche Einheit geglaubt?
In einem alten Musiklehrbuch, das unsere Musiklehrerin Frau Schulze uns Schülern einmal zeigte, stand der Text noch drin. Komisch war es schon, dass zu einer Hymne nicht gesungen werden sollte. Der Text kam von Johannes R. Becher, den mein Vater immer „Johannes Erbrecher" nannte, denn viele seiner sozialistischen Gedichte waren wirklich zum Kotzen. Man sehe sich seine Hymne auf Stalin an, die ihm selbst treue Weggefährten übel nahmen.
Herrn Schulze, dem Mann unserer Musiklehrerin, gefiel meine – oder besser gesagt meines Vaters – Gedichtinterpretation offenbar sehr. Er spielte bei der Jugendweihe im Bläserquintett mit und bat meine anwesende Mutter, ich möge dieses Gedicht bei der nächsten Jugendweihe der Parallelklasse nächste Woche noch einmal rezitieren.
Wiewohl mein Vater mein Gedichte-Trainer war, weigerte er sich, meine sozialistischen Präsentationen auf Jugendweihefeiern anzuhören und schickte meine Mutter mit.

Der Morgen hatte schlimm begonnen. Ich war fast zu spät im Schlosstheater erschienen, dabei freute ich mich, an diesem Samstag nicht in die Schule zu müssen wegen meines Auftritts bei einer Jugendweihe. Frau Paech, unsere dicke Direktorin, hielt mir sofort einen Vortrag über das Zuspätkommen. Außerdem sah sie, dass mein Pionierknoten am blauen Halstuch völlig falsch gebunden war. „Kannst Du denn etwa keinen Pionierknoten?“, fragte sie mich streng, während sie mein Halstuch neu band und ich zwischen ihren breiten Armen, die an mir herumnestelten, nach Luft japste. Noch heute werde ich bei jedem vergeblichen Versuch, eine Krawatte zu binden, an dieses Erlebnis mit dem Pionierknoten erinnert.
Dabei musste ich als Mitglied des Gruppenrates, also in der Pionierleitung meiner Schulklasse, doch wissen, wie man den Pionierknoten richtig zu binden hatte.
Nur mit heute für mich nicht mehr nachvollziehbarer Unterbrechung in der 6. Klasse arbeitete ich in jeder Klassenstufe im Gruppenrat mit, in der 8. Klasse nach meiner Aufnahme in die FDJ in der FDJ-Leitung der Klasse, wie der Gruppenrat fortan hieß.
Meistens war ich Schriftführer bei den Gruppenratssitzungen. Alle, denen ich das erzählte, bekamen regelmäßig einen Lachanfall. „Du? Schriftführer? Mit Deiner Sauklaue?“ Sie hatten ja recht. Die Hauptsache war doch aber, dass ich alles schnellstens aufschrieb, was gesagt wurde, und dann zu Hause die Hoffnung hatte, ich könnte mein Geschreibsel noch lesen. Manchmal war des Öfteren die Arbeit des Schriftführers mit der des Kassierers der Mitgliedsbeiträge verbunden. Hier gab es kleine Mitgliedsmarken, die man im Schulsekretariat bekam und die jeder

Pionier bzw. FDJ-ler in einem Mitgliedsbuch einkleben musste. Wer dies schlampig tat, dem klebten zwei Seiten mitunter zusammen, und man hatte alle Hände voll zu tun, dass keine Risse beim Blättern im Büchlein entstanden.
In der 4. Klasse übernahm ich in meinem Klassenkollektiv im Gruppenrat die Funktion des Agitators. Es gab einen Gruppenratsvorsitzenden, einen Stellvertreter, einen Schriftführer, (manchmal noch extra) einen Kassierer von Beiträgen, und einen Agitator, der auch als Wandzeitungsobmann fungierte (auch, wenn ein Mädchen diesen Posten besetzte, hieß das so im Sozialismus).
Eigentlich war das ein verdammt unliebsamer Posten. Man musste einmal im Monat eine Stunde früher in der Schule erscheinen und bekam von Frau Dübner, der zuständigen Lehrerin, eine Erinnerung von wichtigen politischen Ereignissen und Tipps für die Vermittlung von Zusammenhängen vor der Schulklasse in einer Klassenleiterstunde. Außerdem schüttelte die gesamte Schulklasse ohnehin ungläubig den Kopf, wenn es darum ging, die Politik der DDR zu verteidigen. Man kam sich als Agitator vor wie ein Schauspieler, der vor einem mäßig interessierten Publikum eine Rolle spielt, und das eben ziemlich unglaubwürdig. Und dafür bekam man noch nicht einmal höflichen Applaus. Es gab Lehrer, die nahmen jedoch diese Sache sehr ernst. Für manche von ihnen muss es furchtbar gewesen sein, als in der 9. und 10. Klasse das halbe Klassenkollektiv donnerstags zur jugendgemäßen Teestube der Siebentags-Adventisten ging („die Addis" genannt), weil Remus seine Mitschüler neugierig gemacht hatte.
Ich war da ja schon in meiner neuen Schule und hatte das Gefühl, zunehmend im Unterricht widersprechen zu müssen.

Andere Schüler haben auch die Erfahrung gemacht, dass in der 9. Klasse entweder ihr Widerspruchsgeist zum Durchbruch kam oder ein endgültiges Schweige-Alter begann, das mindestens bis zum Ende der Schulzeit anhalten sollte.
Meine Eltern abonnierten, als ich Agitator wurde, sogar die SED-Parteizeitung „Neues Deutschland" („ND"). Als einzige Zeitung! Ab der 8. Klasse leisteten wir uns auch noch zusätzlich zum „ND" das Abo für das FDJ-Zentralorgan „Junge Welt" (die gibt es für Freunde rückwärts gewandter geistiger Masturbation auch noch heute regelmäßig zu kaufen!).
Die Zeitungen würden sowieso nur Propaganda bringen, resignierten meine Eltern, aber da ich nun schon einmal Agitator war, müsste ich ja nun auch die kompletten Honeckerreden lesen, von denen andere Zeitungen immer nur Zusammenfassungen brachten, die wahrscheinlich auch kein Mensch las, es sei denn jemand mit Schlafstörungen zu therapeutischen Zwecken. Also eben gleich das „Neue Deutschland". Das Abbestellen wäre bei der Post negativ aufgefallen, und so behielten wir es bis zum gefühlten Ende der DDR.
Die kurze Zeit, in der ich Agitator war, investierte mein Vater zusätzlich in meine politische Bildung. Wir waren eine kleine Familie, und wir hielten zusammen. Jeder wusste vom anderen; jeder wusste, dass es mich ankotzte, den Agitator zu spielen, aber wir machten das Beste daraus. Meine Eltern ließen mich zuhören, wenn sie einander politische Witze erzählten, aber sie schärften mir eben ein: „Nicht in der Schule!"
Manche Schüler wurden im Gruppenrat Agitator, weil die anderen Schüler sie ärgern wollten.

Am Anfang eines jeden Schuljahres wurden beim Pioniernachmittag die Vorschläge für den Gruppenrat beraten. Irgendwann bat unsere Klassenlehrerin um Vorschläge für den Posten des Agitators. Mein Freund Anton, neben dem ich manchmal saß, wenn uns die Lehrer nicht auseinander setzten, sah mich kurz an und flüsterte den Namen „Annika“ und fügte, vor Lachen fast berstend, flüsternd hinzu: „Dit brumm'n wir ihr uff!“, und er schlug laut vor: „Annika!“ Sofort stiegen andere ein, denn kaum einer wollte den Agitator machen, und Annika galt im allgemeinen als hochnäsig und war nur partiell im Klassenverband anerkannt.
Die Kandidaten wurden dann „im Block“ gewählt auf der Wahlversammlung. Man wollte es schnell hinter sich bringen.
Für die Gestaltung des Pionierlebens gab es alle paar Wochen mittwochs den Pionier-Nachmittag. Doch im Unterricht wurden wir auch wie Pioniere behandelt. Der vollständige Pioniergruß lautete: „Für Frieden und Sozialismus seid bereit!“ (das „seid“ wurde immer betont), und die Schüler antworteten – Pioniere waren sie ja allesamt: „Immer bereit!“
Jede Unterrichtsstunde begann damit, dass der jeweils in der Woche für die Meldung an die Lehrerin Verantwortliche beispielsweise sagte: „Frau Beyer, ich melde: Die Klasse 6b ist zum Unterricht bereit! Es fehlen Hanka Franke und Stella Brandl!“ Dann verkürzte die Lehrerin den Pioniergruß zu „Seid bereit!“ und wir antworteten: „Immer bereit!“ Wer es ganz korrekt machen wollte, legte bei diesem Pioniergruß seine rechte Hand an den Scheitel, so als wollte er sich mit einem virtuellen Hackebeilchen den Schädel spalten.

In einem Buch über die Geschichte der DDR wird behauptet, es hätte bei der Meldung in der DDR-Schule geheißen: „Die Klasse xy ist zum Unterricht angetreten!“, aber so hieß es bei uns nicht einmal in der 9. Klasse im Wehrkundeunterricht, nur im Sport. Und da trat man ja auch wirklich an. Man muss im nachhinein die DDR nicht noch paramilitärischer machen.
Nach dem blauen und dem roten Halstuch kam dann in der 8. Klasse das Blauhemd.
Im Unterricht wurde jetzt, ohne eine Hand in zweideutiger Haltung zu erheben, einfach im Anschluss an die Meldung vom Lehrer „Freundschaft!“ gerufen, und das riefen wir Schüler zurück. Ein netter Gruß, denn er konnte verstanden werden im Sinne von: „Ich tu Euch nichts, tut Ihr mir bitte auch nichts!“ Angesichts der Tatsache, dass wir unseren Lehrern sowieso nicht viel politische Bekenntnisse im Unterricht glaubten und die Lehrer dies wussten, enthielt diese Grußart ein Stillhalteabkommen zwischen Lehrern und Schülern.
Die Aufnahme in die FDJ in der 8. Klasse erfolgte an einem symbolträchtigen Ort: Dem KZ Sachsenhausen bei Oranienburg. Die DDR zelebrierte solche Aufnahme-Feiern an solchen eindeutigen Orten, wie mir auch andere Schüler aus anderen Städten rückblickend erzählten. Jeder FDJ-ler sollte im Geiste des Antifaschismus denken und handeln. Wie man als bekennend antifaschistisch auftretender Bürger jedoch schnell in eine Verbrecher-Ecke gerückt werden konnte, erfuhr ich am 1. Mai 1989 (siehe Kapitel 1).
Als ich auf die EOS 4 kam, hielt man mich offenbar für weniger würdig, in der FDJ-Leitung der Klasse mitzuar-

beiten wie bisher. Oder vielleicht hing das damit zusammen, dass jetzt 19 bisherige FDJ-Funktionäre aufeinander trafen, und da musste man eine gewisse Auswahl treffen. Immerhin war ich die Jahre bis zum Abitur hindurch Solidaritätsverantwortlicher der Klasse. Das heißt, ich musste ab und an einen Benefiz-Kuchenbasar organisieren, wenn irgendwo in der Welt unsere finanzielle Mithilfe gebraucht wurde, und auf Grund meiner musikalischen Fähigkeiten konnte ich beim alljährlichen „Soli-Konzert" in der Aula ordentlich auftrumpfen. Immerhin hat mir dieser Posten eine lobende Erwähnung im Zeugnis der 9. Klasse verschafft sowie in der 10. Klasse ein „Lob des Klassenleiters", was im Rotations-Prinzip an einzelne Schüler der Klasse ausgesprochen wurde. Und da bescheinigte man mir „großes Engagement bei der Konkretisierung des Solidaritätsgedankens im Klassenkollektiv und besonders bei der Durchführung des Solikonzertes der Schule". Außerdem, daran erinnert mich dieses „Lob des Klassenleiters" vom 7. Februar 1986, gab „die ausgezeichnete, sehr gewissenhafte Arbeit als Klassenbuchverantwortlicher Anlass zu dieser Belobigung". Diesen Posten wollte keiner so recht haben, weil man immer säumigen Lehrern bis an die Tür des Lehrerzimmers hinterher rennen musste, weil diese vergessen hatten, den behandelten Stoff der Stunde aktenkundig zu machen. Herr Geißler, der sich zur Vorbereitung seiner Physik-Vertretungsstunde in unserer Klasse mal im Lehrerzimmer das Klassenbuch besorgen wollte, hatte keine Chance: Es war und blieb den ganzen Tag in meinen Händen, weil ich erst nach getaner Arbeit, also nach der letzten Stunde, dieses heilige Buch im Lehrerzimmer abgab. „In Ihrer Klasse gibt es jemanden, der

hinter dem Klassenbuch her ist wie der Teufel hinter der Seele“, konnte der Physiklehrer nur resigniert feststellen und musste die Vertretungsstunde spontan gestalten.
Andere gingen in der Pause auf das übel riechende Schulklo, um heimlich den Lastern des Tabaks zu frönen, ich frönte meiner Neugier und las mir im Klassenbuch alles durch. Hier gewann man auch letzte Gewissheit über etwaige SED-Mitgliedschaften von Eltern (rot vermerkt hinter dem Namen des Schülers) und erschauerte: 11 von 19 Eltern waren in der Partei. Außerdem hatte mich meine Erfahrung mit meiner alten Klassenlehrerin in der POS gelehrt, genauestens meine Fachnoten zu studieren und nachvollziehen zu können. Nicht, dass jemand mir da wegen schlechten Benehmens im Unterrichtsfach eine 5 reingewürgt hatte.
Mich beruhigte es, dass derartige Willkür mir in meiner neuen Schule nicht begegnete.
Dafür begegnete mir dort aber eine neue Besonderheit: Eltern, die in der Partei waren.
In der EOS traf ich in meiner Klasse auf einen Jungen, dessen Eltern aus beruflichen Gründen im Fernsehgerät zu Hause eine Sperre eingebaut hatten, damit niemand aus Versehen das Westfernsehen einschalten konnte. Timos Vater war Major bei den Grenztruppen und musste sich und seine Familie fernhalten von eventuellen westpropagandistischen Einflüssen, wozu nach SED-Logik auch die Kirche gehörte. Thoralf Urbanczyk, der in der 9. Klasse im Kunstunterricht neben mir saß, hatte einen Vater im Elternbeirat – das war die Elternvertretung der Schule. Er erzählte mir, Timos Vater habe unseren Klassenlehrer gebeten, dafür zu sorgen, dass sein Sohn zu mir weniger Kontakt habe.

Den Lehrern gegenüber musste man vorsichtig sein, nicht aus Versehen von West-Fernsehsendungen zu erzählen, denn der Konsum von West-Fernsehsendern wurde missbilligt.
Mein Schulfreund Martin aus der Parallelklasse hatte sich in der 1. Klasse einmal über seinen Vater geärgert und ihm im Affekt gedroht: „Ich erzähle meiner Lehrerin, dass Du Westen kuckst!“ Mir kam das so absurd vor, ich musste in hysterisches Lachen ausbrechen.
Mein Cousin – vier Jahre älter als ich und im Kreis Königs-Wusterhausen zu Hause – wurde noch von seiner Lehrerin gefragt: „Hat die Uhr in Eurem Fernseher Punkte oder Striche?“ Man wollte damit herausfinden, ob die Kinder Ostfernsehen oder Westfernsehen kuckten. Primitiv und simpel, aber effektiv.
In den ersten Schuljahren hatten wir ein Fach namens „Werkunterricht“, in dem wir zu handwerklichen Fähigkeiten angeleitet wurde. Als unsere Werken-Lehrerin einmal von Güterzügen erzählte, warf Oskar Haage ein: „Das sind immer 41 Wagen.“ Frau Geppert fragte ungläubig zurück: „Woher weißt Du denn das?“ Oskar überlegte kurz, dann stammelte er: „Na, weil ich das mal in der Sesamstraße gesehen habe“. Frau Geppert war entsetzt: „Kinder, ich habe Euch doch schon so oft gesagt, Ihr sollt doch nicht so viel BRD-Fernsehen kucken!“ Frau Geppert hasste den Westen und bekam beim Anblick einer deutschen Fahne ohne Hammer, Zirkel und Ährenkranz epileptische Anfälle. Einmal nämlich bastelten wir im Werkunterricht ein Flugzeug aus Pappe, und natürlich sollte das Flugzeug auch eine Flagge am Heck haben. Einige von uns hatten aber bei der Farbgebung etwas zu dick auf-

getragen, und alle nachträglichen Versuche, aus der deutschen Fahne eine DDR-Fahne zu machen, scheiterten am zu starken Grundfarbton rot. Die Schüler mussten ihre Fahne durchstreichen und zur Strafe ein neues Flugzeug basteln. Anton und Remus waren schnelle Flugzeugbastler, und so konnten sie mit beiden Händen auf dem Nachhauseweg spielen, wie sich DDR und die durchgestrichene BRD durch die Lüfte jagten.

Ich wurde, was das Bekenntnis des Konsums der damals drei Programme des Westfernsehens angeht, allgemein zum Misstrauen erzogen. Selbst, als mein Vater mit mir in einem evangelischen Rüstzeitenheim in Thüringen einen Winterurlaub verbrachte – ich war damals acht Jahre alt –, hielt ich mich an die eiserne Regel, das Einschalten des Westfernsehens abzustreiten. Dabei waren die anderen Urlauber Pfarrer und Orgelbauer mit ihren Familien. Der gleichaltrige Thomas – sein Vater war in der Nähe von Potsdam Dorfpfarrer – und ich fuhren Ski, und er fragte mich: „Dürfst Du Westen kieken?" Ich verneinte. Er auch. Vielleicht hatten ihn seine Eltern ähnlich gebrieft.

Am Ende des Urlaubs hatte ich kapiert, dass ich hier anders reden durfte als in der Schule.

In der 9. Klasse, auf meiner neuen Schule, dauerte es ein halbes Jahr, bis ich meinem Banknachbarn, meinem späteren Freund Gunther, gestand, „Westen kieken zu dürfen". Beide Eltern waren in der SED, wie ich im Klassenbuch erspähte. Ich wurde aschfahl, gleich am ersten Schultag. Hatte Gunther nicht gefragt: „Darf ich mich neben Dich setzen?" Meine Mutter reagierte damals panisch, als ich ihr erzählte: „Beide Eltern in der SED, stell Dir vor!" Sie sagte: „Der ist bestimmt auf Dich angesetzt!"

Heute lachen Gunther und ich darüber, denn er wurde von seinen Eltern genauso erzogen wie ich. Außerdem arbeiteten seine Eltern beide als Archivare, und wer da nicht in der SED war, kam weder hoch noch an wichtige Akten heran. Nach dem Abiball, als alle vier Elternteile von Gunther und mir die Details der Reise nach Ungarn klärten, die sie uns zum Abitur 1988 schenken wollten, sagte mein Vater in betont falschem Deutsch zu mir: „Das sind dem lieben Gott seine Genossen." Das hieß übersetzt: Die können nichts dafür, dass sie in der Partei sind. Die müssen einfach drin sein.

Eine Sendung im DDR-Fernsehen befasste sich professionell mit dem Westfernsehen: Karl-Eduard von Schnitzlers „Der schwarze Kanal". Ein Bekannter von mir erzählte, er hätte früher gedacht, dies sei ein Gruselfilm. Seine Eltern waren an einem Montag Abend (da wurde immer diese Sendung ausgestrahlt) im Theater, und er hielt sich krampfhaft wach bis 21 Uhr 30, war dann allerdings bitter enttäuscht, als er gewahr wurde: „Der schwarze Kanal" tat nichts weiter, als einen unsympathisch aussehenden dicken Mann mit Bart und Parteiabzeichen gegen das Westfernsehen hetzen zu lassen. Außerdem kannte man die Filmausschnitte, die dieser Mann präsentierte, aus den Nachrichtensendungen im Westfernsehen und wusste: Die Sendung geht ja weiter; Karl-Eduard von Schnitzler brach sie jedoch ab und nahm sich vom Westfernsehen nur das heraus, was ihm gerade in den Kram passte.

Wegen der hohen Abschaltquoten wurde er auch mitunter „Schnitz" genannt, so als würden die Zuschauer mit dem Abschalten gar nicht bis zur vollen Nennung des Namens abwarten.

Mein Schulfreund Timo und ich zeigten starke Nerven, denn wir sahen uns oft diese Sendung gezielt am Montag Abend an und hielten uns am nächsten Tag die Bäuche vor Lachen, so sehr machten wir uns über diese Sendung lustig. „Haste Karlchen gestern gesehen?" Langsam schienen „Karlchen" allerdings die Ideen auszugehen, denn zunehmend ging er zu einem anderen Konzept über: Die Auswertung dominierten nicht mehr Lügen und Verfälschungen des BRD-Fernsehens, sondern richtig gesagte Sätze des BRD-Fernsehens über das Elend im Westen, wodurch den wenigen Fernsehzuschauern gezeigt werden sollte, wie schlecht der Kapitalismus war. Ich war über diese schleichende Neukonzeption nicht erstaunt, weil ich das Westfernsehen ohnehin als sehr systemkritisch wahrgenommen hatte.
Die DDR hat es jedenfalls geschafft, dass bei „Schnitzler" noch heute kaum jemand an den Schriftsteller Arthur Schnitzler denkt, sondern immer nur an Karl-Eduard von. Georg Kreislers Frau Barbara Peters sang im Potsdamer Schlosstheater Ende 1995 die erste Zeile eines Liedes über die Verhunzung des Theaters. „Schnitzler in Hollywood", und der ganze Saal lachte. Welch ein Missverständnis! War doch „Schnitzler in die Muppetshow!" eine der Forderungen des Herbstes 1989 gewesen.

Kapitel 7: Ja, das geloben wir!

Samstag, 19. Mai 1984 – eine Jugendweihe im Schlosstheater Potsdam. Diesmal musste ich kein sozialistisches Gedicht aufsagen, diesmal sollte ich selber „jugendgeweicht“ werden, wie mein Vater sich ausdrückte. Er wollte sich eigentlich vor dieser Veranstaltung drücken, aber meine Mutter sagte ihm: „Du verlangst, dass unser Sohn das mitmacht, damit er keine Schwierigkeiten hat, auf die neue Schule zu kommen, also gehen wir beide da hin.“ Andere Verwandte fragten gar nicht nach Zeit, Ort und Stunde. Einzig meine Omi, Vaters Mutter aus Stralsund, fiel aus dem Rahmen. Sie war am Telefon völlig konsterniert, dass wir sie und Dieter, meinen Stiefopa, nicht dabei haben wollten. Omi kam uns gern besuchen, denn sie nutzte die seltene Besuchszeit immer ausgiebig, um in Berlin ins Theater zu gehen und Westfernsehen zu kucken, das man in Stralsund nicht empfangen konnte. „Kommt in einem Jahr wieder, da ist dann Konfirmation, und die feiern wir dann auch richtig“, orientierte meine Mutter sie vor. Und richtig: Genau ein Jahr nach meiner Jugendweihe sollte ich am Sonntag vor Pfingsten, dem 19. Mai 1985, meine Konfirmation feiern.

Bei der Jugendweihe war ich mit meinen Eltern also allein. Ich war der einzige in der Klasse, der seine Jugendweihe nicht groß feierte, weil ich ja ein Jahr darauf konfirmiert werden sollte. Die Kirche hatte sich in den fünfziger Jahren auf eine Machtprobe mit dem Staat eingelassen und ihre Mitglieder vor die Wahl gestellt: „Wer die Atheisten-Feier Jugendweihe mitmacht, wird nicht konfirmiert.“ Sie wertete nicht nur das Ereignis Jugendweihe, vom Staat Ende der fünfziger Jahre massiv durchgesetzt, massiv auf, sondern verlor sehr viele Konfirmanden auf Grund dieser Fehlkalkulation. Denn wer zumindest keine Schwierigkeiten haben wollte, schickte seine Kinder zur Jugendweihe. Zu meiner Zeit hatte die evangelische DDR-Kirche schon mehr Einschätzungsvermögen und die Devise ausgegeben: „Wer in der 8. Klasse an der Jugendweihe teilnimmt, wird erst in der 9. Klasse konfirmiert.“ Die meisten ließen sich also in der 9. Klasse konfirmieren, hatten aber dadurch nicht ein Jahr länger Unterricht beim Pfarrer, sondern kamen wenige Wochen vor der Konfirmation noch einmal im Pfarrhaus zu einer kleinen Reihe von Unterrichtsstunden zusammen, die sich „Sakramentenunterweisung“ nannte als eine Auffrischung des Konfirmandenunterrichts.

Annika bekam von ihrer Mutter zur Jugendweihe einen Fernseher geschenkt – war wahrscheinlich nur ein Schwarzweißgerät, aber wir schlugen damals in der Klasse alle die Hände über dem Kopf zusammen. Wer sich heute mal bei Kindergartenkindern im Kinderzimmer umschaut, wird den Fernseher nebst Computer und Videorecorder mit DVD-Spieler als völlig normal betrachten müssen.

Was sollte ich nur sagen, als unsere Russischlehrerin in der Klasse herumging und uns fragte, was wir zur Jugendweihe bekamen? Mein Vater hatte mir aus Jux eine Packung Salzstangen aus dem Intershop versprochen – dem Laden, in dem man für Westgeld Westsachen bekam.

Gerade als unsere Russischlehrerin zu mir an die Schulbank kam, fiel mir etwas Gutes ein: Meine Eltern hatten eine Reise nach Leningrad gebucht, eine Woche während der weißen Nächte, wo die Sonne fast gar nicht untergeht. Ich hatte für diese Zeit sogar schon eine Schulbefreiung in der Tasche, denn wer wollte einem sozialistischen Schüler denn eine Kurzreise ins „Vaterland aller Werktätigen“ untersagen? Ja! Das haben mir meine Eltern zur Jugendweihe geschenkt, und es war eine Riesenüberraschung.

„Eine Reise nach Leningrad!“, platzte es voller Stolz aus mir heraus. Ich wusste nämlich, dass meine Russischlehrerin noch nie in der großen Sowjetunion gewesen war, nur einmal in Bulgarien. Ich fand das schon ziemlich krass. Meine Mutter konnte meine Verwunderung darüber nicht verstehen. „Frau Huhn, Deine Englischlehrerin, war doch auch noch nie in England“, gab sie zurück. Aber welche Englischlehrerin hätte denn die Erlaubnis bekommen, nach England zum Sprachtraining zu fahren?
Die Lehrerin strahlte, als sie „Leningrad“ hörte. „Hast Du aber tolle Eltern!“, deklamierte sie und schüttelte mir die Hand. Aus der Nummer war ich gut rausgekommen.
„Haste clever gemacht“, sagte mein Vater zu Hause, als ich ihm vom begeisterten Gesicht der Russischlehrerin erzählte.
Jetzt aber saß ich mit allen (außer Remus) aus meiner Klasse 8 b der POS 13 in einem Jackett mit Schulterpolstern auf den Samtreihen im Schlosstheater und ließ die Rede vom Potsdamer Theaterintendanten Zirkel über mich ergehen. In mehreren Jugendstunden, manchen kamen sie zahllos vor, waren wir mit dem funktionierenden Sozialismus vertiefend vertraut gemacht worden. Einmal besuchten wir die Volkskammer – das DDR-Parlament, das im Palast der Republik in Berlin tagte. Unser Festredner für die Jugendweihe war Volkskammer-Abgeordneter für die NDPD (Nationaldemokraten), einer Partei, der auch mein Stiefopa in Stralsund angehörte, eine der so genannten „Blockparteien“.
Wir durften nach einem Rundgang durch das Parlament Fragen stellen. Markus wollte wissen, wie denn so die Atmosphäre bei den Sitzungen sei. „Krachen die sich denn

hier wie im Bundestag oder wie?“ Au weia, jetzt wusste der Blockfreund Zirkel, dass der Westen kiekt, dachte ich, denn die DDR-Nachrichten brachten eigentlich keine Ausschnitte aus Bundestags-Debatten. Das wäre zu viel Demokratie im DDR-Fernsehen gewesen. Der Blockfreund Zirkel versicherte dem Schüler aufrichtig und glaubhaft, dass man sich hier immer auf eine gemeinsame Linie einigen könne.

Meine Frage betraf die Vertretung der Sorben, einer DDR-Minderheit, durch die „Domowina“-Organisation, die allerdings in der Volkskammer keinen Sitz hatte. Blockfreund Zirkel kam leicht ins Schleudern und gestand, diese Frage hätte ihm noch nie jemand gestellt, aber er würde sich sachkundig machen.

Als er beim Festakt Jugendweihe mir die Hand schüttelte, sah er mich freundlich lächelnd an und dankte mir nochmals für diese doch sehr interessante Frage. Aber wie war doch gleich die Antwort? Ich war in Gedanken schon beim Nachmittag, an dem ich mit drei Freunden aus meiner Konfirmandentruppe im Kirchturm der Erlöserkirche verabredet war, wo wir ein Turmzimmer eingerichtet hatten. Außerdem freute ich mich schon auf Montag morgen in der Schule. Als einziger, der nicht eine Jugendweihefeier bis spät zum Abend mitgemacht hätte, würde ich den anderen vom Action-Film „Die Feuerspringer von Montana“ mit Steve McQueen erzählen können (Remus, der ja gar nicht an der Jugendweihe teilnahm, sah am Samstag kein Fernsehen, glaube ich). Und einen Videorecorder hatte niemand.

Gerade hatte ich viermal „Ja, das geloben wir“ laut und vernehmbar gesagt. Was habe ich gelobt? Ach ja, „getreu der Verfassung, für die große und edle Sache des Sozialismus zu arbeiten und zu kämpfen und das revolutionäre Erbe des Volkes in Ehren zu halten.“ Der Sozialismus an sich war ja gar keine schlechte Idee, sagte ich mir, ihm fehlte nur eine Prise Realismus, den die Bibel hat: Die sieht den Menschen nicht, wie er sein soll (edel, hilfreich und gut), sondern mit der ständigen Möglichkeit, sein Leben in Gottesferne zu verfehlen.

Also mal: „Ja, das geloben wir.“ Dann wurden wir gefragt: „Seid Ihr bereit, nach hoher Bildung und Kultur zu streben, Meister Eures Faches zu werden, unentwegt zu lernen und all Euer Wissen und Können für die Verwirklichung unserer großen humanistischen Ideale einzusetzen?“. Aber immer! „Ja, das geloben wir!“

Dann ging es darum, „stets in kameradschaftlicher Zusammenarbeit, gegenseitiger Achtung und Hilfe zu handeln und Euren Weg zum persönlichen Glück immer mit dem Kampf für das Glück des Volkes zu vereinen“. Ja! Als Christ in der Gesellschaft will ich natürlich, dass das ganze Volk die Wahrheit des Glaubens gegenüber dem Atheismus erkennt! „Ja, das geloben wir!“ Dann kam der Casus Knacktus, die Militärfrage: „Seid Ihr bereit, als wahre Patrioten die feste Freundschaft mit der Sowjetunion weiter zu vertiefen, den Bruderbund mit den sozialistischen Ländern zu stärken, im Geiste des proletarischen Internationalismus zu kämpfen, den Frieden zu schützen und den Sozialismus gegen jeden imperialistischen Angriff zu verteidigen?“ Au backe! Aber es war doch klar: Wenn aus dem kalten Krieg ein heißer wird, dann überlebt das eh kein Aas. Wird also schon nicht dazu kommen. Also, wohlan, noch einmal: „Ja, das geloben wir!“

Man kriegte dann noch eine Urkunde, auf der mir der Zentralausschuss für Jugendweihe ohne Unterschrift „Alles Gute und viel Erfolg in Deinem künftigen Leben und Schaffen für unsere Deutsche Demokratische Republik“ wünschte, und dann ging langsam dieser Festakt zu Ende.

Zu keinem Zeitpunkt in meiner schulischen Laufbahn hat mich jemals wieder irgendein Funktionär an dieses, mein Gelöbnis erinnert. Die Bonzen ahnten wahrscheinlich, dass es den allermeisten eh nichts bedeutete und die Jugendlichen diese Jugendweihe nur mitmachten, weil sie mussten oder weil sie keinen religiösen Passage-Ritus hatten.

Viele haben ja geglaubt, mit dem Ende der DDR würde auch die Jugendweihe aussterben, aber das war ein gewaltiger Irrtum. „Die Jugendweihe ist ja schließlich viel älter als die DDR“, wussten die Organisatoren wie Humanistischer Verband oder Freidenkerverband oder Jugendweihe e. V. zu berichten. Jedes Jahr erleben sie aufs Neue eine Enttäuschung, wenn sie feststellen: An der Jugendweihe nehmen zwar viele Achtklässler teil, aber kaum einer füllt nach der Feierstunde einen Mitgliedsantrag bei einem freireligiösen Verein aus. Ihnen ist es egal, wer hinter der Jugendweihe steht. Es soll eine Feier sein und gut.

Vom Sozialismus wird nichts mehr erzählt, wovon sich jeder Teilnehmer aufatmend überzeugen kann; es gibt auch kein Gelöbnis mehr, sondern es gibt lediglich einen feierlichen Rahmen dafür, dass die Jugendweih’linge einen Schritt vortreten, wenn ihr Name genannt wird. Es ist im Gegensatz zur Jugendweihe in der DDR ein schlichtweg sinnentleerter Akt.

Solange die Konfirmation aber nur für eine Minderheit im Osten ein stimmiger, authentischer Passageritus in der Jugend darstellt, solange wird es auch eine wertneutrale, weitgehend entideologisierte Jugendweihe geben.
Die Kirche hat mit ihrer „Ordnung des kirchlichen Lebens“ (auch „Lebensordnung“ genannt) sehr sensibel reagiert auf die Herausforderung des Umgangs mit der heutigen Jugendweihe und versagt dieser die Aufwertung zu einer bekenntnisorientierten Veranstaltung. Denn das war sie nicht einmal zu DDR-Zeiten.
Vielleicht hätte es in meinem Umfeld mehr Überzeugte geben können, wenn ich früher in der DDR zur Welt gekommen wäre. Leute, von denen man sagte: „Der stirbt noch mal an Überzeugung...“ Für mich liegt darin ein riesiger Unterschied zwischen der DDR-Diktatur und der Diktatur davor. Uta aus meiner Klasse hatte mal erzählt, ihre Oma hätte einmal eine ganze Nacht lang vor einem Berliner Gebäude gelauert, und als dann wirklich „der Führer“ rauskam, da herrschte allgemeine Ekstase. Spontane Begeisterung, in die man ausbrach, ohne dass dies angeordnet worden war – für uns unvorstellbar. Vielleicht, weil viele Deutsche von der Hitlerzeit her erschrocken waren über so viel Manipulation und Verlust von Orientierung, dass sie die nachfolgenden Generationen zur politischen Skepsis erziehen wollten. Vielleicht gab es auch deshalb so viele kritische Menschen in der DDR?
Die Überwindung der DDR-Geschichte, wozu auch die ideologisch begründeten Zerstörungen von preußischen Bauten in meiner Heimatstadt Potsdam gehörten, ist auch heute noch ein großes Thema. Als Potsdamer Jahrgang 1969 bin ich mit einem enigmatischen Phantomschmerz

groß geworden, denn ein Jahr vorher hatte man den Turm der Garnisonkirche gesprengt. Man wollte den Ort des „Tages von Potsdam", an dem sich Hitler und Hindenburg 1933 die Hand gaben, als Symbol des preußischen Militarismus eliminieren. Schon, als ich noch ein Kind war, erfuhr ich hinter vorgehaltener Hand, dass die Sprengung damals mehr gekostet hatte als der Wiederaufbau jemals kosten würde.

Wenn sich jetzt engagierte Bürger für einen Wiederaufbau dieser Garnisonkirche einsetzen, so hat dies nichts mit einer verknöcherten Remilitarisierung zu tun. Diejenigen, die das erstreben, haben sich zum Vorhaben der Kirche, ein Versöhnungszentrum einzurichten, längst ablehnend geäußert und wörtlich erklärt: „Geld für den Wiederaufbau gibt es nur, wenn nicht ein zeitgeistiger Tempel der Geschichtsverdrehung daraus gemacht wird, in dem linke Christen ihren deutschen Selbsthass pflegen." Und dies, weil die Kirche in Potsdam klar herausgestellt hat, an dieser exponierten Stelle des Vorigen zu gedenken und aus ihrer eigenen schwierigen Geschichte einen Versöhnungsauftrag abzuleiten.

Im Frühjahr 2007 geriet ein 93 Jahre alter Potsdamer Pfarrer im Ruhestand kurzzeitig in die regionalen Schlagzeilen. Er hatte beim Gedenken an die Zerstörung Potsdams am 14. April 1945 in einer Andacht im provisorischen Versöhnungszentrum darstellen wollen, wie er als Abiturient Hitlers Aufstieg erlebt hatte. Allerdings muss er dies so missverständlich dargestellt haben, dass die Rede eher wie eine Entschuldigung für alle Deutschen ankam, die Hitler zugejubelt hatten. Er habe, so sagte der Pfarrer auf Nachfrage von Zeitungen, betonen wollen, dass es viele intelligente Menschen gegeben habe, die für Hitler Partei ergriffen und dass bei weitem nicht alle seine Anhänger „bekloppt“ waren. Das musste einfach nach hinten losgehen – sogar der Kreiskirchenrat distanzierte sich öffentlich von dieser Rede.

Dass Hitler den Massen Arbeit verschafft hatte, das wissen doch nun wirklich hinreichend hinlänglich alle. Das habe ich als Pfarrer manchmal unreflektierten DDR-Nachweinern bei Geburtstagsbesuchen entgegnet, wenn sie mir sagten: „Damals (in der DDR) hatten alle Arbeit.“ Wenn ich dann sagte: „Hatten sie bei Hitler auch!“, kamen die ersten immer ins Grübeln, dass irgendetwas ja nicht stimmen konnte mit ihrer Verklärung der DDR.

Und außerdem wird übersehen, dass es vor und während der Hitlerzeit ja sehr viele Menschen gegeben hatte, die vor Hitler warnten und dadurch im nachhinein Hitlers Anhänger als partiell dumm (wenn auch nicht vielleicht gleich „bekloppt“) outeten. Aber es gab sie bis zum Schluss, die Hitler-Anhänger, fanatisch und beratungsresistent. Und gewisslich in einem viel größeren Prozentsatz als die bedingungslosen Anhänger der DDR. Doch die hatten ja auch viele Jahre mehr Zeit zum Nachdenken.

Kapitel 8: Wozu Fremdsprachen?

Seit der 5. Klasse ärgerten wir uns mit dem Russischunterricht herum. Es gab niemanden, der diese Sprache wirklich lernen wollte, denn sie war schwer: Es gab sechs Fälle gegenüber den vieren in der deutschen Sprache, Russisch hatte völlig andere Buchstaben, nämlich die kyril-

lischen, und die Sprache stand für die ganze dröge Ideologie, an die in meiner Klasse in der POS jedenfalls keiner glaubte, nicht einmal alle Lehrer.
Peer Rühmlich (Klasse unter uns) meinte: „Russisch ist keine Sprache, das ist ein Geräusch."
Wozu also Russisch lernen, wenn man gar nicht in die Sowjetunion fahren will? In den sozialistischen Nachbarstaaten kam man jedenfalls eher mit deutsch durch als mit russisch.
Ungarn? Deren Sprache gehört zu einer völlig anderen Sprachfamilie als der slawischen, und außerdem haben die erlebt, wie 1956 sowjetische Panzer im Lande auf Ungarn schossen. Weil die ungarische Armee teilweise zu den Aufständischen übergelaufen war, kam es zu einem regelrechten Bürgerkrieg. Russisch reden in Budapest? Bloß nicht!
Rumänen hatten auch Mühe beim Erlernen der russischen Sprache, da rumänisch eben auch keine slawische Sprache ist. Rumänien ging sowieso einen ziemlich eigenen Weg, unterhielt als einziges Ostblockland diplomatische Beziehungen zu Israel und hatte hinsichtlich des Personenkultes um Ceausescu die stalinistische Sowjetunion um Längen links überholt.
Blieben die Bewohner der slawischen Länder:
Tschechoslowakei? Die verbanden mit der russischen Sprache den sowjetischen Einmarsch in Prag 1968, als der „Prager Frühling" jäh beendet wurde. Die Sowjetunion hatte damals unmissverständlich gezeigt: „Keine sozialistischen Experimente, bitte!"
Polen? Die hatten durch Stalin große Gebiete im Osten verloren, wobei Stalin mit Hitler 1939 auch noch gemeinsame Sache gemacht hatte. Ihnen als dem Volk, das ein

Fünftel seiner Bevölkerung im Krieg verloren hatte, wurde auch noch zusätzlich das Sowjetsystem aufgezwungen. Bis heute reagieren Polen sehr gereizt, wenn man dem Polnischen linguistische Zusammenhänge mit der russischen Sprache nachweisen will.
Am besten kam man mit Russisch wahrscheinlich in Bulgarien durch, deren Sprache hatte ja wenigstens auch kyrillische Buchstaben. Und da Kyrill Bulgare war, hatten die Russen die Buchstaben sogar von den Bulgaren übernommen.
Obwohl manche Nachbarvölker unter den Nazis sehr gelitten hatten, schlugen einem beim Versuch, im befreundeten Bruderland Russisch zu reden, also eventuell noch mehr Aggressionen entgegen als bei Deutsch.
Als ich 1981 zum ersten Mal in Ungarn war, trafen wir hin und wieder alte Menschen, die deutsch noch aus der Habsburger Kaiserzeit konnten und schätzten („Österreich-Ungarn" hieß das Reich ja mal).
Wenn man also begrenzt reisen und sich ohne historische Hindernisse verständigen wollte mit anderen sozialistischen Völkern, so konnte man es hin und wieder mit Englisch probieren. Englisch gab es ab der 7. Klasse, man musste mindestens eine 2 in Russisch haben, um zum Englischunterricht zugelassen zu werden.
Mein Freund Anton, der in der Nacht vor der Abgabe des Bücherbestellzettels in der Schule bei mir übernachtete, kreuzte nach längerem Zögern nicht das Englischbuch an. „Was soll ich damit? Nach England fahren darf ich sowieso nie, und ich habe mit Russisch als Fremdsprache genug zu tun." Heute ärgert er sich, aber das konnte man damals natürlich nicht ahnen oder gar wissen.

Nicht nur, dass der Russischunterricht schwer war, er war auch noch sehr realitätsfremd aufgezogen. Jens Bisky resümiert in seinem Buch „Geboren am 13. August – der Sozialismus und ich“: „Wir lernten ein Russisch für Funktionäre. Man stelle sich vor, dass Kinder zuerst mit Geschäftsenglisch konfrontiert werden, und man bekommt einen ungefähren Eindruck von der Fadheit, dem Offiziösen, Abweisenden, das den Russischunterricht in der DDR scheitern ließ.“ Als ich im Herbst 2004 diese Zeilen las, verstand ich endlich, warum ich 1988 am Ende des acht Jahre andauernden Russischunterrichts dort war, wo ich stand: Unfähig, mich umgangssprachlich auszudrücken, einen Dialog von Russen zu verstehen, russische Literatur zu lesen, und trotzdem eine glatte 1 und doch einen gar nicht laschen Lehrer gehabt zu haben. Ich wusste nach acht Jahren Russischunterricht noch nicht einmal, wie man sich ärgert und beispielsweise „Scheiße!“ auf Russisch sagt.

1984 war ich mit meinen Eltern eine Woche nach Leningrad gereist und habe dort sehr viel Elend gesehen: Geschäfte, in denen noch viel weniger zu kaufen auslag als bei uns, Neubaugebiete mit Müllhalden direkt vor den Häuserblöcken und ein Hotel „Kategorie 1“ mit einem Klo ohne Klobrille im Badezimmer. Beim Mittagsmenü im Hotel gab es nur Bier zu trinken – es war nur mit Mühe organisierbar, dass ich etwas Nichtalkoholisches bekam, und früh morgens gab es scheußlichen, mit Gerste und Weizenkleie verschnittenen Kaffee. Für meinen Vater war diese Kaffee-Erfahrung sehr heilsam; er war unmittelbar vor der Reise in die Sowjetunion dienstlich in den USA unterwegs gewesen und gestand, den Amis bitter unrecht getan

zu haben, weil er ihren Kaffee als grauenhaft bezeichnet hatte.
Wo immer wir uns in Leningrad abseits von Sehenswürdigkeiten und Prunkbauten bewegten, rief mein Vater aus: „Um Gottes Willen, das ist das, was wir anstreben. Die haben den Sozialismus noch viel länger als wir..."
Wir trafen in Leningrad mehrere westdeutsche Reisegruppen, die uns von modernen, über westlichen Standard verfügenden Hotels am Meer erzählten, von Schweden und Finnen gebaut und genutzt. Offenbar wollte man es sich mit Westreisenden nicht verderben.
1988 führte mich eine zweite Reise in die Sowjetunion, unsere Abitur-Abschlussfahrt mitten im kalten Winter. Moskau und Smolensk. Wir bezogen in Moskau ein Hotel mit sehr netten Zimmern, und es gab sogar einen Fernseher auf dem Zimmer. Wir freuten uns: Es waren gerade die Olympischen Winterspiele in Calgary, und wir würden am Abend das Eishockeyspiel Bundesrepublik Deutschland gegen Finnland sehen können. Nach wenigen Minuten wurden wir aufgefordert, die Zimmer wieder zu räumen, es sei leider eine Verwechslung passiert. Unsere Zimmer bekamen, wie sich herausstellte, zwei Schulklassen aus Solingen. Wir hätten „Westzimmer" in der Sowjetunion haben können, sie waren zum Greifen nahe, doch irgendein Apparatschik hatte sich doch noch besonnen und uns dann in Ost-Zimmer verfrachtet.
Hier gab es keinen Fernseher, sondern nur eine Art Goebbelsschnauze, die uns nachts um drei Uhr trotz ausgeschalteten Betriebszustandes die sowjetische Nationalhymne ohne Vorwarnung um die Ohren haute. Wir standen in den Betten und hätten fast noch die Hände gehoben.

Wie beneideten wir unsere Vorgängerklasse! Die war zur Abschlussfahrt in Budapest gewesen, das war für uns so etwas wie Schein-Westen: Man konnte in den Geschäften fast alles kriegen, was das Herz begehrte, aber man durfte nur 20 DDR-Mark pro Tag umtauschen.
Für mehr musste man den Ungarn einen „Bärächtigungsschaain“ vorweisen. Wenn man miteinander deutsch sprach, so dass Passanten die Sprache identifizierten, kamen in Budapest sofort Männer verschiedenen Alters angelaufen, die uns mit immer wieder derselben Frage bestürmten: „Dauschän Sie? Ains dsu achtdsähn?“ Man wurde sie nur los, indem man möglichst schnell das Wort „Ostmark!“ aussprach. Oft verschwanden sie mit Lichtgeschwindigkeit in einer Seitengasse, seltener entschuldigten sie sich für ihr Ansinnen: „Ah! Dud mir laid!“ „Ja, tut uns ooch leid! Wir hätten ooch lieber Westjeld!“ „Wiedersähn!“
In Prag passierte einem das auch, allerdings zu einem anderen Kurs (Kronen statt Forint).
In der Markthalle von Smolensk war ich allein unterwegs, plötzlich bildete sich um mich – vielleicht wegen meines deutschen Akzents beim Russischreden – eine kleine Menschentraube. Ich verstand immer nur „Djehngi!“; „Geld!“ Ich zog mein Portemonnaie aus der Tasche und zeigte einen DDR-5-Mark-Schein vor. Ich erwartete als Reaktion eine kopfschüttelnde Auflösung der menschlichen Ansammlung, aber es geschah etwas sehr Merkwürdiges. Ein starker Mann aus der Gruppe packte mich am Arm und zog mich nach draußen. Ich dachte zunächst an Devisenpolizei oder etwas ähnliches, aber er hielt mir viele, viele Rubel unter die Nase und wollte unbedingt meinen 5-Mark-Schein haben. Ob es sich um einen Sammler von Geld-

scheinen handelte? Fehlte ihm ausgerechnet dieser Fünfer (vorne Thomas Müntzer, der DDR-Vorzeigekirchenrevolutionär, hinten Mähdrescher bei der Ernteschlacht) in einer beliebten und gefragten DDR-Sammlung? Ich gab ihm den Schein, und ich bekam zehn Rubel dafür, dabei bekam man für einen Rubel drei DDR-Mark. Dann verschwand der Mann schnell, ich aber auch.
Im Zug zurück in die DDR bekam ich Angst. Man musste genau eintragen, wie viele Rubel und wie viele DDR-Mark man mit sich führte. Das musste man auch schon auf dem Hinweg tun, und ein findiger Zöllner hätte bestimmt die Differenz sofort bemerkt – es fehlten fünf DDR-Mark. Ich beichtete meiner Klassenlehrerin alles. Sie schüttelte mitleidig den Kopf. Auf Nachfrage empfahl sie mir zu erzählen, ich hätte das Geld verloren. Ich war heilfroh, als mich niemand auf die Differenz ansprach.
Ein Jahr später, als Gunther und ich aus Bratislava mit dem Zug zurückkamen, brach mir gleichfalls der Angstschweiß aus. Wir hatten uns eine Aufenthaltsgenehmigung in der CSSR für drei Wochen reinstempeln lassen, dabei wollten wir nur eine Woche dort sein. Wir durften dann aber mehr DDR-Mark in Kronen eintauschen, nämlich für 21 Tage statt für 7 Tage.
Wir einigten uns darauf zu erzählen, unser Quartiergeber wäre überraschend verreist, darum würden wir früher in die DDR zurückkommen. Ich wurde vom Zöllner als erster befragt und erzählte unsere Geschichten, wies aber gleich hektisch auf Gunther: „Er kann's bezeugen, wirklich!“ Gunther blieb ganz cool, er war einfach der Abgebrühtere von uns beiden. Er hatte ein Jahr vorher, als wir gemeinsam in Budapest gewesen waren, in Kaugummipa-

pier eingepackte ungarische Geldnoten geschmuggelt, die er noch von einer Ungarnreise seiner Eltern her übrig hatte, um nicht beim Umtauschversuch an der Frage „Bärächtigungsschaain?“ zu scheitern.
Nicht auszudenken, wenn ich wirklich etwas hätte schmuggeln wollen. Man hätte es mir angesehen, und zwar sofort.
Zu dieser Zeit – Sommer 1989 – wurde man bei der Ausreise aus der DDR genauer kontrolliert als bei der Wiedereinreise, weil einem bei einer Fahrt in die Tschechoslowakei insgeheim Republikfluchtgedanken unterstellt wurden. „Sollen die doch froh sein, dass wir überhaupt noch zurückkommen!“, sagte ein genervter Zugreisender, als die Zöllner jemanden auf dem Rückweg in die DDR filzten.
Reiseländer wie England und Frankreich waren mir verwehrt, aber weil ich Dolmetscher werden wollte, lernte ich Englisch und auch noch Französisch.
In Englisch gab es für die ersten beiden Jahre einen begleitenden Fernsehkurs: „English for you“. Man hatte sogar echte Engländer engagiert: Jim Rawson und Robert Taylor sowie ein Pärchen, das sich Anne Collins und Mike Webster nannte. Im Fernsehkurs sahen die Straßen von London so aus, dass an jeder Ecke die Young Communist League Flugblätter verteilte, und Anne und Mike bereiteten eine Demonstration vor. „Preparing a Demonstration“ hieß die Folge. „Why have you written down 'For Peace and Socialism' on your banner?” „Because in socialism everybody has got work.“ Die anderen Filmschauspieler waren DDR-Menschen, die mit leidlich deutschem Akzent die Dialoge gestalteten. Der Vater von einem Klassenkameraden spielte in einer Folge in einer Nebenrolle einen Ausbeuter. „Webster,

you are here to work, not to talk." Ein Professor der Pädagogischen Hochschule, der Patient bei meinem Vater war, klärte mich eines Tages darüber auf, dass die Young Communist League in ganz England nur 150 Mitglieder hatte.
In Englisch war es noch leichter als in Russisch, eine 1 zu kriegen, die Sprache war einfach einfacher. Noch dazu hatten meine Eltern mir schon in den ersten Klassen hin und wieder ein paar Worte beigebracht; zu sehr hatte es mich geärgert, dass ich meinen Urgroßcousin aus Australien nicht verstand, der uns 1978 besucht hatte.
In der Volkshochschule belegte ich in der 10. Klasse noch einen Spanischkurs, um mehr Sprachen zu können. Die Geschichten in den Lehrbüchern spielten immer auf Kuba, man lernte „Fidel, Fidel" und „Revolucion, Revolucion" und musste 100 Wörter aufschreiben zum Thema: „Wie habe ich am 1. Mai demonstriert?".
Mit Spanischkenntnissen hätte man also zumindest nach Kuba verreisen können, aber so viele Menschen, wie da mit selbst gebastelten Seelenverkäufern unter Lebensgefahr nach Florida segelten zu ihren Westverwandten – da musste es ihnen ja noch schlechter gehen als uns, obwohl sie den Sozialismus einige Jahre weniger hatten als wir.

Kapitel 9: Helmhöltzer sind Edelhölzer

„Aufnahme in die Spezialklasse 9 Neusprachen der Erweiterten Oberschule zum 1.9.84" – so war das Dokument überschrieben, das meinen Werdegang der nächsten vier Jahre von der 9. Klasse bis zum Abitur vorzeichnen sollte, unterschrieben vom Stadtschulrat „mit sozialistischem Gruß“. Wie der ging, weiß ich nicht. Vielleicht war das auch nur so eine Redensart. Man schrieb „mit sozialistischem Gruß“, wenn man nichts verkehrt machen wollte, auch wenn man gar nicht wusste, wie der ging, dieser sozialistische Gruß.

Als wir in der 8. Klasse im Deutschunterricht bei Frau Schmidt („Sweetums“) im Fach „mündlicher und schriftlicher Ausdruck“ über verschiedene Grußformeln aufgeklärt wurden, brach mein Freund Anton in schallendes Gelächter aus, als es um den sozialistischen Gruß ging. Er konnte sich augenscheinlich nicht vorstellen, wie der denn lautete. Anton malte sich lauthals mögliche Alternativ-Briefschlüsse aus wie „mit kapitalistischem Gruß“ oder „mit dem Gruß der nichtpaktgebundenen Staaten“, was diesen ganzen sozialistischen Gruß nur noch absurder erscheinen ließ.

Der Stadtschulrat, der an meine Eltern am 31.5.84 schrieb, wollte diese darüber aufklären, dass mein Aufnahmeantrag in o. g. Spezialklasse am 22.5.84 positiv beschieden wurde.

„Mit der Delegierung ist für Ihren Sohn die Verpflichtung verbunden, in allen Unterrichtsfächern und in der außerschulischen Arbeit hohe Leistungen zu erreichen und gesellschaftlich aktiv zu sein.“, schrieb er uns warnend ins Stammbuch, und: „Wir verweisen darauf, dass aus der Delegierung in die Spezialklasse 9 kein Rechtsanspruch auf Aufnahme in die Erweiterte Oberschule (Abiturstufe) abgeleitet werden kann. Dazu ist eine Entscheidung der Aufnahmekommission beim Stadtschulrat notwendig.“

Meine Eltern tranken Sekt am Abend nach Erhalt des Schreibens. Ich würde nun besser als bislang auf den Dolmetscherberuf vorbereitet werden, wusste zu dem Zeitpunkt allerdings noch nicht: In der 9. Klasse unterschieden wir uns von der Musikspezialklasse in sprachlicher Hinsicht lediglich durch eine Stunde mehr Englisch als die, denn auch die Musikklasse war in zwei Gruppen in den Fächern Englisch und Russisch aufgeteilt, war aber im Hinblick auf die musischen Fächer durch die vielen Unterrichts-Verpflichtungen im Gegensatz zu uns eine richtige Kaderschmiede. Erst in der 10. Klasse sollte das anders werden, als wir Französisch dazu bekamen und den Stoff der Klassen 7 und 8 nachholten. Für mich hieß dies also zunächst: Beine hochlegen, denn das hatte ich ja schon gehabt. Ausdifferenzierter wurde es dann wirklich erst in der Abiturstufe, als wir wählen mussten zwischen Kunsterziehung und Musik sowie Bio und Chemie. Aus diesem Grunde wies man uns langfristig darauf hin, dass mit dem Abitur der Spezialklasse kein Medizinstudium möglich sei. Beim ersten Elternabend noch vor dem neuen Schuljahr reduzierte sich durch die Aussage des Direktors gleich die Schülerzahl von 20 auf 19. Eine empörte Mutter teilte nämlich mit, ihr Sohn würde Arzt werden, komme, was will, und damit würde er eben also nicht in diese Spezialklasse gehen.
Ihr Sohn hätte es einfach so machen sollen wie mehrere seiner Nun-doch-nicht-Mitschüler in der 11. Klasse: Chemie wählen, weil man Bio leichter auf der Volkshochschule nachmachen könnte und die Schule mit einem Bio-Besuch auf der Abendschule vor vollendete Tatsachen stellen. Das war schon fast eine kleine Revolution, dass

das wirklich möglich war und die Schule von ihrer offiziellen Devise abrückte.
Aber bei einem späteren Klassentreffen sollte sich ohnehin herausstellen, dass kaum jemand von unserer Spezialklasse das studiert hatte, was er oder sie als Berufswunsch in der 9. Klasse angegeben hatte – ich selbst bin ja das beste Beispiel dafür.
Mein Vater hatte sich vor dem Eignungstest, bei dem 50 % durchfallen würden, beim Direktor der EOS 4 zum Gespräch angemeldet. Dieser habe den Besuch eines Kandidaten-Elternteils äußerst ungewöhnlich gefunden, berichtete mein Vater, aber er pries dieses Vier-Augen-Gespräch als sehr wichtig. Was mein Vater mir verheimlichte und mir wirklich erst nach dem großen Umbruch erzählte, obwohl er ja sonst nicht mit Kritik am System DDR sparte: Er hatte dem Direktor reinen Wein eingeschenkt, was meine christliche Einstellung anging. Daraufhin soll der Direktor meinem Vater erwidert haben, er zwinge niemanden, der nicht seine (also des Direktors) Weltanschauung habe, auf dieser Schule sein Abitur zu machen. Da habe mein Vater den Raum unter Protest verlassen und ausgerufen: „Mein Sohn hat das Zeug für diese Spezialklasse. Wenn er beim Eignungstest durchfällt, dann geht das bis hoch zum Bischof, das verspreche ich Ihnen!"
Gleichfalls erzählte mein Vater mir erst nach dem großen Umbruch von Patienten, die bei der Stasi waren, was mein Vater wusste, und die ihm auf meinem Weg zum Abitur vor unserem Direktor warnten: „Doktor, passen Sie bitte besser auf Ihren Sohn auf!"
Wahrscheinlich fürchtete Vater, ich würde mit diesen Informationen nicht pfleglich genug umgehen, da ich ja auch

gute Kontakte zu Nachfolgeklassen meiner Schule unterhielt, nachdem ich 1988 das Abitur abgelegt hatte.
Was meinen Eignungstest für die Spezialklasse angeht, erinnere ich mich nur noch an Frau Schimming, eine langsam diktierende Englischlehrerin, die meine Deutschlehrerin werden sollte und heute als Bankangestellte arbeitet, sowie einen Englisch-Dialog mit Frau Grande über mein fehlendes FDJ-Hemd sowie ein Gespräch mit dem Direktor, der stellvertretenden Direktorin, einer Mathe-Lehrerin, die wir auf Grund ihrer Frisur und ihrer Haarfarbe nur „Cleopatra" nannten und meinem späteren Klassenlehrer Herrn Fehlisch, der allerdings nichts sagte, genau so wie der Herr Direktor.
Man duzte mich; ich war noch nicht jugendgeweicht. Die Jugendweihe hätte „Sie" bedeutet.
Cleopatra fragte mich als Mitglied der Eignungs-Kommission im Gespräch so ganz beiläufig zwischendurch: „Du bist kirchlich gebunden?", worauf ich nur „Ja" sagte, und damit wurde dieser Punkt der Diskussion schon verlassen. Ich konnte ja nicht wissen, dass mein Vater und der Direktor darüber schon gesprochen hatten. Ich ärgerte mich hinterher über die Frage. Was heißt denn hier „gebunden"? Ich bin doch freiwillig in der Kirche, mich zwingt doch keiner dazu. Cleopatra wollte doch bestimmt nicht mit mir über Luthers Auffassung zum freien Willen in der Auseinandersetzung mit dem Humanisten Erasmus von Rotterdam diskutieren.
Das Schreiben vom Stadtschulrat, ca. vier Wochen nach dem Eignungstest abgesandt, hieß mich also willkommen in der Klasse 9s (s für „Sprachen") nun auf die EOS 4 „Hermann von Helmholtz" zu gehen. Helmholtz war ein in

Potsdam geborener Physiker (1821-1894) und hatte den Augenspiegel erfunden, also passte er eigentlich nicht zur Ausrichtung unserer Klasse, auch nicht zur Musikklasse, aber man konnte ja nicht alle Schulen nach Kommunisten benennen. Wenn eine Schule einen wertneutraleren Personennamen hatte, dann hieß die Schul-Pionierorganisation oder die FDJ-Grundorganisation immer anders. „Pionierfreundschaft Ludwig van Beethoven", da hätte man sich als Pionier der Beethoven-Schule ja ständig das Lachen verkneifen müssen. Also hieß die Pionierfreundschaft der Beethoven-Schule nach der Kommunistin und Antifaschistin Lilo Herrmann.

Da meine bisherige Schule nach der sozialistisch denkenden und handelnden Künstlerin Käthe Kollwitz benannt war, war im Hinblick auf den Namen der Pionierorganisation in der POS 13 der Einsatz einer Namensfindungskommission nicht erforderlich gewesen.

Unsere FDJ-Grundorganisation hieß „Geschwister Scholl", da man den alten Helmholtz nicht nachträglich zum FDJler machen wollte. Aber die Geschwister Scholl hätten sich das sicherlich nicht träumen lassen, einmal als Namensgeber einer FDJ-Organisation der EOS 4 in Potsdam herhalten zu müssen. „Störung der Totenruhe" war auch in der DDR-Gesetzgebung eigentlich ein Straftatbestand.

Wenigstens wies die Erinnerungstafel an die Geschwister Scholl im Vestibül der Schule darauf hin, dass „die Geschwister Scholl keine Kommunisten" waren, aber sie hatten gegen Hitler gekämpft, und da fielen sie unter den antifaschistischen Gründungsmythos der DDR.

Die FDJ-Leitung der Schule wurde geleitet von der Genossin Grande, bei der ich Englisch-Unterricht haben sollte. In einem Buch über meine Schule steht nur Kiefer, ihr Mädchenname.

Bei der ersten Elternversammlung Ende Juni 1984 hielt der Direktor eine Rede.

Mich erinnerte er vom Aussehen her sofort an den damaligen Westberliner Regierenden Bürgermeister Eberhard Diepgen.

Der Direktor war bekannt für seinen Spruch: „Helmhöltzer sind Edelhölzer". Er wollte das Niveau seiner Schule ständig verbessern und uns Schüler dazu anhalten, gut zu lernen und vorbildhaft zu leben. Ansonsten dominierte jedoch sozialistische Phrasendrescherei und, wie der Lehrer a. D. Max Böse in seinem Buch „Im Zeichen der Eule" über unsere Schule schreibt, eine „hysterische Kirchenfeindlichkeit" unter der Federführung von Direktor Simka.

Als wir nach diesem Elternabend nach Hause fuhren, war meine Mutter sichtlich entsetzt über den Direktor und sein Polit-Gehabe. „Ich dachte, solche Typen seien in den fünfziger Jahren ausgestorben", sagte sie kopfschüttelnd.

Besonders schlimm sollte es werden, nachdem die Mutter eines Schülers eine Klasse über uns einen Ausreiseantrag gestellt hatte. Der Schüler war 17, Vater gab es nicht, und Fred Müller ging natürlich mit der Mutter mit. Der Direktor verlangte allerdings, dass sich der Schüler von diesem Ausreiseantrag der Mutter distanzierte. Ilona aus meiner Klasse war entsetzt. Sie hatte einige Jahre zuvor ihre Mutter verloren und sagte mir: „Wenn meine Mutter noch am Leben wäre und in den Westen wollte – sie würde sicher Gründe haben – dann wäre es für mich keine Frage, mit ihr mitzugehen."

Im Unterricht konnten wir so offen nicht miteinander reden, obwohl Herr Fehlisch kein Überzeugter war. Man merkte ihm manchmal an, dass er seine Polit-Informationen sehr lustlos vortrug. Er unterrichtete Mathe, Physik und in der 10. Klasse auch Astronomie. Er traf also ständig Achillesfersen von mir. Nach Herzrhythmusstörungen musste Herr Fehlisch uns mit Beginn der 11. Klasse als Klassenleiter abgeben an unsere Französischlehrerin Frau Grosenick. Die war eine, mit der man Pferde stehlen konnte (vielleicht auch hatte ich leichter Zugang zu ihr, weil ihr Unterrichtsfach mir mehr entgegenkam als Mathe und Physik). Sie nahm mich sogar öfter beiseite und warnte mich diskret vor diesem oder jenem Lehrer.

Sie wollte nicht, so sagte sie mir im Vertrauen, dass ich mir mit meiner direkten Art unnötige Schwierigkeiten einhandeln würde.

Eine kirchenfeindliche Atmosphäre war im Unterricht oft zu spüren. Zunehmend hatte ich das Gefühl, widersprechen zu müssen, wenn der Glaube im Unterricht zu schlecht wegkam. Meine Eltern tadelten mich dafür. Sie meinten, man solle drüberstehen; widersprechen lohne sich nicht, weil die Lehrer doch am längeren Hebel sitzen würden.

Im Deutschunterricht behandelten wir Lessings Ringparabel aus „Nathan, der Weise“ bei Frau Schimming. Sie unterrichtete äußerst lustlos, nur anhand eines Buches, das ganz schlicht „Unterrichtshilfen“ hieß und für jedes Fach für jede Klassenstufe erhältlich war, allerdings nur für Lehrer. Dank guter Beziehungen zum Volksbuchhandel besorgten wir Schüler uns dieses Brevier gleichfalls und waren im Deutschunterricht stets glänzend vorbereitet. Zusätzlich las ich noch die Kurzgeschichte von Ephraim Kishon „Wie man ein Buch bespricht, ohne es zu lesen“

und scheffelte die Einsen, ohne ein im Unterricht behandeltes Buch lesen zu müssen.

Bei der sozialistischen Interpretation der Ringparabel („Es könnte sein, dass alle Religionen falsch sind“) ergab sich für die nächsten drei Unterrichtsstunden eine fruchtbare Atmosphäre, in der Frau Schimming (SED-Mitglied) und ich höflich, aber bestimmt miteinander stritten. Und wenn sie mir mit der Spanischen Inquisition kam, bitte sehr – kam ich ihr mit Stalins Verbrechen, wiewohl die in der Sowjetunion freizügiger diskutiert wurden als in der Sowjetrepublik namens DDR. Wann immer mich die Lehrer in einer Stunde zum Widerspruch zu reizen drohten, stets faltete ich die Hände und bat Gott um Besonnenheit.

Ich betete außerdem in der Stille die Worte, die Pfarrer Dietrichsen, der mich konfirmierte, immer am Beginn seiner Predigten laut betete: „HERR, tue meine Lippen auf, dass mein Mund Deinen Ruhm verkündige.“ Und ich hatte keine Angst mehr. Ich war zwar um meines allgemeinen Fortkommens willen nach wie vor gezwungen, viele faule Kompromisse einzugehen und auch gegen meine innere Überzeugung zu handeln, aber wenn es hart auf hart kam, wurde mir der Mut geschenkt, zu meinen Überzeugungen zu stehen. Ich weiß, dass diese Haltung bei Klassenkameraden wie bei Schülern von Parallelklassen Eindruck machte.

Um Schwierigkeiten zu bekommen, langten manchmal sogar schon die falschen Klamotten, zum Beispiel bei unserem Staatsbürgerkundelehrer Herrn Brune; er sah aus wie Tom Selleck, hatte aber mit den USA nichts am Hut. Herr Brune unterrichtete auch noch Sport, stand da aber ganz

im Schatten seiner Ehefrau, einer sehr erfolgreichen DDR-Langstreckenläuferin.
In seiner ersten Staatsbürgerkunde-Stunde bei uns hatte ich Klassendienst und meldete: „Die Klasse 9s ist zum Unterricht bereit." Ich hatte den Satz noch nicht ganz zu Ende gesprochen, da widersprach er mir prompt. „Nein, die Klasse ist nicht bereit." Ich sah in der Klasse herum, aber niemand machte Blödsinn. Auf meinen fragenden Blick hin empörte er sich künstlich: „Sehen Sie sich doch einmal an, wie Sie rumlaufen!" Ich sah an mir herunter; kein Knopf stand offen, kein Hosenstall, was wollte er denn bloß? Er wies auf meinen roten Pullover, den mein Vater mir aus Heidelberg mitgebracht hatte. „Universität Heidelberg", las Herr Brune vor. „Ja, und?", fragte ich möglichst unbekümmert. „Na, hören Sie mal, Sie sind ein sozialistischer Schüler!" Irgendwie führte er seine Vorstellungen aber nicht weiter aus, sondern bat mich, Platz zu nehmen. Nach dem Unterricht vermutete er, ich hätte doch sicher noch neutralere Pullover in meinem Schrank, die ich bitte künftig in seinem Unterricht tragen sollte. „Stabü"-Lehrer waren mitunter schon etwas merkwürdig. Eine Frau Kurze hielt bei uns mal eine Stabü-Stunde über das Thema Klassenkampf. Sie wollte wissen, wer denn in der DDR gegen uns Klassenkampf betreiben würde? Ich überlegte fieberhaft, aber mir fiel immer nur der brav auswendig gelernte Satz ein: „Die Hauptaufgabe des Klassenkampfes ist die Erhaltung des Friedens."
Anderen ging es offenbar ähnlich, denn niemand gab eine Antwort. Frau Kurze half etwas nach: „Na, denkt doch mal an die ganzen Assis, die es bei uns auch gibt

und die unserer Wirtschaft schaden." Sie brachte noch weitere Aufzählungen, aber ich konnte nicht mehr folgen, denn ich stellte mir gemeinsam mit meinem Freund und Banknachbarn Gunther vor, dass also alle, die im Westen der Wirtschaft schadeten, auch gute Klassenkämpfer wären.

„Die Olsenbande!", platzte es aus uns beiden gleichzeitig heraus – wir stellten uns das dänische Gaunertrio Egon, Benny und Kjeld aus dem Kino als Klassenkämpfer vor.

Auch der Direktor unterrichtete Staatsbürgerkunde. Da unsere Lehrer nach der 9. Klasse in diesem Fach öfter wechselten, hatten wir auch einmal eine Vertretungsstunde beim Direktor. „Person und Persönlichkeit" hieß das leicht philosophisch angehauchte Thema. Der Direktor ließ sich doch tatsächlich von Timo darauf festnageln, dass Behinderte keine Persönlichkeit hätten, sondern nur „Personen" seien. Für mich zeigte sich in dieser Unterrichtsstunde die ganze Unsicherheit der Mächtigen gegenüber allem Fragenden und Hinterfragendem.

Der Direktor würgte in der 10. Klasse sogar eine Elterninitiative ab, und das kam so:

In den Fremdsprachenfächern waren wir in zwei Gruppen aufgeteilt. Da mein Nachname mit „F" anfängt, gehörte ich zur ersten Hälfte, die bis „M" ging. Uns wurde Frau Grande als Englischlehrerin zugeteilt, die zweite Namenshälfte hatte bei Herrn Boysen Englischunterricht. Der hatte Englisch-Lehrbücher mit verfasst, war also im Höchstmaße kompetent und wirkte im Rückblick knuffig-englisch wie eine Monty-Python-Figur. Außerdem war er unter vier Augen ehrlich, was man nicht von allen Lehrern behaupten konnte. Als wir beim Schieß-Wettbewerb „Goldene

Fahrkarte“ auf dem Dachboden der Schule mitmachen mussten, hieß es auch, auf eine „Pappkameraden“-Schablonenkarte zu schießen. Herr Boysen hatte uns, da er als Zwangsverpflichteter zu diesem Schießen die Einführung machen musste, als Gedankenexperiment angeboten: „Der Mann hier ist ein schlimmer Verbrecher im australischen Dschungel. Sie erkennen ihn, Sie sind sich ganz sicher: Er ist es. Und Sie wissen genau: Wenn er auch nur einen Meter näher kommt, dann sind Sie verloren.“

Auf die unverfängliche Zahlenscheibe schoss ich schnell, konnte mit null Punkten weiterlaufen, und die Pappkameraden-Karte sah ich mir noch einmal genauer an. Irgendwie wollte ich aus der Nummer gern wieder rauskommen.

„Herr Boysen, ich werde darauf nicht schießen“, sagte ich.

„Los komm, mach! Mich kotzt das hier auch an!“, raunte er mir zu.

Ich war perplex. Und das nicht nur, weil Herr Boysen mich in diesem Moment als Lehrer duzte, was absolut unüblich war außer beim Klassenlehrer, mit dem man sich „auf das einseitige Du“ am Anfang der 9. Klasse geeinigt hatte. Und weil diese Ehrlichkeit mich entwaffnete, ballerte ich dreimal voll daneben (die Einschüsse sind bestimmt jetzt noch im Filmraum auf dem Dachboden zu sehen), und damit hatte ich allerdings die „Goldene Fahrkarte“ nicht bekommen, denn der Titel war ironisch gemeint.

Vertretungsstunden bei Herrn Boysen hatten jedenfalls gezeigt: Der Mann verstand bedeutend mehr als Frau Grande von seinem Fach, es machte Spaß bei ihm, und außerdem unterblieben unnötige Politinformationen.

Wir hatten einen Englischhefter angefertigt, der benotet wurde. Auf meinem war der Union Jack, die Fahne von

Großbritannien, gemalt, ferner eine Zeichnung von Nessie, dem Ungeheuer vom Loch Ness, und meine Lieblingsfußballmannschaften aus England (von denen nur der FC Liverpool noch aktuell ist). Herr Boysen hatte an dem Hefter nichts auszusetzen: „I see, a big football fan!“, war sein einziger Kommentar, während Frau Grande auf deutsch nach Durchsicht der Hefter meinen als „Problem“ darstellte. Nicht nur, dass ihr das unwissenschaftliche Ungeheuer Nessie missfiel, nein – sie nahm Anstoß an der britischen Flagge. „Auf dem Deutschhefter haben Sie schließlich auch nicht die DDR-Fahne.“ War mir neu, dass wir „dederonisch“ haben und nicht „deutsch“, dachte ich mir, malte mir aber eine DDR-Fahne auf den Staatsbürgerkunde-Hefter.
In der 11. Klasse erlebte ich eine noch gesteigerte Genossin Grande: Einmal bat sie mich, nach Unterrichtsschluss noch für „einen Satz“ dazubleiben. „Sie können sich sicher denken, warum ich Sie sprechen möchte?“ fragte sie, als die Stunde vorbei war. „Nein“ sagte ich ungelogen, denn ich hatte keine Ahnung. „Wegen Ihres Kreuzes!“ Ich sah an meinem Pullover hinab hin zu meiner Kreuzkette, die ich seit einigen Wochen als Bekenntniszeichen trug, um meiner Gewissensbisse wegen der ganzen Doppelzüngigkeit Herr zu werden. Frau Grande sagte mir, es sei an dieser Schule verboten, ein Kreuz zu tragen, genauso wie man auch Plastetüten mit Westreklame verbiete. Uta, die gerade ihren Tafeldienst tafelabwischend versah, schaltete sich ein, entschuldigte sich allerdings im Vorhinein dafür. „Es gibt doch auch Kreuze als Modeschmuck in unseren Geschäften zu kaufen.“ „Ja, Uta, was es bei uns alles zu kaufen gibt, das verstehe ich manchmal auch nicht!“ war die

schroffe Antwort der Lehrerin. Selbstredend erzählte ich zu Hause postwendend von dem höchst seltsamen Vorfall. Mein Vater war gleich am nächsten Tag beim Direktor, und nach der nächsten Englischstunde entschuldigte sich Frau Grande bei mir für ihren „Ausrutscher", den sie auf Arbeitsüberlastung zurückführte. Was blieb mir übrig, als generös den Vergeber zu spielen?

Bei der Elterninitiative ging es allerdings nicht um diese merkwürdigen politischen Stalinismus-Anfälle von Frau Grande, sondern ausschließlich um gerechtigkeits-ethische fachliche Gesichtspunkte:

Den Startschuss für diese Elterninitiative bildete ein Elternabend. Mein Vater und einige andere Eltern fragten Herrn Fehlisch ganz pragmatisch, inwieweit man denn ab der 11. Klasse die Zuständigkeiten im Englischunterricht tauschen könnte: Also die ersten im Alphabet von da an bei Herrn Boysen, die anderen bei Frau Grande. Sofort regte sich Protest bei den Buchstaben im zweiten Teil des Alphabets, von „Rosen" bis „Zünftig". Herr Fehlisch erklärte, ein solcher Tausch sei an dieser Schule „nicht üblich". Mein Vater sagte wörtlich: „Wenn es aber technisch möglich ist, dann ist es für mich kein Argument, dass es nicht üblich ist." Sofort pflichteten ihm mehrere Eltern von A bis M bei.

Interessant war, dass sich auch der Genosse Hoppe zu Wort meldete, Vater der einzigen wirklich vom Sozialismus überzeugten Schülerin in meiner Klasse, bei dem wir „FDJ-Studienjahr" hatten, eine Art Parteilehrjahr für Schüler. Er arbeitete im Handelswesen und sächselte extrem, worüber wir uns oft lustig machten. Klarer Fall, dass ich im FDJ-Studienjahr aktiv mitarbeitete, um Punkte zu

sammeln. Allerdings war ich laut Genosse Hoppe der einzige Schüler, der „entscheidende Imbulse gäbn" könnte. Bitterlich beschwerte er sich bei einer Elternversammlung und sagte, er habe keine Lust mehr, „den Wandorbrädigor" zu spielen.
Die vom Alphabet her festgelegte Englischlehrer-Lotterie wurde vom Genossen Hoppe arg hinterfragt, da sie nur auf Glück aufbaute: „Mior sind doch hior nisch in dor Bä Orr Dääh, wo mon Glick hobn muss, ne Lährschdelle zu griegn."
Eines Tages schrieben beide Englischgruppen eine unangekündigte heißnadelige Arbeit mit Grammatikfragen und einem Kurzaufsatz über Freizeitbeschäftigungen.
Als die Elterninitiative, zu der auch mein Vater gehörte, ein paar Wochen später im Direktorenzimmer empfangen wurde, offenbarte der Direktor zunächst, er selber habe diese Englischarbeit in Auftrag gegeben. Die Ergebnisse offenbarten, dass A bis M besser abgeschnitten hätten als R bis Z, also was wollten die Eltern eigentlich? Laut meinem Vater brach die Mutter von Kerstin Land daraufhin in hysterisches Lachen aus. Nachdem der Direktor merkte, dass er mit fachlichen Ausflüchten nicht durchkam, spielte er die Parteikarte aus. Er weigere sich, so sagte er, die Genossin Grande (Betonung auf „Genossin") aus der Verantwortung für die Buchstaben A bis M in der Klasse 10 s zu nehmen. Damit hatte der große Manitu sein „hugh" gesprochen. Daraufhin zogen sich die Eltern schulternzuckend zurück. Herr Boysen wurde gezwungen, uns eine ganze Englischstunde lang vorzurechnen, dass er auch kein perfekter Lehrer sei und dass man alles so lassen solle, wie es bislang war.

Mir blieb also Frau Grande bis zum Abitur erhalten. Wir nannten sie „th" (sprich „Tie eytsch"), weil sie diesen englischen frikativen Interdentallaut nur selten hinkriegte und statt dessen – very „Germish" – ein „s" sprach, sowohl in der stimmlosen als auch in der stimmhaften Variante des „th". Das hatte ich bereits bei meinem Eignungstest ja gemerkt.
Und so wurde aus Heinrich VIII. der Heinrich mit der Krankheitsgeißel des 20. Jahrhunderts „Henry AIDS", und aus dem Forth-Fjord, an dem die schottische Hauptstadt Edinburgh liegt, wurde „the firth of forth" zu „die Pelze der Kraft" – the furs of force.
Es gab noch mehr unbedarfte Englischlehrerinnen an meiner Schule. Der spätere Oberarzt Martin aus einer Parallelklasse war ein absoluter Englischcrack und erörterte mit Mrs. Schumann im Anschluss an den Unterricht ihre Fehler aus der Stunde. Man kann sich vorstellen, wie toll sie das fand. Ich verbesserte Frau Grande nie, sondern schwieg resigniert.
Ich sagte mir: Wenn Du die Frau schon nicht loswirst als Lehrerin: Versuche einfach, beim Abi ihr Englisch-Wissen erreicht zu haben. Dafür musste ich natürlich etwas tun, obwohl ich ohne einen Handschlag sicher auch so die 1 geschafft hätte.
Meine ersten Reisen nach Schottland sollten mir ab 1990 zeigen: So schlecht war die Strategie nicht; ich ließ die Schotten nur immer ein wenig ratlos zurück, da meine Antwort auf ihre Frage: „Wie kommt es, dass Du so gut Englisch kannst?" beständig lautete: „Ich hatte einen sehr schlechten Englisch-Unterricht."
Im Gegensatz zu anderen Lehrern, die auch ihr Parteiab-

zeichen quasi noch am Schlafanzug trugen, verließ Frau Grande die Schule nach dem großen Umbruch nicht. Vielleicht setzten sich andere ehemalige Schüler, die ähnliche Erfolgserlebnisse im englischsprachigen Ausland hatten, für ihren Verbleib vehement ein. Dass ich dies nicht tat, verschafft mir bis heute noch das Gefühl, etwas versäumt zu haben.

Kapitel 10: Stillgestanden!

„Der Junge hat Rheuma!" Obwohl ich damals erst vier Jahre alt war, erinnere ich mich an die zielsichere und dennoch erschrockene Diagnose von meinem Vater aufs Wort. Er war, alarmiert von meinem Geschrei, mit einem komisch riechenden Gehgips in mein Zimmer gelaufen, denn er hatte sich beim Tennisspiel gerade erst am Tag zuvor einen Zeh gebrochen und die BSG Medizin Potsdam II dennoch vor dem Abstieg gerettet.

In der Nacht taten mir plötzlich alle Gelenke weh; so müssen sich wohl Leute am Marterpfahl fühlen, wenn die Indianer Pfeile abschießen, dachte ich mir.

Das Gelenkrheuma sollte meine Kindheit ziemlich durcheinanderbringen. Ich musste für mehrere Wochen ins Krankenhaus in Staaken, meine Eltern konnten nur ab und an zu Besuch kommen; bis ich 10 Jahre alt war, musste ich jeden Morgen Penicillin-Pillen schlucken, und wenn immer es kälter wurde oder regnete, spürte ich in Händen und Füßen das Rheuma; „mein Rheuma", wie ich es bald besitzergreifend nannte. Wie sich später herausstellte, bekam ich durch diese Krankheit auch noch einen

Fehler an den Herzklappen weg; entdeckt wurde der in der 8. Klasse. Wann immer ich mich körperlich (über)anstrengte, brauchte ich viele Minuten länger als andere, um mich zu erholen. Obwohl ich beim dreißigminütigen Ausdauerlauf im Sportunterricht getreu der Devise „Die 3 ist die 1 des kleinen Mannes“ nur locker mitgerannt war, brauchte ich ungefähr dieselbe Zeit hinterher, um zu normaler Atmung zurückzukehren. Mein Kinderarzt, der mich seit dem ersten Auftreten des Rheumas betreut hatte, stellte bei mir genauere Untersuchungen an und setzte für mich ab dem 2. Halbjahr der 8. Klasse eine komplette Befreiung vom Sportunterricht durch. Jede körperliche Überanstrengung würde das Risiko einer akuten Rheuma-Rückkehr in unverantwortlichem Maße steigen lassen, schrieb er dem Schularzt. Dieser hatte mich nämlich zunächst „lagertauglich“ geschrieben. Wir Jungen sollten in der 9. Klasse für vierzehn Tage in ein Lager der Gesellschaft für Sport und Technik (GST) fahren, die Mädchen würden dafür an einem Lehrgang für Zivilverteidigung in der Schule bleiben. Heiner aus der Parallelklasse weigerte sich, an diesem Lager teilzunehmen und tat dies auch bei einem gemeinsamen Treffen vor Lehrern kund. Für seine in der 8. Klasse geäußerten Worte „Meen Vadder sacht: Ick komm noch früh jenuch zur Armee, und dit is ooch meene Meinung!“, habe ich ihn bewundert.
ZV-Lehrgänge der 9. Klasse hatten wir als jüngere Schüler mitunter irritiert auf dem Schulhof in kurzen Sequenzen miterleben können: Attraktive Mädchen steckten in einer unattraktiven Uniform, der GST-Uniform und marschierten übern Schulhof, während sie das Arbeiterkampflied sangen: „Spaniens Himmel breitet seine Sterne...“.

Nachdem ich nun mit einer vom Schularzt bestätigten Sportbefreiung aufwarten konnte, sollte ich mich in der 9. Klasse noch einmal auf Lagertauglichkeit untersuchen lassen. Ebenso wurde jedes Jahr meine Befreiung vom Sportunterricht bis zum Abitur erneuert.
Ich wurde angesichts meiner vorgebrachten Untersuchungsergebnisse zum ZV-Mädchen-Lehrgang degradiert; in der 10. Klasse bekam ich vom Schularzt sogar noch attestiert, nur bedingt bei schulischen Ernteeinsätzen mitmachen zu können: „Nässe und Kälte meiden", schrieb er ins Attest. Wahrscheinlich schämte er sich wegen der damaligen voreiligen vorläufigen Lagertauglichkeitsbescheinigung und wollte es nun wirklich richtig machen.
Manche aus meiner Klasse nahmen einen Ernteeinsatz wie einen Militärauftrag hin.
Wir amüsierten uns köstlich über Ursula Hoppe, die wie die legendäre Näherin Frieda Hockauf („So, wie wir heute arbeiten, werden wir morgen leben") über das Erdbeerfeld robbte, als ob sie den Plan übererfüllen wollte.
Mich erinnerte dies an einen besonderen im Russischunterricht geschilderten Ernteeinsatz: Einen Text über „die Erfinderin der linken Hand", wie mein Vater spöttisch bemerkte – er hatte knapp 30 Jahre vor mir diese Groteske auch schon im Unterricht durchnehmen müssen: Mamlakat Nachangowa arbeitete mit in der Baumwollernte, und das Mädchen schaffte doppelt so viel wie die erwachsenen Pflückerinnen. Nachdem die ungebildeten, wahrscheinlich noch von den Popen verdummten Erntearbeiter meinten, das Mädchen sei mit dem Teufel im Bunde, besahen sich die anderen Erntehelfer die Erfindung: Anstatt in der linken Hand den Baumwollkorb zu halten und mit der

rechten Hand die Baumwolle einzusammeln, hatte sich Mamlakat Nachangowa den Korb an den Kleidergürtel gebunden und sammelte mit beiden Händen die Baumwolle ein. Sie wurde im zarten Alter von 10 Jahren nach Moskau geschickt, um dort Väterchen Stalin zu treffen, der ihr den Leninorden verlieh.

Unsportlich war ich schon immer. Dabei hatte ich so leidenschaftlich gern Fußball gespielt. Nachdem ich auf dem Spielfeld von Mal zu Mal unbeholfener wirkte, stellte man mich probeweise ins Tor. Und siehe da, es funktionierte. Ich hatte Sprungkraft, gehörte nie zu den Kleinsten in der Klasse, mit Witz und Charme irritierte ich selbst sichere Elfmeterschützen, und im Sommerurlaub trainierte mich mein Vater, der früher bei Empor Stralsund selbst Torwart gewesen war. Wer erst einmal einen Ball voll ins Gesicht oder in die Fortpflanzungsorgane bekommen hat, geht in jeden Zweikampf offensiv rein und hat keine Angst mehr vorm Ball. Spätestens aber mit der Sportbefreiung wurde klar, dass die Torwartkarriere abrupt abbrechen würde, bevor sie begonnen hätte. „Nässe und Kälte meiden", hieß eben: Zu Hause hocken, wenn meine Kumpels bei unbeständiger Witterung auf dem Hof vor der Kirche zum Fußballspielen gehen würden und möglichst noch vorher bei uns klingelten, um sich meinen tollen Lederball auszuleihen.

Vielleicht bin ich bis heute so ein glühender Fußballfan und versuche alles, um diese Begeisterung an meine Kinder weiterzugeben, weil ich wegen meines Rheumas selber keine Chance hatte, ein Fußballer zu werden. Noch heute reagiere ich pikiert, wenn auf Grund meiner Fußballleidenschaft viele, viele Leute fragen: „Haben Sie früher auch gespielt?“ oder gar: „Spielen Sie auch selber?“ Als Selbstschutz und als kleine Hausaufgabe zum Weiterdenken für alle Frager habe ich mir die Gegenrede angewöhnt: „Mein Vater ist ein leidenschaftlicher Opernfreund! Wie gerne der in die Oper rennt, wenn er die Zeit nur findet! Aber soviel ich weiß, ist der noch nie gefragt worden: Ach, singen Sie eigentlich auch? Oder: Haben Sie früher auch gesungen?“

In der 9. Klasse kam Herr Retzlaff in unsere Klasse, um Reklame zu machen für die AG Militärischer Mehrkampf (MMK). Er war gleichzeitig für die Werbung von Berufsoffiziers-Bewerbern zuständig; jede Klasse in der EOS 4 sollte eigentlich drei melden, wir kriegten nur einen zustande, und der wurde dann bei der NVA wegen seiner Brille gar nicht für längerfristige Dienste genommen. Auch unser Russischlehrer Herr Lambeck versuchte, uns für diese seine AG zu begeistern, hatte allerdings nicht viel Erfolg. Es reichte ja, dass wir bei ihm mehrmals die Woche Russisch hatten, da musste es ja nicht noch öfter er sein.

In allen neunten Klassen hatten die Schüler einmal im Monat am Nachmittag nach der Schule in der Schule ein Fach namens „Wehrkundeunterricht“. Leider gab es dafür keine Noten. Ich hätte zu gern wie auch im Staatsbürgerkundeunterricht eine 1 bekommen, weil ich das Faktenwissen bestimmt gebracht hätte. Unser Lehrer kam in NVA-Uniform; Herr Gerber hatte den Dienstgrad eines Majors. Es war das einzige Unterrichtsfach, in dem wir aufstehen mussten, wenn wir etwas sagen wollten oder sollten oder mussten.

Major Gerber und ich, wir verstanden einander vom ersten Augenblick an.

Marco Wiesel war in der ersten Stunde Wehrkunde dran mit der Meldung an den Lehrer, also an den Genossen Major. Wir wurden frühzeitig belehrt, dass man zu Vorgesetzten bei der NVA immer „Genosse“ sagte, auch wenn man selber gar nicht in der Partei war. Marco jedenfalls stand bei der Meldung zu bequem; vielleicht klang die Stimme auch zu krächzend, weil er damals gerade als einer der letzten unserer Klasse im Stimmbruch war. „Das geht so nicht!“, war des Majors Kommentar. Auf einmal zeigte er auf mich. „Kommen Sie doch mal nach vorn, machen Sie das mal!“ Ich knallte die Hacken zusammen, stand dem Major gegenüber, als hätte ich einen Besen verschluckt und sagte laut, deutlich und zackig: „Genosse Major! Ich melde! Die Klasse 9 s! Ist zum Unterricht bereit!“ Anschließend rührte ich mich, kam mir allerdings ziemlich geschüttelt vor. Des Majors Begeisterung kannte keine Grenzen: „Ja! Ja! So muss das sein! Das möchte ich von nun an von jeeeeeeeeeeeeeeedem so hören!“ Im Anschluss an die Stunde nahm er mich beiseite und betonte, wie sehr ihm diese Meldung gefallen habe.

Der Major war ein Klassenkämpfer, wie er im Wehrkundebuche stand. Als wir einmal im Unterricht die Möglichkeit diskutierten, der Westen würde uns angreifen, und wir würden uns wehren, gab der Major die Marschroute aus: „Wenn die Kapitalisten gegen uns einen Krieg anzetteln, dann werden wir uns nicht damit begnügen, sie auf ihr eigenes Territorium zurückzudrängen.“ Jetzt schien er sich zu sammeln und holte tief Luft. Dann bekam seine Stimme plötzlich einen schnarrenden Ton und überschlug sich, so wie man es aus Filmarchiven der deutschen Wochenschau vom Westfernsehen her kannte: „Dann werrrrrrrrrden wirrrrrr nicht eher RRRRRRRRRRuhe geben, bis sie verrrrrrrrrrrnichtet sind." Zaghaft meldete ich mich zu Wort, nachdem der Gerber-Donner verklungen war. „Aber Erich Honecker hat doch gesagt: Lieber zehnmal verhandeln, als einmal schießen...." Des Majors Blick wurde plötzlich gutmütig. Er lächelte seinen Lieblingsschüler an, so wie man ein geistig zurückgebliebenes Kind anlächelt. „Ja, sicher" sagte er. Er wollte offenbar den Oberkommandierenden des Heeres, den Genossen Honecker nicht beleidigen. „Aberrrrrrrr" – plötzlich wurde die Stimme wieder so schnarrend. Sein Hass gegen die Kriegstreiber und Imperialisten und wie die alle hießen kannte keine Grenzen.

Eines Tages erzählte er uns von den Schönheiten des Wehrlagers. Alle Jungs würden das ja nun bald auch erleben. „Oder fährt etwa jemand von den Jungs nicht mit?" Stille. Totenstille. Was soll's, sagte ich mir. Es kommt ja doch raus. „Ja, ich.", sagte ich kleinlaut. Der Genosse Major hielt inne und spähte genau durch dic Bänke, woher diese kleinen Laute gekommen waren. „Sie?" Er glaubte, sich verhört oder versehen zu haben. „Stehen Sie bitte mal auf!", befahl er mir, möglichst empathisch. „Warum denn nicht?" Er schien hinterher schieben zu wollen: „Gerade Sie!" „Es gibt da... es gibt da gewisse gesundheitliche Probleme, Genosse Major...". Mehr konnte ich nicht sagen. Für ihn musste sich das so anhören, als hätte ich ihm von Mann zu Mann eine Art Impotenz gebeichtet. Sichtlich betreten nahm er zur Kenntnis, dass ich nicht mit ins Wehrlager fuhr.

Mein Freund Gunther erzählte mir, dass der Genosse Major auf dem Weg ins Wehrlager in der 9. Klasse im Bus zu den Anwesenden als Maßregel für die nächsten Tage ausgab: „Denken braucht Ihr hier nicht, das übernehmen andere für Euch!"

Ich habe nach dem großen Umbruch Major Gerber nur ein einziges Mal wiedergesehen; es war eine zufällige Begegnung in einer Potsdamer Straßenbahn. Ich erkannte ihn auch ohne Uniform, und er blätterte sichtlich interessiert in einer Westzeitschrift (mittlerweile waren ja alle, selbst die „Super-Illu", Westzeitschriften) und erkannte mich nicht. Ich sprach ihn auch nicht an. Interessiert hätte es mich schon zu erfahren, was er gemacht hätte, falls er die Übernahme von der NVA durch die Bundeswehr aktiv erlebt hätte; er war ja kurz nach unserem Wehrkundejahr in den Ruhestand gegangen. Hätte er mit den Schultern gezuckt und gesagt: „Befehl ist nun mal Befehl", oder wäre er mit Begeisterung und Engagement in die neue Uniform geschlüpft, nach dem Motto: Hauptsache, eine Uniform? Oder hätte er sich beide Schulterstücke abgerissen, die Uniform abgelegt und gesagt: „Eher sitze ich im Kerker bei Wasser und Brot, als dass ich mich bei den Feinden anbiedere."?

Beim Lehrgang für Zivilverteidigung in der 9. Klasse musste ich mich immer in einem Raum mit allen Mädchen umziehen, worum mich alle anderen Jungs wirklich ehrlich beneideten. Manche hatten anscheinend vergessen, dass ich da war und ließen alle Hüllen unbekümmert fallen, so sehr war ich eine von ihnen in meiner grauen Uniform. Auch die beteiligten Lehrer steckten alle in Uniformen. Sogar Herr Vierkant, bei dem wir alle 14 Tage „Einführung in die sozialistische Produktion (ESP)" hatten, musste mitmachen. Er war allerdings ein abgehalfterter Armeebonze und gab kabarettreif Kommandos: „Stillgestanden! Rührt Euch!“

Für Herrn Lambeck, den ich angesichts seiner Vorliebe für militärischen Mehrkampf mit seiner MMK-AG hier ohnehin vermutet hatte, war ich ein „Aushilfskrieger“. Noch im Anschluss an diese Marschiereinheit bezweifelte ich ihm gegenüber den Sinn solcher Titulierungen. Der Englischlehrer Herr Boysen machte sich einen Spaß aus dem ganzen paramilitärischen Getue. Er rief mich wie einen englischen Soldaten (sprich „praiwitt“): „Private Fröhling!“, rief er über den Hof, wenn er etwas wollte. Und so hatte ich gleich eine Englischvokabel, nämlich die für den „gemeinen Soldaten“, gelernt.

Für meine Einsatzbereitschaft beim Lehrgang für Zivilverteidigung wurde ich sogar mit einem schriftlichen Lob des Klassenleiters versehen (jeder musste halt mal mit irgendwas zur Belobigung drankommen).

In der 11. Klasse stand die Musterung durch das Wehrkreiskommando an. Man schrieb den 18. März 1987. Hätte man mir damals gesagt, in genau drei Jahren würden freie Wahlen auf dem Gebiet der DDR stattfinden, hätte ich nicht einmal die Energie aufgebracht, den Kopf zu schütteln über soviel Quatsch.

Im Wesentlichen handelte es sich bei der Musterung um eine medizinische Untersuchung durch zwei Zivilärzte, und nach einer gewissen Wartezeit sollte man seinen Wehrdienst-Ausweis mit der „Hundemarke“ bekommen, einer Blechkennkarte mit der Personenkennzahl, die man im Kriegsfall ums Handgelenk gebunden bekam, damit man dann identifiziert werden konnte. Jeder DDR-Bürger hatte eine so genannte „Personenkennzahl“, die auf Fra-

gebögen abgefragt wurde. Meine PKZ war 300869406137. Die ersten sechs Ziffern waren das Geburtsdatum, dann noch Geschlecht und Geheimzahlen. 1937 war das Geburtsjahr meiner Mutter, 1961 wurde die Mauer gebaut – was codierten die bloß in dieser Personenkennzahl?
Am Tag vor der Musterung belehrten mich meine Eltern, wie ich mich zu verhalten hätte, wenn man mir eröffnete, dass ich nur für rückwärtige Dienste einsetzbar sei. Auf keinen Fall losjubeln wie beim Fußball, auch die Uniformierten zu herzen und abzuknutschen würde gar nicht gut ankommen, am besten nichts sagen und still bis zur nächsten Ecke gehen, sicherstellen, dass mir niemand folgte und erst dann Beifall bekunden.
Es sollte noch besser kommen. Gleich, nachdem ich zu den Ärzten reingerufen wurde, fragte mich der in meine mitgebrachten Atteste und Befunde vertiefte Arzt: „Sagen Sie, wollen Sie mal General werden oder sowas?“ Ich verneinte irritiert. „Na, denn is’ ja gut. Wir dachten schon, wir müssten Sie enttäuschen.“ Nachdem beide mich abgehorcht, abgeklopft und verschiedentlich beschaut hatten, sagte der eine, während er mir den Rücken abgriff: „Na, dann ist ja eigentlich alles klar mit Ihrer Tauglichkeit – beziehungsweise Nicht-Tauglichkeit.“
Wie sollte ich denn das bitte verstehen? Das Warten auf den Wehrdienstausweis begann. Es wurde lang und länger. Alle anderen waren schon entlassen worden. Endlich durfte auch ich ein paar Uniformierten gegenübersitzen. Die Begründung der Verzögerung habe ich damals nicht geglaubt, und ich glaube sie auch heute nicht: „Sie haben bei Ihrer Unterschriftenprobe Ihren Namen falsch geschrieben.“ Angeblich sollte ich „Fröhlich“ geschrieben haben.

Warum hatte man mich denn, wenn das wirklich der Fall gewesen sein sollte, nicht längst um eine Korrektur gebeten? Die drei Uniformierten saßen weit weg von mir, ich ihnen gegenüber, einsam auf meiner Bank in einem kärglich möblierten Raum, bekleidet mit einem bunten Flauschpullover mit FDJ-Ecken.

Der Oberkommandierende machte nicht viel Federlesen und kam sofort zur Sache. „Wir müssen Ihnen eine traurige Mitteilung machen: Die Kommission hat entschieden, dass Sie für den aktiven Wehrdienst nicht geeignet sind." Ich senkte meinen Kopf, als hätte man mir gerade gesagt: „Sie sind leider impotent." „Was wollen Sie denn nach dem Abitur studieren?" „Dolmetscher für Englisch und Spanisch." Ich wusste, dass kurze Antworten beim Militär gut ankamen, und außerdem hatte ich Angst, vor Freude die Fassung zu verlieren. „Aha, nun ja – dann können Sie ja gleich nach dem Abitur anfangen. Wo wollen Sie denn studieren?" „In Leipzig!" „Aha. Naja, dann können Sie ja durch ein zügiges Studium unserem Staat helfen." Wortlos verabschiedeten wir uns voneinander. Ich zog meine Straße fröhlich. Das war mehr, als ich erwartet hatte. Meine Eltern hatten auch eher damit gerechnet, dass ich zurückgestellt würde. Ich traute mich nicht, meine Eltern auf der Arbeit jeweils anzurufen, da unser Telefon bestimmt abgehört wurde.

Also erzählte ich ihnen die freudige, unerwartete Kunde erst am Abend. Wohl das einzige Mal, dass ich mein Rheuma toll fand. Und dass man sich jetzt mit den älteren Herrschaften als Pfarrer über Rheuma austauschen kann, ist auch ganz nett, denn damit rechnen die Senioren ja gar nicht. Da hat man Freispiel.

Ich war der einzige, der ausgemustert worden war. Das sprach sich schnell herum. Von einem Klassenkameraden war ich sehr enttäuscht. Hatte er ein paar Tage vor der Musterung zu meiner Person noch getönt: „Muss man sich mal vorstellen! So was Idiotisches! Darf keinen Sport mitmachen, aber soll zur Armee!“, um dann nach meiner Ausmusterung zu mir zu sagen: „Is' ja nur, weil Dein Vater Arzt is'!“

Zwei Tage später auf dem Weg zur Schule traf ich am Bassinplatz, wo immer die auswärtigen Busse hielten, auf Herrn Retzlaff, den Offizierswerbungs-Verantwortlichen. „Ich habe gehört, Du bist... Wie sagt man? ausgemustert worden.“ Er bedeutete mir, stehen zu bleiben, legte mir seine Hände auf meine Schultern, sah mir mit festem Blick in die Augen, holte tief Luft und sagte dann: „Lebe damit! Lebe damit!“ Er sagte oft alles doppelt, so wie der Nachbar Schnipp bei Onkel Tobias vom RIAS. Dann ließ er mich, sichtlich tief aufgewühlt, als hätte er mir zur festgestellten Impotenz kondoliert, stehen. Warum duzten Lehrer einen immer, wenn sie nervös oder erregt waren?

In der 11. Klasse gab es dann in den Sommerferien das Lager für vormilitärische Ausbildung an der Ostsee, das unmittelbar zum Wehrdienst nach der 12. Klasse vorbereitete. Komischerweise gingen meine Lehrer davon aus, dass ich da mitfahren sollte, wie ich einem Gestellungs-Schreiben entnahm.

Ohne Rücksprache mit meinen Eltern zu nehmen, (denn ich fand, die Angelegenheit duldete keinen Aufschub) fand ich mich zu einer Besprechung im Essenkeller der Schule ein.

Genau dort hatte ich vor einigen Jahren schon einmal gestanden oder gesessen und den opportunistischen Satz gesagt: „Ich bin bereit, mein Vaterland auch mit der Waffe in der Hand zu verteidigen.“ Herr Lambeck, der mich befragte, schien damals ausgesprochen erleichtert über dieses Lippenbekenntnis, da ich ja ansonsten eher durch christliche Standpunkte im Unterricht auffiel. Und von solchen Schülern hatten die Lehrer – vielleicht nicht unbedingt an dieser Schule – bis hin zur Ankündigung der Totalverweigerung des Dienstes an der Waffe vermutlich alles gehört oder für möglich gehalten.
Unser Russischlehrer Herr Lambeck und der Physiklehrer Herr Geißler – beide in die Lagervorbereitung involviert – saßen verständnislos in Gedanken vertieft an einem Tisch mit karierter Tischdecke und betrachteten erst einander, dann mich. Ihre Blicke schienen zu fragen: „Ja, warum wollen Sie denn etwa nicht mitfahren?“ Ohne die Frage abzuwarten, wies ich auf meinen Wehrdienstausweis hin, wo „DDU“ stand, also „dauernd dienstuntauglich“. Ich biss mir auf die Zunge, denn ich wollte nicht fragen: „Ich bin ausgemustert – was soll ich da in diesem Scheißlager?“, und entschied mich, nachdem der erste Schmerz im Munde abgeklungen war, für den Satz: „Ich glaube, ich diene unserer Gesellschaft mehr, wenn ich meine in der 9. Klasse erbrachten Kenntnisse in Zivilverteidigung vervollkommne und den Kurs mit den Mädchen in der Schule mitmache, da ich für den Dienst mit der Waffe für nicht geeignet befunden wurde.“ Ich muss dabei ein Gesicht gemacht haben, als ob ich gerade über meine ärztlich attestierte Zeugungsunfähigkeit geklagt hätte, denn beide Herren lenkten sofort ein, duzten mich sogar vor Schreck: „Da hast Du allerdings

recht. Wir werden das klären." Und erfreulicherweise kam es dann auch so, dass ich an der EOS 1 mit allen anderen Abiturientinnen den ZV-Lehrgang mitmachen konnte, der eigentlich sogar ein DRK-Lehrgang war. Die DDR hatte innerhalb von zwei Jahren zu differenzieren gelernt: Wir sollten uns nicht mehr vorstellen, die DDR würde angegriffen werden, sondern ein Tanklastzug wäre explodiert, und wir müssten nun für Katastrophenschutz sorgen.
Als ich mich 1993 zur Führerscheinprüfung anmeldete und den beim ZV-Lehrgang erworbenen DRK-Schein als bereits abgelegt vorweisen konnte, wusste ich wieder einmal: Mädchen haben es einfach besser!

Kapitel 11: Konspiration

„Auslands-Oscar für den Film: Das Leben der Anderen!" Die 6-Uhr-Nachrichten am 26. Februar 2007 vermelden diese frohe Kunde. Die Verleihung der Oscar-Filmpreise hatte ja aus deutscher Zeitsicht betrachtet mitten in der Nacht in Hollywood, Los Angeles, stattgefunden.
Obwohl ich nur schlaftrunken ob des frühen Aufwachens meiner Tochter diese Nachricht in der Küche wahrnehme, mache ich spontan einen Luftsprung und reiße die Arme hoch.
Ich freue mich riesig, hatte in den letzten Tagen im Fernsehen verfolgt, mit welchem Engagement der Regisseur des Films „Das Leben der Anderen" seinen Film in den USA bewirbt. Die Konkurrenz für den Auslands-Oscar „Bester ausländischer Film" ist groß, aber man hatte lakonisch gemunkelt, ein Stasi-Film mit Thema „Überwachung

von Menschen" käme in den heutigen USA gut an, wo doch die Freiheitsrechte unter Berufung auf den Kampf gegen den Terror immer mehr eingeschränkt würden.

Ich schüttle nur verständnislos den Kopf über soviel Gleichmacherei und freue mich einfach.

Mich hat der Film „Das Leben der Anderen" regelrecht begeistert. Mehrere Leute hatten ihn mir als Kinofilm empfohlen, und der aus familiären Gründen verhinderte Kinobesucher wartete geduldig, bis er rund acht Monate nach dem Kinostart die DVD bestellen konnte. Dies gab mir zusätzlich die Gelegenheit, den Film gleich drei Mal zu sehen, nämlich auch mit dem Audiokommentar vom Regisseur Florian Henckel von Donnersmarck (einem Wessi!) und vom Hauptdarsteller Ulrich Mühe (der den langen Arm der Stasi selbst erleben musste und fünf Monate nach der Oscarverleihung einem Krebsleiden erlag).

Der Film spielt Mitte der achtziger Jahre in Ostberlin. Ulrich Mühe spielt einen Stasi-Hauptmann, der ein Künstlerehepaar rund um die Uhr überwacht und nach und nach merkt, wie recht die doch haben mit ihrer Kritik an der DDR. Er unterschlägt Beweismaterialien und wird von seinem Chef zum Brief-Aufdampfer degradiert. Man kann auch in der Logik der Stasi sagen: Er wechselt die Seiten.

Hubertus Knabe, der Leiter der Stasi-Gedenkstätte Berlin-Hohenschönhausen, erzählte im Radio, er habe dem Filmteam die Drehgenehmigung für „sein Haus" nicht erteilt. Begründung: Der Film gaukele dem Publikum vor, es habe einen solchen Stasioffizier, wie Ulrich Mühe ihn spielt, historisch gegeben. Jedenfalls sei ein solcher Fall nicht aktenkundig, wandte Knabe ein auf das Nachfragen des Journalisten hin, der für Nichtwissen plädierte.

Also reine Fiktion, dieses „Leben der Anderen“. Ein Kulturradio-Redakteur nannte den Film sogar eine „Stasi-Schmonzette“. Doch kann nicht eine Geschichte insgesamt erfunden sein, aber trotzdem berühren? Für mich kommt hinsichtlich der Atmosphäre der DDR in den achtziger Jahren sehr viel Authentizität rüber in diesem Film; man spürt die beklemmende Atmosphäre, die Allmacht der Stasi und die alltägliche Willkür. Eine Nachbarin sieht durchs Schlüsselloch, wie die Stasi mittels eines Nachschlüssels die Künstlerwohnung verwanzt. Sofort klingelt der Stasi-Offizier und eröffnet ihr: Falls die Nachbarin etwas weitererzählt, müsse die Tochter ihren Studienplatz für Medizin zurückgeben.
Dunkel nur kann ich mich an die US-Fernsehserie „Holocaust“ erinnern, wo es im Vorfeld eine Riesendiskussion in der Bundesrepublik gab. Tenor: Viele Fakten stimmten nicht, das Schicksal der nur im Film existierenden Protagonistenfamilie Weiß aus Berlin sei zu vordergründig, Leugner und Verfälscher würden den Film für ihre Zwecke nutzen. Dokumentiert ist diese Vorfeld-Diskussion in einem Dokumentarbuch. Um diesen Diskussionen folgen zu können, war ich zum Zeitpunkt der Ausstrahlung im Westfernsehen noch zu klein, aber mich Neunjährigen hat dieser vierteilige Film sehr berührt.
Und in der Tat: „Eine Nation ist betroffen“ – diese Schlagzeile fasste zusammen, was damals die Wirkung dieses Vierteilers im Westen war. „Ein ganzes Volk begann – unter dem Eindruck eines Fernsehfilms – plötzlich offen über das dunkelste Kapitel seiner Geschichte zu diskutieren“, so heißt es in der Dokumentation der Kontroverse um den Vierteiler „Holocaust“.

Hubertus Knabe konnte sich eine derartige Diskussion über Macht und Ohnmacht der Stasi, ausgehend von einem fiktiven ihm vorgelegten Drehbuch, offenbar nicht vorstellen.
Er sagte in einer anderen Radiosendung, viele DDR-Bürger würden sich heute frustriert fragen, „ob sich der Widerstand überhaupt gelohnt habe", weil Stasi-Offiziere höhere Renten bekämen als Stasi-Opfer und diese miterleben müssten, wie die SED-Diktatur in Deutschland salonfähig gemacht werde. So sehr Knabe mit seiner schriftlichen Bestandsaufnahme unter dem Titel „Die Täter sind unter uns" leider Recht haben mag: Fragen sich Stasi-Opfer im Nachhinein wirklich, ob sich der Widerstand gelohnt habe? Und dann auch noch finanziell? Herrn Knabe scheint, während er schriftlich vorrechnet, was die jeweiligen Stasi-Offiziere in Ostmark verdient haben, nicht bewusst zu sein, dass man im Osten mit viel Ostgeld doch gar nicht viel anfangen konnte. In einem DDR-Kabarett-Sketch hieß es: „Was ich brauche, hab ich. Was die möchten, dass ich kaufe, brauch ich nich'. Und was ich möchte, ham die nich'."
Ich verdächtigte Hubertus Knabe hier zum ersten Mal, kein Ostdeutscher zu sein. Man wurde doch vom Staat zum Widerstandskämpfer stigmatisiert, indem man anders dachte, als es vorgegeben wurde. Es war doch keine Frage intellektueller Überlegung oder Grübelei: „Werde ich jetzt Widerstandskämpfer oder nicht? Und wenn ja: Lohnt sich das später?"
Ganz ähnlich die Argumentation in einem „Zeit"-Artikel von Evelyn Finger im Mai 2007: „Die (Opfer - W. F.) begreifen nun schmerzlich, dass es für ihr persönliches Fort-

kommen besser gewesen wäre, sich anzupassen... Dann hätten sie Karriere gemacht. Dann bekämen sie vielleicht Dienstbeschädigtenrenten, wie sie der Bundestag früheren Stasimitarbeitern zugebilligt hat."

Ich finde, man sollte nicht zulassen, dass Stasiopfer, weil sie ihrem Gewissen folgten, im nachhinein als lediglich verhinderte Opportunisten hingestellt werden.

Zu Frau Finger finde ich nichts, aber in einem Internet-Lexikon bestätigt sich mein Verdacht über Herrn Knabe sofort: Geboren und aufgewachsen im Westen. Da können sich alte Stasi-Offiziere mit Leichtigkeit zurücklehnen und grummeln, der jetzige Leiter ihrer nicht mehr in Betrieb befindlichen, sondern zum Museum gewordenen Arbeitsstätte habe ja keine Ahnung, er könne ja gar nicht mitreden, weil er 40 Jahre lang im Trockenen gesessen habe (wobei bestimmt kein Stasist den Westen als „trocken" bezeichnen würde, es sei denn, er hätte bei vielen Stunden Rotlichtbestrahlung auf der Arbeit gefehlt und den Stoff nicht nachgeholt).

Ich werde oft von nicht in der DDR dabei Gewesenen gefragt, welche Rolle die Stasi für mich als Schüler gespielt und ob ich mir wirklich Gedanken über die Stasi gemacht habe.

Meine Eltern haben mich frühzeitig zum Misstrauen erzogen. Es hieß vom Mitmenschen immer: „Wer weiß, ob der nicht bei der Stasi ist." In der EOS gab es einen Schüler zwei Klassen über uns, vor dem mich mehrere Kumpels warnten. Sie meinten, dessen Eltern seien als Hauptamtliche bei der Stasi, und auch dieser Schüler würde nach dem Abitur zur „Firma" gehen, wie man halb offiziell die Stasi nannte. Mir fiel kurz darauf besagter Schüler in der

Straßenbahn auf, weil er laut einen Witz erzählte: „Lieber rückwärts aus dem Intershop als vorwärts zum XI. Parteitag." Keiner lachte. Er erklärte die Pointe gleich hinterher: „Aus dem Intershop kommt man mit vollen Händen, und zum Parteitag gehen wir mit leeren Händen."
Na ja, dachte ich bei mir. Um im Intershop so groß einkaufen zu können, muss man ja viel Westgeld haben, denn diese Intershops waren dazu da, dass DDR-Bürger vorhandenes Westgeld (das ihnen vielleicht die Westverwandtschaft schenkte) in diesen Läden wieder ausgaben. So toll fand ich den Witz auch nicht.
Als ich lange nach dem Ende der DDR hörte, die Stasi habe tatsächlich bewusst Witze in der Bevölkerung verbreitet, um dann zu testen, wie der Fortlauf dieser Witze wäre, erinnerte ich mich an diese merkwürdige Situation in der Straßenbahn. In dem 2007 erschienenen Ausstellungskatalog „Parteidiktatur und Alltag in der DDR" wird dieser Witz nur halb erzählt, denn da heißt es: „Lieber rückwärts zum Intershop als vorwärts zum XI. Parteitag!"
Nicht nur von meinen Eltern, sondern auch vom Kreisjugendpfarrer wurde ich vor der Stasi gewarnt. Pfarrer Christoph Förster erzählte uns in der Jungen Gemeinde, die Stasi würde christliche Jugendliche gezielt ansprechen, um sie als inoffizielle Mitarbeiter zu verpflichten. Der Pfarrer riet uns, falls uns das passieren sollte, die Stasileute auf mangelnde Konspirations-Möglichkeiten hinzuweisen, getreu dem Motto: „Ich erzähle alles sofort immer weiter, auch dieses Gespräch mit Ihnen." Erfahrungen von Jugendlichen hätten gezeigt, dass diese Herangehensweise die Stasi in aller Regel zurückschrecken lasse, denn

ein Geheimdienst könne nur sinnvoll arbeiten, wenn man sich auf Heimlichtuerei einlasse. Pfarrer Förster erzählte von einem Kollegen, der es abgelehnt hatte, mit der Stasi zusammen zu arbeiten. Der Stasist habe gesagt: „Dieses Gespräch bleibt doch aber unter uns." Vielleicht wollte er den Pfarrer auf seine seelsorgliche Verschwiegenheit hin in die Pflicht nehmen. Darauf habe der Pfarrer allerdings gesagt: „Sie werden doch Ihrem Chef sagen, dass ich es abgelehnt habe, mit Ihnen zusammen zu arbeiten. Und genau so werde ich meinem Chef sagen, dass ich es abgelehnt habe, mit Ihnen zusammen zu arbeiten."

Wie wichtig diese Warnung vom Kreisjugendpfarrer war, sollte sich bald zeigen.

Detmar, einer aus unserer Jungen Gemeinde, war von einem Stasimenschen aufgesucht worden.

Es ginge ja nur um ein paar Informationen aus der Jugendgruppe, die Detmar ab und zu liefern müsste, und es sei doch auch günstig, wenn die Staatssicherheit über Jugend-Aktionen angemessen informiert sei, um eben auch besonnen und nicht hektisch und kirchenfeindlich darauf zu reagieren. Man hatte offenbar ganz bewusst jemanden verpflichten wollen, der später studieren wollte und auf das Wohlwollen staatlicher Behörden angewiesen war im Gegensatz etwa zu meinem Freund Edwin, der mir von Detmars Verzweiflung erzählte. Edwin war nicht in der FDJ, hatte keine Jugendweihe, aber wollte eben auch nur Baufacharbeiter werden, war also nicht weiter erpressbar. „Meine Lehrstelle nach der 10. Klasse habe ich sicher, und dass ich nicht in der FDJ bin, das steht nicht einmal in meiner Beurteilung der Schule", gab er sich zurecht selbstbewusst.

Detmar tat damals das einzig Richtige: Er erschien zum mit dem Stasisten ausgemachten Treffpunkt, einem Café am Brandenburger Tor in Potsdam, in Begleitung seines Vaters, der dem Stasimenschen wohl ordentlich die Meinung sagte zur versuchten Anwerbung seines Sohnes für Spitzeldienste. Damit war die Angelegenheit erledigt, Detmar bekam auch keine Schwierigkeiten hinsichtlich seiner Zulassung zur Berufsaufbildung mit begleitendem Abitur.
Ich weiß aus Schilderungen von Bekannten, welche erpresserischen Methoden die Stasi angewendet hat, um Menschen gefügig zu machen. Ich will darum über niemanden urteilen, der gezwungen wurde, für die Stasi Berichte zu liefern. Es gab wahrscheinlich da nur eine Möglichkeit, aufrichtig zu bleiben: So wie der Grenzsoldat, der bei einem Flüchtenden daneben schießen konnte, ohne dafür zur Verantwortung gezogen zu werden, so konnte natürlich jeder Berichte schreiben, in denen die zu Beobachtenden und zu Beurteilenden ausnehmend gut wegkamen als glühende Anhänger der DDR und überzeugte Kommunisten. Allerdings weiß ich nicht, ob wirklich alle das so gemacht haben, die hinterher behaupteten, sie hätten keinem geschadet. Robert Ide fragt in seinem Buch „Geteilte Träume“ völlig zurecht: Woher wissen die das eigentlich so genau? Der Stasi, wenigstens der Stasi hätten sie doch mit erstunkenen und erlogenen Berichten schaden können, ja müssen. Wolfgang Leonhard berichtet in seinem Buch „Meine Geschichte der DDR“, wie eine Bekannte ihm noch in der UdSSR offenbart, ihn bespitzeln zu sollen; er möge also auf seine Worte achten.
Warum, so fragt der Autor, haben nicht viel mehr so gehandelt? Ein System von Erpressung und Konspiration ist

doch ausgehebelt in dem Moment, wo die Heimlichkeit dahin ist. Das hatte uns der Kreisjugendpfarrer ja sehr überzeugend erklärt.

Ich hatte bis zum gefühlten Ende der DDR einen immer wiederkehrenden Albtraum.

Im Traum klingelt es an unserer Wohnungstür; außer mir ist niemand in der Wohnung.

Das Klingeln ist allerdings halliger als unsere ohnehin schon schrille Wohnungsklingel, ich habe Angst, die Tür zu öffnen und werde doch wie von einer unsichtbaren Macht den Flur entlang gezogen, hin zur Wohnungstür, die allerdings offen steht. Vor der Tür steht eine alte Frau, die kichert und mich durchdringend ansieht. In diesem Moment versuche ich, wieder in die Wohnung zu laufen, komme allerdings nicht voran. Dann wache ich schweißgebadet auf.

Ein Psychologe, der sich mit der Interpretation von Angstträumen auskennt, sah in ihm meine Angst vor der Stasi, überhaupt eine Verarbeitung meines Lebens in Doppelzüngigkeit.

An die Stasi ab und an erinnert wurde man in der DDR, wenn man fußballinteressiert war.

Das Ministerium für Staatssicherheit war Träger des BFC Dynamo. Der Club war also das Hätschelkind von Stasichef Mielke und musste immer gewinnen; und wehe, wenn nicht. Ganze Bücher sind mittlerweile geschrieben worden über fragwürdige Elfmeter, aberkannte Tore und Fußballspiele, die erst abgepfiffen wurden, nachdem der BFC noch den Ausgleich geschafft hatte. Völlig klar, dass ich von klein auf immer für den 1. FC Union Berlin war, der allerdings oft in der 2. Liga kickte, in der oft mehrstaffeligen DDR-Liga (im Unterschied zur „Oberliga“, der obersten Spielklasse). 90 % seiner Fans waren mit der DDR nicht einverstanden. Es gibt viele Verhörprotokolle der Stasi, die belegen: Als Unionfan stand man unter Generalverdacht, etwas gegen die DDR zu haben. Denn hatte man was gegen den BFC, und BFC – das war die Stasi! Und Stasi, das war die DDR. Folglich hatte man was gegen die DDR. Erstaunlich, diese Logik der Verhörer, in der deutlich wird: Wer die Stasi nicht kannte, lebte also am Leben in der DDR vorbei.

Der BFC spielte einmal gegen meinen quasi Heimatverein BSG Motor Babelsberg („quasi“, weil für einen Potsdamer das 1939 eingemeindete Babelsberg halt Wallachei ist) im FDGB-Pokal, wie der DDR-Fußballpokal hieß. Der BFC gewann mit 5:0, wovon ich allerdings nur das 1:0 miterlebte, denn dann brachen Schlägereien aus, und ich machte mich davon (es gibt bis heute regelmäßig Ärger, wenn der BFC spielt, denn leider gibt es ihn noch immer). Vorher hatte ich sämtliche Sprechchöre gegen den ungeliebten Stasi-Verein mitgegrölt: „Tod und Hass dem BFC!“ oder „Vom Atlantik bis zur Neiße ruft man BFC ist Scheiße!“, sowie einen Gesang begeistert mit intoniert nach der Melodie „Ti amo“ von Umberto Tozzi, wo aus der italienischen Schmalzkonserve „Ich liebe Dich“ entsprechend wurde: „Dy-na-mo - Du bist ein Scheiß-ver-ein! Aber das muss - so - sein: Dynamo, Dynamo, Dynamo, Dynamo, Dynamo, Dynamo, Dy-na-mo!“

Mein Freund Thoralf, den ich erst lange nach dem Pokalspiel in der EOS in einer Parallelklasse kennen lernte, erinnert sich heute noch, wie er versucht hat, als Zuschauer hinter dem Tor den BFC-Torwart Bodo Rudwaleit zu irritieren: „Bodo, Eierkopp!“ Heute ist ihm das peinlich. Nach dem Ende der DDR hieß der Verein lange Zeit „FC Berlin“. Aber für uns war und blieb er der Scheiß-Stasi-Club. Da konnte Mielke tot sein oder nicht. „Stasi raus!“, riefen wir Unioner, wenn es gegen den BFC ging. Hinzu kam eine sehr aktive Hooligan-Szene bei diesem Verein, wo die statistisch gesehen 10% rechtsextremistisch eingestellten Hools diesen Prozentsatz weithin übertreffen dürften. Das machte den Verein zusätzlich unsympathisch.

Am 21. August 2005 musste der 1. FC Union wegen des Abstiegs in die Oberliga gegen den BFC spielen. Am Abend vorher hatte die Polizei eine Diskothek in Berlin-Friedrichshain auf den Kopf gestellt, um Krawallvorbereitungen für das am nächsten Tag anstehende Spiel zu unterbinden. Die BFC-Szene war geschockt und verunsichert, und das machte auch vor den Spielern nicht halt: Sie entschieden sich erst nach längerem Zögern, unter Protest gegen den Polizeieinsatz bei Union anzutreten und verloren in der ausverkauften „Alten Försterei“ sensationell mit 8:0. Die DVD zu diesem Spiel ist noch heute im Union-Fanshop der Renner.

Zu DDR-Zeiten spielte der BFC im Berliner Jahnsportpark vor leeren Rängen, mitunter verloren sich gerade mal 4000 Zuschauer im Stadion des DDR-Serienmeisters. Ich hatte mir von unserem guten Hausgeist Frau Kindler einen schwarz-gelben Schal stricken lassen, weil Dynamo Dresden die einzige Mannschaft war, die dem BFC Paroli bieten konnte, denn der 1. FC Union stieg ja dauernd in die 2. Liga ab. Zehn Mal hintereinander war der BFC Meister geworden, und so mancher Schiedsrichter hatte nachgeholfen.

Als in der Saison 1988/89 nicht der BFC, sondern Dynamo Dresden Meister wurde, da hätte jedem klar werden müssen: Das Ende der DDR konnte eigentlich nicht mehr weit sein.

Wer also beim BFC spielte, dem schlug ständig Hass entgegen. Es gab darum einige Spieler, welche die erste Gelegenheit nutzten, nach dem Westen abzuhauen. Einer von ihnen war Falko Götz. Ein bekennend fußballdesinteressierter Journalist unterstellte Götz in seinem Buch über die Geschichte der DDR im nachhinein lediglich zwei Gründe für seine Flucht über Jugoslawien in den Westen: 1. Götz wollte in der Bundesliga spielen, und 2. das Geld, das da verdient werden konnte. Wer Fußballfan ist, weiß mehr. Ich habe Verständnis für jeden Fußballer, der die ganze Politisierung des DDR-Fußballs nicht mehr ausgehalten hat und nur noch weg wollte, und wer obendrein noch beim BFC war, konnte da nicht mehr weggelobt werden. „Willst Du in den Westen türmen, musst Du für Dynamo stürmen", hieß es, nachdem Falko Götz, Dirk Schlegel und auch Frank Lippmann von Dynamo Dresden abgehauen waren. Gerd Weber vom gleichen Club wurde 1981 vor der Flucht erwischt, seine Mannschaftskameraden Matthias Müller und Peter Kotte verhaftete man wegen Mitwisserschaft gleich mit. Als wir im Rahmen eines Ferienangebotes 1982 drei Fußballer von Motor Babelsberg befragen durften, stellte ein Potsdamer Schüler die Frage nach „Müller, Kotte und Weber". Einer der drei Babelsberg-Fußballer sagte nur: „Darüber wollen wir hier nicht sprechen", und dann ging man über zur nächsten Frage.

Wieso Sportreporter Heinz Florian Oertel siebzehn Mal „Fernsehliebling der DDR" war, konnte ich absolut nicht nachvollziehen, denn im Kreis meiner fußballinteressierten Kumpels war der Mann angesichts seiner emphatischen Berichterstattung im Fernsehen, immer wenn der DDR-Serienmeister spielte, ganz klar als BFC-Fan zu erkennen.

Oertel schrieb Ende 2006 ein Buch, mit dem er in einen fiktiven Dialog mit Peter Hahnes „Schluss mit lustig. Das Ende der Spaßgesellschaft" treten wollte. Aufmachung und Seitenzahl (143) entsprechen Hahne vollends. „Gott sei Dank. Schluss mit der Schwatzgesellschaft", heißt es, und es wird geschwatzt, was das Zeug hält und der Buchtitel damit ad absurdum geführt.

Fast zwanghaft fordert Oertel Hahne dazu auf, mit ihm in einen Dialog zu treten.

„Ich hoffte, später so gut schreiben zu können, dass daraus vielleicht Bücher werden". schreibt Oertel selbstgefällig im Rückblick auf seine Jugend und lässt damit durchblicken, die Marktwirtschaft nicht verstanden zu haben: Es wird keine Zensur ausgeübt; jeder kann schreiben, was er will, wenn es nicht gegen das Grundgesetz ist – und selbst wenn, kann er immer noch die „Freiheit der Kunst"-Karte ausspielen. Man muss nur einen Verlag finden und Leser. DDR-Nostalgie ist keine Straftat, und Oertel verklausuliert dies sowieso unter dem Totschlag-Begriff „Heimat". Als wäre Heimat ein Staat und nicht eine Region.

West-Nostalgiker und Hitler-Nachweiner faseln unterschiedslos genauso von „Heimat".

Genau dreimal im Buch wird im nachhinein die DDR kritisiert; es ist sogar zweimal von „Menschenrechtsverletzungen" die Rede, weil die DDR Kritikern oft keine Ausreise erlaubte; beim dritten Mal heißt es: Politik wurde gesteu-

ert und Zwangsbevormundung herrschte. Dass die ganze Existenz der DDR auf exakt dieser Willkür beruhte, will Oertel nicht wahrhaben, das scheint er abzuspalten.
Der Osten war toll – das Schulsystem, die Polikliniken (wo man sich allerdings nicht mit komplizierten Krankheiten vorstellen durfte, denn Westmedikamente gab es kaum). Schon auf der ersten Seite des Buches heißt es: „So, wie die Gesellschaft ist, ist der Sport". Und da Oertel das DDR-Doping kleinredet, redet er auch die DDR schön. Es ist in meinen Augen unverfroren, dass die vielen durch Doping für immer gesundheitlich geschädigten DDR-Sportler ihm keinerlei Erwähnung wert sind.
Nach Oertel wäre der Westen schuld am Alkoholtod 1997 von Fußballer Reinhard „Mäcki" Lauck, wie überhaupt Alkohol und Zigaretten in unserer Gesellschaft übertrieben genutzt werden. Dass man in der DDR die Kaufhallen nur noch halb so groß hätte bauen müssen ohne Alkohol und Zigaretten, verschweigt er. „Du kannst Dich totrauchen und totsaufen, aber sonst gibt es nichts zu kaufen", knurrte mein Schulfreund Timo einmal, als er aus einem DDR-Laden kam.
Sehr breit erzählt Oertel von seinen Enttäuschungen mit der Kirche zur Nazizeit und seinem Kirchenaustritt 1946. Die DDR-Kirche, die vieles anders machte und den fairen Sportfan Oertel bestimmt überzeugt hätte, konnte er ob seiner Staatsnähe wahrscheinlich nicht mehr gebührend zur Kenntnis nehmen. Auch im nachhinein nicht. Er nimmt nicht einmal die aktuelle Kirchenlage zur Kenntnis. Die Hamburgerin Maria Jepsen ist für ihn „weltweit die einzige Bischöfin"; von der Hannover Bischöfin Margot Käßmann, die in den Medien überdurchschnittlich vertreten

ist, hat Oertel anscheinend im Gegensatz zum Rest Deutschlands noch nichts gehört, und er sieht in seinem Monolog an Peter Hahne – wie mir in der DDR-Schule beigebracht – „Wissenschaft und Glauben gegenüberstehen".
Auf den 143 dahingeschwätzten Seiten kann ich ganze drei Aussagen unterstreichen: „Nicht von denen, die viel haben, können wir lernen, sondern von denen, die etwas sind" (S. 20), das „Wertschätzungsgefälle" (S. 64) von West nach Ost (wir kannten die Westsportler alle, die aber nicht unsere) und die Kritik an Peter Hahne, dass er als Single nicht das Familienkonzept lebt, das er so vehement anpreist: „Wenn Sie so denken, kann es doch jeder andere Mensch genauso abtun." (S. 122). Für fast 10 Euro Buchpreis ein bisschen dünn.
Hahne und Oertel haben beide ein gewisses Sendungsbewusstsein: Hahne landet konsequent bei Empfehlungen Marke USA, und bei Oertel kann man zwischen den Zeilen lesen: „Man nehme DDR." Hatte ich ehrlicherweise auch nicht anders erwartet.
Für mich war Oertel schon als Sportreporter im Osten nicht zu ertragen. Ich mochte seine Stimme nicht; seine urlautartigen Ausrufe, wenn ein Ball über das Tor ging, seine Witzchen; all dies ließ mich immer den Ton abdrehen und lieber im Radio Hubert Knobloch oder Wolfgang Hempel lauschen.
Für mich ist ein solches Buch ein Kollateralschaden der deutschen Einheit, den man hinnehmen muss.
Auf einer Buchbestellseite im Internet wird mir angeboten: „Kaufen Sie auch gleichzeitig Hans-Dieter Schütt: „Markus Wolf: Letzte Gespräche". Ein Stasigeneral packt aus. Toll.

Oertel betont auf mehreren Seiten in seinem Buch, nicht für die Stasi gearbeitet zu haben (warum hätten die diesen DDR-Überzeugten auch verpflichten sollen? Ihm hätte doch keiner was erzählt!). Nun kommt er wegen seiner von mir unterstellten akustischen Affinität zum BFC und wegen seiner Staatsnähe aber trotzdem in diesem Kapitel vor.

Die Stasi und ich – das war ein eigenes Kapitel. Wie ich im Jahre 1994 erfahren habe, war ich bei der Stasi bereits ab der 9. Klasse als „feindlich-negative Persönlichkeit" registriert.

Wir hatten in Potsdam die Stasi-Zentrale in der Nähe der EOS 4 in der Hegelallee. Ein sehr imposanter Gebäudekomplex, gesichert mit Schlagbaum und Eisentor. Außerdem hatte mir mein Vater ja nach dem großen Umbruch erzählt, dass seine bei der Stasi beschäftigten Patienten von gewissen Verbindungen zwischen ihnen und meiner Schulleitung berichteten.

Das allermeiste von den Stasi-Akten war ja vor Ort bereits vernichtet worden. Ich war nur noch in der Berliner Zentrale in der VSH-Kartei (Vorverdichtung, Such- und Hinweiskartei) nachweisbar als Karteikarte, mit einigen Randbemerkungen versehen. Aus diesen ging hervor, dass ich mehrfach das französische Kulturzentrum und die US-Botschaft in Berlin aufgesucht hatte. Erfassung durch die Hauptabteilung II. Diese war bei der Stasi zuständig für die Aufdeckung und Abwehr geheimdienstlicher Angriffe gegen die DDR („Spionageabwehr").

Man unterstellte mir allen Ernstes die Aufnahme von Kontakten zu „feindlichen Mächten".

Im französischen Kulturzentrum deckte ich mich mit Büchern ein, die ich allerdings aus Zeitgründen kaum lesen

konnte und schmökerte in bunten fremdsprachigen Westzeitschriften. Und bei den Amis gab es jeden Tag einen anderen Kinofilm als Video im amerikanischen Original zu sehen, weshalb ich in den Ferien gern ab und zu mal die zwei Stunden Zugfahrt um Westberlin herum, erst nach Berlin-Schönefeld und dann nach Berlin-Friedrichstraße, auf mich nahm. Manchmal hielt mich ein Polizist, der vor der Botschaft stand, an und verlangte den Personalausweis zu sehen. In ein mitgeführtes Sprechfunkgerät las er dann völlig unauffällig: „Sie heißen Fröhling...", und las dann auch noch Vornamen und Anschrift vor.
Dies war zur Abschreckung gedacht, denn die DDR durfte einen Bürger nicht am Betreten einer ausländischen Botschaft hindern. Aber manche, die eine solche Begegnung mit der Ordnungsmacht hatten, verzichteten auf „Amadeus" oder „48 Hours" als Video im Original.
Ich im Visier der Hauptabteilung II – man könnte sich darüber totlachen, wenn die DDR das nicht leider ernst gemeint hätte.
Auf Grund solcher Erfahrungen war jedenfalls eine der Forderungen im Herbst 1989 die Losung „Stasi in die Produktion!" Ich habe als Bibliotheksangestellter im Frühjahr 1990 die Umsetzung dieser Forderung miterleben dürfen.
Nachdem ich nämlich zum Studium „aus Kontingentsgründen", wie es offiziell hieß, abgelehnt worden war, konnte ich nach dem Abitur durch die Vermittlung eines Patienten meines Vaters (der arbeitete an der Potsdamer Pädagogischen Hochschule und hatte gehört, dass in der Anglistikbibliothek eine Schwangerschaftsvertretung gebraucht wurde) eine Anstellung als Hilfsarbeiter in der Hochschulbibliothek bekommen, wobei ich allerdings fast die glei-

chen Arbeiten wie ein Facharbeiter für Bibliothekswesen machen musste. „Leiter der Zweigbibliothek Pädagogik/Psychologie“ klang doch toll, denn da landete ich, als die Anglistikbibliothekarin wieder in ihren Beruf nach dem Babyjahr zurückkehrte. Und wer als einziger hinter dem Tresen in einer Zweigbibliothek sitzt, leitet eben diese Bibliothek.
Hier traf ich auf viele Lehrerstudenten, die eigentlich gern Medizin studiert hätten oder Sprachmittler geworden wären oder, oder, oder... Wenn Leute mir immer angesichts des Wettrüstens erzählten, es lohne sich nicht, Kinder in eine Welt zu setzen, die voller Atomraketen sei, so konnte ich nur entgegnen: „Viel schlimmer ist: Die Kinder werden keinen motivierenden Unterricht genießen können, denn viele wollten eigentlich gar nicht Lehrer werden.“ Wer hat je gezählt, wie viele umgelenkte Lehrer in der DDR auf ein verweigertes anderweitiges Studium mit innerer Kündigung reagiert haben? Wer zählt die Kinder, die bei solchen lustlosen Lehrern lernen mussten?
Unser Kollektiv bekam also eines Tages Besuch von der Chefin Frau Leuschner. „Das ist Herr Lehrmann, er arbeitet jetzt bei uns“, war ihre spärliche Information. Männer gab es nicht sehr viele in der Hochschulbibliothek der Pädagogischen Hochschule Potsdam. Sie waren sehr begehrt bei der Arbeit in diesem „typischen Frauenberuf“. Es fand allerdings keine herzliche Aufnahme für Herrn Lehrmann statt. Ihm wurde nahegelegt, ruhig beim anderen Mann im Kollektiv, nämlich mir, sein Frühstück zu essen. Sehr schnell war ruchbar geworden: Herr Lehrmann war hauptamtlicher Mitarbeiter beim MfS, also beim Ministerium für Staatssicherheit, Bezirksverwaltung Potsdam. Mir

erzählte der damalige Mittdreißiger seine Geschichte. Er kam aus einer von der DDR überzeugten Familie; er wuchs westlich von Westberlin auf. Herr Lehrmann wurde Lehrer und SED-Mitglied. Bevor er seine erste Lehrerstelle antreten wollte und sollte, wurde er zu einem hohen Parteifritzen bestellt. Der sagte ihm: „Genosse Lehrmann, die Partei hat eine größere Aufgabe für Dich." Man rief ihn zur Stasi. Er arbeitete in der Bezirksverwaltung und war dort für die Prüfung der Berichte der SED-Kreisleitungen an die Bezirksparteileitung zuständig. Herr Lehrmann korrigierte diese geschönten Berichte, musste allerdings „da oben" erleben, dass auf die Schönung nicht verzichtet werden sollte. Im Rahmen des großen Umbruchs kam es bei Herrn Lehrmann zu einer Depression, denn er sah seine Tätigkeit der letzten zehn Jahre als völlig sinnlos an.

In den Gesprächen erlebte ich einen aufgeschlossenen Menschen, der sich der neuen Gesellschaft öffnete und die alte bewusst als Enttäuschter hinter sich lassen wollte.

Ein Privilegierter war Herr Lehrmann gewiss nicht: Er hatte eine Dreizimmerwohnung in Potsdam-Waldstadt II, ein Garten im Grenzgebiet von Griebnitzsee war hingegen ein Privileg, denn von dort hatten sich einige durchgebuddelt nach Westberlin. Dies wäre dem Genossen Lehrmann gewisslich allerdings nicht einmal im Traume eingefallen. Trauriger Ausgleich des Garten-Privilegs im Grenzgebiet: Seine Frau war mit Anfang Dreißig wegen eines Nierenleidens invalidisiert worden und durfte seinetwegen nicht wie alle Rentner in den Westen reisen.

Es war interessant, sich mit ihm Anfang 1990 zu unterhalten. Herr Lehrmann wusste von Rechtsanwalt Wolfgang

Schnurs Mitarbeit bei der Stasi, die dieser zunächst vehement abstritt. Nicht nur Schnur, der Spitzenkandidat vom Demokratischen Aufbruch, sondern auch der designierte Ministerpräsident Ibrahim Böhme von der SPD wurde als Stasi-Informant enttarnt. Wahrscheinlich war das der Beginn einer langjährigen Politikverdrossenheit in der Bevölkerung.
Als ich Herrn Lehrmann Anfang der neunziger Jahre in der Potsdamer Innenstadt das letzte Mal traf, arbeitete er gerade für einen Buchclub als Außendienstmitarbeiter.
Meinen Stasi-Albtraum mit der kichernden Oma habe ich nur noch in einer Phase meines Lebens wiedergeträumt, über sieben Jahre nach der Maueröffnung: Ein Freund hatte mir viel Glück bei meinen Bemühungen um eine Frau gewünscht und kam dann wenig später selbst mit ihr zusammen. Ich fühlte mich in die Irre geführt und getäuscht. Ich schrieb ihm einen sehr langen Brief. Unter anderem hieß es angesichts des wiedergekehrten Albtraums da:
„Ich hätte mir jedenfalls nach dem Ende der DDR nicht noch einmal ausmalen können, von jemandem das Gefühl vermittelt zu bekommen, ausgehorcht zu werden."
„Der Vergleich mit der Stasi" habe ihn besonders empört, sagte mein Ex-Freund (übrigens ein Wessi), als er mich anrief, um mit mir voller Selbstrechtfertigung über den Brief zu reden.
Ein halbes Jahr später war das junge Paar wieder solo; ich hatte mich Monate zuvor bereits entliebt. Der Albtraum mit der kichernden Oma verschwand kurz danach für immer von meiner nächtlichen Bildfläche.

Kapitel 12: Erstwähler

„Wählt die Kandidaten der Nationalen Front!“, forderten Tausende und Abertausende Plakate die DDR-Bürger Wochen vor dem 7. Mai 1989 auf. Eine Aufforderung, der man nachkam; die Wahlergebnisse beliefen sich regelmäßig auf weit über 98 % Zustimmung zu dem Gesamt-Wahlvorschlag.

Aus dem Westfernsehen wussten wir, dass in der Sowjetunion unter Gorbatschow inzwischen andere Wahlen stattfanden: Man konnte zwischen mindestens zwei Bonzen wählen, so wurde berichtet. Das wäre ja schön, seufzten meine Eltern und ich gemeinsam vor dem Fernseher. Dann könnte man das Ganze ja sogar als „Wahl“ bezeichnen. Es wäre dann immer noch die Frage zu klären gewesen, ob sich etwas an den Verhältnissen ändern würde, aber der DDR-Bürger an sich hätte sich wenigstens ernst genommen gefühlt.

So aber ging man in der DDR wählen, indem man „falten“ ging. Man wählte die Kandidaten „im Block“ – so kannten wir es ja auch von den Gruppenratswahlen, den Wahlen zum Freundschaftsrat und zur FDJ-Leitung der Klasse. Der DDR-Bürger hatte also beim Betreten des Wahllokals ein Déjà-vu-Erlebnis und konnte sich noch einmal an seine Kindheit zurückerinnern, die vielleicht schöner war als die Gegenwart, weil es doch früher immer am schönsten gewesen war. In der DDR unter Ulbricht, unter Hitler, unter dem Kaiser. Die Weimarer Zeit wird in den seufzenden Erinnerungen vieler Leute so gut wie immer ausgeklammert. Muss eine grausame Zeit gewesen sein.

Die DDR bediente mit ihrer Propagandalüge „Am schönsten war es in der Urgesellschaft, da herrschte der Kommunismus“ also nur ein großes Bedürfnis nach allgemeiner Nostalgie.
In einer Staatsbürgerkundestunde erschien einmal ein Fachberater namens Schreiter. Er war sehr klein und versank fast auf seinem Stuhl in der hinteren Schulbank. Von ihm lernte ich im Anschluss an die Unterrichtsstunde, wie man Diskussionen sozialistisch korrekt abwürgen konnte. Thoralf Urbanczyk hatte gesagt, ihn überzeuge der gesellschaftliche Rückgriff auf die Urgesellschaft nicht, um den künftigen Kommunismus auszumalen. „Schon der Urmensch hat sich doch gefreut, wenn er zwei Himbeersträucher hatte und der andere Urmensch nur einen.“
Herr Schreiter meinte nur: „Is' undialektisch! Is' undialektisch, wie Sie diskutieren.“
Hätte es die DDR noch länger gegeben, so wäre die Urgesellschaftsthese gewiss irgendwann ins Wanken geraten, aber dann hätte man immer noch den Satz „Am schönsten war es beim Urknall“ als Joker aus dem roten Ärmel holen können.
Es gab auch Leute, die nicht zur Wahl gingen, mein Konfirmationspfarrer zum Beispiel. Er hängte dies aber nicht an die große Glocke. Ich wusste es, weil er Patient bei meinem Vater war.
Für meine Eltern wäre es nicht in Frage gekommen, dem Faltengehen fern zu bleiben. „Damit ändert man doch überhaupt nichts“, war die regelmäßige, geduldige Antwort. Außerdem erklärten sie mir, würden dann spätestens am Nachmittag ein paar Leute mit „Bonbon“ (dem SED-Parteiabzeichen) am Rockaufschlag vor der Wohnungstür stehen und den oder die Bürger fragen, ob man

etwa mit dem Staat nicht einverstanden sei. Bei meinem Pfarrer klingelten sie bestimmt nicht. Auch nicht bei denen, die einen Ausreiseantrag gestellt hatten. Es gab Menschen, die im Vorfeld einer Wahl bei Behörden wegen eines Problems vorsprachen und mit Wahlboykott drohten, falls sich das Problem nicht bis dahin lösen würde. Besonders beliebt waren solche Androhungen, wenn man auf dem Wohnungsamt immer wieder vertröstet wurde wegen einer noch nicht zugewiesenen Wohnung oder bei der Kommunalen Wohnungsverwaltung oder Wohnungsgenossenschaft androhte, „vom Wahlrecht keinen Gebrauch zu machen", weil man auf eine notwendige Reparatur wartete.
Es lohnte sich in der DDR, sich zu beschweren. Der Staat wollte doch zufriedene Bürger haben. Der Griff zum Beschwerdebuch war beispielsweise in der Gaststätte eine beliebte Handbewegung, um eine bornierte Küche zum Einlenken zu animieren. „Werter Gast, wir werden das im Kollektiv auswerten", war eine beliebte Antwort unter einem Beschwerdevers im entsprechenden Gästebuch.
Wer es ganz besonders richtig machen wollte, beschwerte sich bei der SED-Bezirksleitung oder noch besser gleich bei Erich Honecker. „Eingabe an den Vorsitzenden des Staatsrates der DDR" – das klang doch nach äußerster Dringlichkeit. Und man konnte sicher sein: Es wurde Abhilfe geschaffen. Zumindest saß man bald einem einflussreichen Funktionär gegenüber, der einem genauestens erklärte, warum sich das Problem leider doch nicht so einfach lösen ließ.
Das Leben ist komplizierter geworden. Jetzt kann man höchstens Leserbriefe schreiben, um etwas zu ändern.

Aber mitunter hat die Presse große Macht. Meine Omi war jahrelang geknickt, weil man ihr die Witwenrente einfach nicht auszahlte. Mein Stiefopa war 1992 gestorben, aber man vertröstete sie, die fast Achtzigjährige, auch zwei Jahre später noch auf den Sanktnimmerleinstag. Meine Omi hatte in der BILD-Zeitung von der Aktion „BILD hilft" gelesen, und sie ergriff die erste Chance beim Schopfe. Sie fuhr mit der S-Bahn von Berlin-Wannsee bis zum Alexanderplatz, wo der Ü-Wagen von „BILD hilft" stand und schilderte dem Reporter ihr Problem. „Die warten einfach ab, bis ich tot bin", jammerte sie verzweifelt. Der BILD-Mensch wusste sofort, was zu tun war. Er griff zum Telefon und wählte die Nummer von Omis zuständigem Bezirksamt. Nach zwei Minuten hatte er den zuständigen Sachbearbeiter am Apparat. Dieser versprach, als er hörte: „Mein Name ist BILD. BILD hilft!", sofort Abhilfe, und meine Omi registrierte zwei Wochen darauf einen regen Geldsegen auf ihrem Konto. Sie revanchierte sich bei BILD mit einem täglichen Kauf der Gazette bis zu ihrem Ableben im Jahre 2001.

Für mich sollte nun also die Kommunalwahl am 7. Mai 1989 meine erste Wahl sein, und ohne dass ich damals ahnen konnte: Sie war auch meine letzte Faltengeh-Wahl! Die Stimmung in der DDR war sehr explosiv. Man hatte gehört, dass viele mit „nein" stimmen würden – dazu musste man mit einem Stift in der Wahlkabine fein säuberlich alle Namen durchstreichen, sonst würde der Stimmzettel eventuell als ungültig zählen.

Würden die Bonzen zugeben, dass diesmal nicht 98 % der DDR-Bürger mit „Ja" gestimmt hätten oder würden sie die Wahlfarce durch Wahlfälschung noch größer machen?

Am Abend vorher war ich bei einem Kumpel aus der Jungen Gemeinde auf einer Gartenparty. Wir beschlossen spontan, im Anschluss an die Feier zu dritt noch loszuziehen und einen Graffiti-Schriftzug an einer Häuserwand an der Leninallee mit Kreide zu übermalen. Da stand „Onkels wie wir oi, oi, oi!“ Keine Frage, hier hatten sich Fans der „Böhsen Onkelz“ ausgetobt, deren 1987 erschienene Platte „Onkelz wie wir“ hieß; schon damals hatte diese Band in der Neonazi-Szene Kultstatus, was auch nach ihrer seit langem erfolgten Distanzierung heute kaum anders geworden ist. Arno, ein auf mich rechts wirkender Jugendlicher aus einer Potsdamer Jungen Gemeinde, mit der wir uns öfter trafen, hatte diese Platte auf Kassette. „Oi, oi, oi“ kannten wir als Skinhead-Ruf. Sollte man also überkreiden, diese Losung, fanden Mario, Sebald und ich. Das taten wir denn auch. Wir hatten allerdings unsere Rechnung ohne zufällig patrouillierende Stasi-Mitarbeiter gemacht, die Angst hatten vor dem Anbringen von Wahlboykott-Aufrufen an Häuserwänden in dieser Nacht. Ich war schon vorausgegangen, so dass nur noch Sebald und Mario auf der Straße zum Sachverhalt vernommen wurden. Aber von selbst ernanntem Antifaschisten zu Antifaschisten konnten die beiden das klären – selbstredend, nachdem ihre Personalien festgestellt worden waren.
Eigentlich wollte ich am Wahlsonntag ganz früh schon in meine alte POS 13, wo sich das Wahllokal befand, weil mir irgendjemand erzählt hatte, der erste Wähler würde mit einem Blumenstrauß begrüßt werden. Ich verschlief dann aber doch. Also trottete ich an diesem Sonntag morgen gegen acht Uhr los und ließ mir nach Abgleich der Liste mit Hilfe meines Personalausweises einen Stimmzettel geben, mit

dem ich in der Wahlkabine verschwand. Ich hatte mich noch nach ihr erkundigen müssen, denn sie war recht unauffällig im Raume platziert. Normalerweise ging man einfach mit dem Stimmzettel vor zur Urne und warf ihn dort gefaltet hinein. In der Wahlkabine lagen ein paar ausgediente Bleistifte, die zu schreien schienen: „Benutz uns bitte nicht! Wir brechen ab!“ Ich begann zu zittern. Ich wollte zivilcourgiert sein, faltete dann den Zettel aber brav und ohne Streichung zusammen und warf ihn in die Urne. Wenigstens war ich als Nutzer der Wahlkabine auffällig geworden.

Nach dem Gottesdienst wollte ich noch ein wenig die Stimmung der Wähler studieren und griff meine Sammelbüchse und meinen Sammelausweis; in diesen Tagen hatte ich mich nämlich als Spendensammler für die Kirche registrieren lassen. Ich baute mich direkt vor dem Schuleingang an der Clara-Zetkin-Straße auf und zählte im Geiste die Nein-Stimmen mit. Nach dem Gottesdienst rückten nämlich etliche kritisch eingestellte Wahlwillige an. Thoralf Rössing mit Frau nahte und fragte mich: „Und? Heute auch schon ein Erfolgserlebnis gehabt?“ Während er mir mit der einen Hand ein paar Mark in die Sammelbüchse steckte, machte er mit seiner anderen Hand eine Durchstreich-Andeutung. Frau Stark war die nächste, die an meiner Büchse vorbeikam. Sie zeigte mir ihre Manteltaschen voller Filzstifte. „Letztes Mal hatten sie nur ein paar abgebrochene Bleistifte, da wollte ich auf Nummer sicher gehen.“

Wenig später kamen drei Bonzen aus dem Wahllokal. Sie befahlen mir, „woanders sammeln zu gehen.“ Ich zeigte ihnen meinen Sammelausweis, auf dem stand „ist berechtigt, auf Straßen und öffentlichen Plätzen...“ „Ja, aber wenn Du hier stehst, dann glauben die Leute, sie müssten was reingeben." „Na und, wäre das so schlimm?", fragte ich. „Geh wenigstens ein paar Schritte weiter!" Das tat ich. Dann gingen die drei besorgten Wahlfarce-Helfer, die mich frech geduzt hatten, zurück in die Schule, und ich stellte mich wieder an den Haupteingang zurück. An diesem Tag nahm ich echt viel für die Kirche ein und führte einige interessante Gespräche. Außer einem Mann, der schimpfte, ich solle lieber Flaschen und Altpapier sammeln, da täte ich wenigstens was für den Sozialismus, gab es keine negativen Reaktionen auf meine Kirchen-Sammelei.

Am Nachmittag ging ich nach Hause und sagte meiner Mutter: „Es werden keine 98% sein. Heute nicht. Bestimmt nicht. Wirste sehen." „Wirst schon sehen, dass es so viele sein werden", gab meine pessimistisch gestimmte Mutter zurück.

Ich ging kurz vor 18 Uhr mit Zettel und Stift zum Wahllokal zurück, wo sich schon eine kleine Menschentraube gebildet hatte, um die Auszählung zu verfolgen. Sogar der Landesjugendpfarrer war gekommen. Oppositionsgruppen unter dem Dach der Kirche hatten in jedes Wahllokal ihre Leute geschickt, um hinterher eine eventuelle Wahlfälschung nachweisen und anzeigen zu können. In meinem Wahllokal ergaben sich ca. 10 % Nein-Stimmen. Als wir abzogen, rief uns ein Wahlhelfer hinterher: „Da kommen aber noch die Briefwahlstimmen dazu! Da wird sich das Ergebnis bestimmt noch nach oben hin ändern."

Es war an diesem Abend das erste Mal, dass ich mir ganz bewusst die DDR-Nachrichten der „Aktuellen Kamera" ansah. Die konnte man als kritisch denkender Mensch eigentlich nur im Suff ertragen, und ich war vor meinem 20. Geburtstag überzeugter Nichttrinker.

Vor einigen Jahren ließ ein unsensibler Fernsehsender ca. 20 Jahre alte Folgen der „Aktuellen Kamera“ spät, sehr spät abends über die Mattscheibe laufen. Nach einer feucht-fröhlichen Premierenfeier beging ich zu Hause in meiner Junggesellenbude in Berlin-Friedrichshain den Fehler, den Fernseher kurz vor dem Schlafengehen einzuschalten. Und da plötzlich sah ich sie: Die „Aktuelle Kamera“. Ich war sofort stocknüchtern und erschrak fürchterlich. War die ganze offene Gesellschaft nur ein eitler Traum gewesen? Kurz, bevor ich mich verzweifelt aus dem Hochparterrefenster stürzen wollte, gewann ich die Fassung zurück. Wolf, sagte meine innere Stimme mir – das ist eine Retrospektive. Das ist Bildungs-Fernsehen! Die Leute sollen sich erinnern, wie sie früher desinformiert wurden. Selber Schuld, dachte ich bei mir: Wer hat sich denn freiwillig die „Aktuelle Kamera“ angesehen? Zum Desinformieren gehören immer zwei. Einer, der desinformiert und einer, der es mit sich machen lässt. Es gab einige, die mir damals gestanden, auch sie hätten beim nächtlichen Zappen durchs Programm ebenfalls einen solchen Schrecken bekommen. Es müssen also nicht immer Horrorfilme sein.
Selbstredend war in den DDR-Abendnachrichten des 7. Mai 1989 vom Eingestehen einer Zustimmungsrate von lediglich 90 % kein Wort zu vernehmen. Was müssen die damals Angst gehabt haben um ihre Macht. Zurecht, wie sich wenige Monate später herausstellen sollte.
So bildete die Kommunalwahl den Auftakt zu den revolutionären Ereignissen des Herbstes.
Auf einer Fahrt an die Ostsee im Frühsommer 1989 lernte ich ein junges einfaches Potsdamer SED-Mitglied kennen, mit dem ich wegen meines Bibellesens ins Gespräch kam.

Der Mann zeigte sich sehr interessiert am christlichen Glauben, hatte allerdings als überzeugter Marxist seine eigenen Überzeugungen zu den christlichen Kernaussagen. Wir kamen auch auf die Politik zu sprechen, und er berichtete mir, dass man am Tag der umstrittenen Kommunalwahl die Partei erstmals keine Nachmittagsbesuche bei Nichtwählern vorgenommen hatte. Seiner Meinung nach ein Zeichen großer Öffnung bei der SED.
Im Herbst 1989 traf ich ihn zufällig in meiner Wohngegend in Potsdam-West wieder. Er geiferte übers Neue Forum als Konterrevolution, als er meinen Anstecker sah. Da die Herbstrevolution nun schon im unumkehrbaren Gange war, ließ ich es mir nicht nehmen, ihn wiederum als Konterrevolutionär zu beschimpfen und fluchend stehen zu lassen. Ich habe ihn niemals wiedergesehen. Vielleicht ist er nach Kuba gezogen. Oder gleich nach Nordkorea.

Kapitel 13: Revolution

Als ich in der 7. Klasse war, starb Leonid Iljitsch Breschnew. Genauer gesagt, am 10. November 1982. Weil man aber in der Sowjetunion schlimme Dinge nie sofort an die Öffentlichkeit dringen ließ, dauerte es bis zum Vormittag des 11. November, bis über die Ätherwellen der Tod des großen Sowjetmenschen und Diktierers des Ostblocks eingestanden wurde. Im Westrundfunk vermutete man am Tag zuvor schon irgend etwas in der Richtung, denn die sowjetischen Rundfunkstationen hatten vierundzwanzig Stunden lang nur klassische Musik gesendet. Es gab drei Stunden Unterricht, dann gingen wir wie an jedem Donnerstag nach Hause und anschließend zu einer Außenstelle des Wohnungsbaukombinates am Horstweg. Dort hatten wir im Wechsel Praktische Arbeit (PA) oder ESP und TZ (Einführung in die sozialistische Produktion und Technisches Zeichnen). Im Gegensatz zu den anderen Schülern, die schon kostümiert zur Schule kamen – es war ja 11.11. – verabredeten wir untereinander, erst am Horstweg kostümiert zu erscheinen. Ich hatte mir eine Badekappe, eine Chlorbrille und eine Badehose eingesteckt. Die Badehose wollte ich über meine Straßenhose ziehen. Einer, der besonders gern und viel Späße machte, war Jo Berg. Statt aber mit einer besonders witzigen Verkleidung aufzufallen, saß „Greb" (Berg rückwärts) still in der Ecke in der Kantine am Horstweg, wo wir uns immer vor dem Unterricht trafen.

Bevor wir anderen etwas fragen konnten, sagte er uns den Grund für seinen zivilen Auftritt: „Ick war zu Hause. Meene Schwester hat erzählt: Breschnew is jestorben." Ach, du liebe Zeit. Schnell ging ich in einen Waschraum und versuchte, mir den mit schwarzem Filzstift angemalten Schnurrbart wieder abzuwaschen. Es ging einigermaßen. Andere taten desgleichen. Uns allen war nämlich schlagartig klar, dass es also keinen 11.11. geben würde, und dabei wussten wir: Unsere ESP-Lehrerin Frau Löscher verstand viel Spaß und hätte nichts dagegen gehabt, das dröge ESP-Fach mit Konfettis und kräftigen „Helau!"-Rufen aufzuwerten. Sicherlich, Breschnew sah aus wie ein Roboter, der von der Oktoberrevolutions-Tribüne aus nur noch gerade so winken konnte, aber einen Tag länger hätte er ruhig noch leben können, und wir hätten unseren 11. 11. gehabt.

Mit Breschnew war ich groß geworden. Man kannte doch gar nichts anderes. Wer oder was sollte denn jetzt kommen? Meine Eltern hatten ab und an von Breschnews Vorgänger Chruschtschow erzählt, der mit Stalins Erbe sehr tabulos gebrochen habe. Aber unter Breschnew war es wohl zu einer Re-Stalinisierung gekommen, die in der DDR sowieso dank erst Ulbricht und dann Honecker an der Tagesordnung war. Auch Wolfgang Leonhard bescheinigt in seinem Buch „Meine Geschichte der DDR“ diesem Staat, nach Stalins Tod stalinistischer gewesen zu sein als die Sowjetunion. Wen wundert es, dass die DDR darum auch nichts mit Glasnost und Perestroika anfangen konnte, als der Nachnachnachfolger von Breschnew, Michail Gorbatschow, diese Begriffe als neue sowjetische Doktrin ausgab.

Nach Breschnew kam dann Juri Andropow, der jedoch knapp ein Jahr nach Dienstantritt auch schon wieder starb – er hatte allerdings viele Reden gehalten, die ich mir sicherheitshalber aus dem „Neuen Deutschland“ ausschnitt und in einem Ordner abheftete, der überschrieben war: „Andropow-Artikel und andere Unglücke“. Von Frühjahr 1984 bis Frühjahr 1985 regierte dann Konstantin Tschernenko, der immer in drei Mikrofone sprach; aus zweien strömte angeblich Sauerstoff. Wenn er von der Tribüne am Roten Platz aus die Paraden durchwinkte, sah er im Fernsehen noch greiser und robotiger aus als weiland Breschnew. Irgendwie kommen mir heute die zweieinhalb Jahre von Breschnews Tod bis zum Ableben von Tschernenko als unglaublich kurz vor, fast schon wie ein Dreikaiserjahr.

Denn mit dem Nachfolger Michail Sergejewitsch Gorbatschow sollte alles, aber wirklich alles anders werden, insbesondere, was das Verhältnis der DDR zur Sowjetunion anging.

Der Chefideologe der SED Professor Kurt Hager gab damals dem „Stern“ ein Interview, in dem er ein verhängnisvolles Bild hinsichtlich der Reformen in der Sowjetunion ausmalte: Wenn der Nachbar seine Wohnung tapeziere, dann müsse man das doch nicht auch machen.

Unsere FDJ-Agitatorin Ursula Hoppe nahm mit uns diesen Satz in der Klasse durch, und bis auf sie waren wir alle ziemlich verständnislos. Wahrscheinlich, weil wir uns alle bei diesem Bild von Professor Hager Raufasertapeten vorstellten, die es meist nur im Intershop gegen Westgeld gab. Aber der Herr Chefideologe wohnte ja in der Waldsiedlung Wandlitz wie auch die anderen SED-Oberen und lebte in einer ziemlich eigenen Welt. Bestimmt mit Raufasertapeten satt.

Die DDR war von der Sowjetunion abhängig. Sie wurde auch militärisch von der Sowjetunion verteidigt, wie der 17. Juni 1953 unmissverständlich gezeigt hatte. Auch andere sozialistische Länder wie Ungarn (1956), die Tschechoslowakei (1968) und Polen (1981) hatten diese Erfahrung gemacht; General Jaruzelski beteuert nämlich heute, er sei mit der Verhängung des Ausnahmezustandes in Polen am 13. Dezember 1981 einer sowjetischen Intervention zuvor gekommen. Ausgerechnet am Geburtstag meiner Pionierorganisation.

Die polnische Gewerkschaft „Solidarnosc“ mit ihrem selbstbewussten Victory-Handzeichen machte auf uns mächtig Eindruck. Eine der offiziellen, aus den Lautsprechern als Konserven-Sprechchor daherkommenden Mailosungen bei der Demonstration am 1. Mai lautete: „Frieden,

Freundschaft, Solidarität!" Beim letzten Wort formte ich das Victory-Zeichen der unabhängigen polnischen Gewerkschaft in meiner rechten Hand. Als ich das zu Hause erzählte, standen meine Eltern die Haare zu Berge: „Bist du wahnsinnig?", fragten sie entgeistert. Ich war mir mal ausnahmsweise nicht wie ein Feigling vorgekommen.

Die Propaganda in der DDR nutzte die antipolnischen Ressentiments in der Bevölkerung, um die Streiks in Polen zu missbilligen. „Die Polen wollen immer nur haben, haben und wollen dafür nicht arbeiten", erzählten uns zwei KPD-Veteranen bei einer Pionier-Delegierten-Versammlung im Potsdamer Haus der Deutsch-Sowjetischen Freundschaft (DSF).

Erst, nachdem im Oktober 1989 deutlich geworden war, dass die sowjetischen Panzer keine DDR-Demonstrationen niederwalzen würden, konnte die Herbst-Revolution Erfolg haben. Sonst wäre die DDR ein einziger Platz des Himmlischen Friedens geworden – so hieß der Ort in Peking, wo im Juni 1989 die chinesischen Panzer gerollt waren.

Die DDR wollte sich jedoch in ihren Stalinismus von niemandem hineinreden lassen; von Gorbatschow nicht, und schon gar nicht von einem Häuflein Bürgerbewegter, die im Januar 1988 beim Gedenken an die 1919 ermordeten Kommunisten Karl Liebknecht und Rosa Luxemburg in Berlin ein Transparent entrollten, auf dem der Spruch von Rosa Luxemburg stand: „Freiheit ist immer auch die Freiheit des Andersdenkenden". Alle wurden in den Westen abgeschoben. In die Freiheit, wo sie keiner mehr beachtete. Wie viel Angst musste dieser Staat haben, wenn er so harsch auf Anfragen und Kritik reagierte? Man hielt sich an die Definition von Freiheit des Genossen Lenin: „Frei-

heit ist Einsicht in die Notwendigkeit" – so hatte man es mir in der Schule beigebracht. Und Uneinsichtige wurden nun eben belehrt.
Die FDJ-Zeitung „Junge Welt" reagierte damals in Gestalt ihres Chefredakteurs Hans-Dieter Schütt auf eine Mahnwache von christlichen Jugendlichen, nachdem im November 1987 die kirchliche „Umweltbibliothek" in Berlin-Prenzlauer Berg von der Stasi durchforstet und sieben Leute verhaftet worden waren. „Nein, der Feind hat bei uns keine Chance", geiferte Schütt damals. Ob er wie bestellt mit Mahnwachen vor Westkameras vor Kirchen aufmarschiere oder – und jetzt kam der verbale Tritt in den Unterleib – als Neonazi in Erscheinung trete (Ende der achtziger Jahre war das Auftreten von Neonazis in der DDR nicht mehr totzuschweigen). „Er" – der Feind – „hat bei uns keine Chance."
Selbiger Schütt ist auch in der offenen Gesellschaft journalistisch aktiv, schrieb unter anderem eine Regine-Hildebrandt-Biographie. Ich möchte nach dem Kommentar Ende 1987 in der „Jungen Welt" weder von ihm eine weitere Zeile lesen noch ihm im Dunkeln begegnen müssen. Als ich ihn mal kurz in einem Fernsehbericht sah, trug er keinen Schnauzbart, wie auf dem Chefredakteursfoto in der „Jungen Welt", sondern einen Vollbart. Er hatte möglicherweise nicht nur das Aussehen verändert, sondern auch ideologisch den Schalter umgelegt. Warum müssen solche Leute die Freiheit der Demokratie missbrauchen und einfach so tun, als wäre nichts gewesen? Über fünfzig Schütt-Bücher kann man im Internet kaufen.
Ich war bereits Mitarbeiter in der Potsdamer Hochschulbibliothek, als im November 1988 erst mehrere sowjeti-

sche Kinofilme kurzfristig aus dem Programm genommen wurden, offenbar wegen des neuen Denkens, und dann die deutsche Ausgabe der sowjetischen Monatsschrift „Sputnik“ verboten wurde, wegen offener Kritik am Stalinismus in der Sowjetunion. Offiziell sprach man allerdings von „geschichtsverfälschenden Beiträgen“.
Birgit, die 1989 das Abitur an meiner Schule ablegen sollte, schrieb mir in ihren Weihnachtsgrüßen 1988 auch von Auseinandersetzungen an meiner alten Schule wegen des „Sputnik“-Verbots. Jemand hatte eines Morgens die fraglichen Artikel (woher auch immer bekommen) an der Wandzeitung im Vestibül platziert, die sofort von vielen Schülern gelesen wurden. Darum traute sich die Schulleitung wohl nicht, die konterrevolutionären Informationen sofort abzuhängen und entschied sich eher für Missbilligung und Verurteilung im Staatsbürgerkundeunterricht wegen der Anonymität des Schülers oder der Schüler. Birgit schrieb: „Frau Raschke beklagte sich nunmehr darüber, dass diese Wandzeitung anonym verfasst worden wäre, und dass diese Schüler zu feige wären, zu ihren Worten/Taten zu stehen. Dazu meldete sich plötzlich Anja Kling und meinte, dass sie diese Leute bewundern würde und sie voll und ganz verstehen könnte, dass diese Leute so gehandelt haben. Jetzt war bei Frau Raschke schon fast der Zusammenbruch perfekt, aber es kam noch was. Anja sagte nämlich noch, dass hier an dieser Schule nur geheuchelt wird, weil einem ja auch nichts anderes übrig bleibt. Da war Frau Raschke am Ende ihrer Kraft oder Macht. Sie wollte am liebsten ihren Beruf hinschmeißen und meinte, es wäre ja dann alles umsonst, wofür sie sich tagtäglich plagt und müht. Und die Moral von der Geschicht’: Stabülehrer werd ich nicht!!!“

Alles wegen einer verbotenen Sowjet-Zeitschrift... Wer hätte das gedacht, dass man sich als freigeistiger Mensch einmal nicht in Richtung Westen, sondern nach Osten drehen würde, um den frischen Wind des freien Denkens spüren zu können? Im Sommer 1988, als ich eine Woche mit meinem Schulfreund Gunther in Ungarn war, erkannte man junge DDR-Bürger immer an in Budapest gekauften und sofort an die Jacken und Hemden angesteckten Ansteckern von Alf und Gorbatschow. Alf, der außerirdische zottelige Anarchist aus dem ZDF-Freitagsvorabendprogramm, stand einfach für Unangepasstheit und Gorbatschow für neues Denken. Es gab in Budapest auch Anstecker mit kyrillischen Buchstaben: „Glasnost" stand da und „Perestroika". „Transparenz" und „Umbau" in der Gesellschaft – das war es, was wir wollten. Es hatte doch immer geheißen: „Von der Sowjetunion lernen, heißt siegen lernen", und das sollte nun auf einmal nicht mehr stimmen?

Nach der gefälschten Kommunalwahl in der DDR und der blutigen Niederschlagung der Studentenbewegung in China wusste man, was die Stunde geschlagen hatte. Egon Krenz hatte nach der Kommunalwahl auf die kritische Frage eines Westreporters nach freien Wahlen in der DDR geantwortet: „Ich hatte bisher nicht den Eindruck, dass wir in der DDR keine freien Wahlen haben." Absolut stimmig, denn als Vorsitzender der obersten Wahlkommission hatte Krenz sich die Freiheit genommen, zusammenzuzählen. Er hieß fortan an Stammtischen nur noch „der alte Wahlfälscher". Nachdem Anfang Mai Ungarn auch noch seine Grenze nach Österreich geöffnet hatte, brach langsam aber sicher eine Massenflucht aus. Die allgemei-

ne Unzufriedenheit war einfach nicht mehr zu übersehen. Auch viele SED-Mitglieder – und bei weitem nicht alle 2,3 Millionen Mitglieder stramme Mitmarschierer – waren unzufrieden. Als im Sommer an der Ostsee eine Marienkäferplage ausbrach und man ständig auf Trauben von Marienkäfern an den Stränden traf und trat, fand der Volksmund schnell eine Erklärung: „Das sind gar keine Marienkäfer, sondern die vielen weggeschmissenen Parteiabzeichen."
Honecker jedenfalls hielt im Sommer vor Parteiveteranen eine Rede, wo er den alten Arbeiterführer August Bebel zitierte und sagte: „Den Sozialismus in seinem Lauf hält weder Ochs noch Esel auf." Im „Stern" war kurz darauf eine Karikatur erschienen, die bei der sonntäglichen „Presseschau" im Westfernsehen auch den DDR-Bürgern bekannt gemacht wurde: Honecker rast mit einem Holzwagen talwärts, und ein grasender Ochse und ein dösender Esel sagen: „Wir denken auch gar nicht daran", den Sozialismus in seinem Lauf in den Abgrund aufzuhalten. Im „Neuen Deutschland" erschien ein Kommentar zur Massenflucht nach dem Westen, wo der Kommentator sagte: „Man sollte ihnen keine Träne nachweinen." Viele sagten, Honecker selbst habe diesen Satz geschrieben. Des Weiteren wurde von DDR-Flüchtlingen berichtet, die im Westen nach Kindergartenplätzen gefragt hätten und aufgefallen wären, weil sie während der Arbeitszeit einkaufen gegangen wären. Das musste man im Sozialismus schließlich, das wusste jeder, denn sonst kriegte man ja nichts mehr ab, wenn es was gab. Aber dass sie sich nicht entblödeten, so was auch noch in der DDR-Presse zu schreiben. Das machte doch überdeutlich, wie nervös sie waren.

„Wären sie in der DDR geblieben, so hätten sie keine Probleme, ihre Kinder im Kindergarten unterzubekommen“, war der nächste Satz. Also: Haut nicht in den Westen ab, sonst wisst Ihr nicht, wohin mit Euren Kindern! Bezeichnenderweise unterblieb der mit Händen zu greifende ungeschriebene Satz: „Wären sie in der DDR geblieben, so könnten sie problemlos weiter während der Arbeitszeit einkaufen gehen.“ Das Allerschärfste war allerdings im September 1989 ein Bericht im „Neuen Deutschland“ über einen angeblich in Ungarn entführten Reichsbahnzug-Kellner, der mit einer Mentholzigarette betäubt und anschließend nach Wien entführt worden sein sollte. Ich glaube, diese Ausgabe des „Neuen Deutschland“ war ausverkauft; jeder wollte den Artikel „Ich habe gesehen, wie BRD-Bürger gemacht werden“ selber lesen und voll ablachen. „Ich bin Nichtraucher, da darf ich ja vielleicht nächstes Jahr noch nach Ungarn fahren“, war der Tenor unter Freunden und Bekannten. Die DDR-Propaganda hatte komplett den Realitätsbezug verloren. Sie war einfach nur noch lächerlich. Kein Zweifel: Wir hatten eine revolutionäre Situation. In Geschichte Klasse 7 hatten wir bei Frau Brocke (wir nannten sie nur „die Brockenhexe“) gelernt: „Wenn die Regierung nicht mehr so weiterregieren kann wie bisher und die Bevölkerung nicht mehr so weiterleben will wie bisher, dann spricht man von einer revolutionären Situation.“
Sascha Lange aus Leipzig dankt im Vorwort seines Buches der Westverwandtschaft für die vielen Westpakete, die ihm die DDR erträglicher gemacht hatten. „Ohne Euch hätten wir den Herbst 1989 bestimmt schon auf 1979 verlegt.“ Soll wohl lustig sein, bedient allerdings nur ein fal-

sches Klischee. Als wären die Menschen lediglich wirtschaftlich unzufrieden gewesen!
Und als hätte es 1979 unter Breschnew eine Revolution in der DDR geben können!
Die DDR war, solange die Macht noch nicht in den Händen von Gorbatschow lag, eine „stabile Diktatur", analysiert Richard Schröder in seinem Buch „Die wichtigsten Irrtümer über die deutsche Einheit". Das Gelingen von Revolutionen, so Schröder, ist immer von „günstigen Umständen" abhängig. Einer von ihnen war Gorbatschow, ein weiterer günstiger Umstand waren die Freiräume, die man in der evangelischen Kirche hatte. In der Babelsberger Friedrichskirche fanden ab Juni 1989 beinahe jede Woche Informationsandachten statt. Nur unter dem Dach der Kirche konnte man sich wirklich informieren, wenn man wissen wollte, wie es politisch in Potsdam und in der DDR wirklich zuging, nur hier konnte man offen reden. Diese Freiräume waren die Flügel, die den Start von oppositionellen Vereinigungen ab September 1989 ermöglicht hatten. So wurde die Sozialdemokratische Partei (SDP) im Pfarrhaus in Schwante in der Nähe von Oranienburg gegründet, mehrere Erstunterzeichner beim „Neuen Forum" waren engagierte Christen. Einer von ihnen gehörte zu meiner Heimatgemeinde, der Erlöserkirche Potsdam. Er ersuchte auch meinen Vater um seine Unterschrift unter den Aufruf des „Neuen Forum". Mein Vater lehnte ab; solche Aktionen seien vor dem Republikgeburtstag am 7. Oktober 1989 völlig ungeeignet. Die DDR würde aus ihrer Sicht unmittelbar vor einem solchen sensiblen Datum keine Provokationen zulassen. „Ich nütze meinen Patienten jedenfalls nicht, wenn ich nicht nach Italien fahren kann",

sagte mein Vater zum Erstunterzeichner höflich, aber bestimmt mit Blick auf die nächste Westreise. Zu Hause diskutierten wir sehr kontrovers über diese Anfrage an meinen Vater; er wusste auch, dass ich wild entschlossen war, zu einer illegalen Demonstration am 7. Oktober am Brandenburger Tor in Potsdam zu gehen. Nach langer, hitziger Diskussion schlossen wir folgendes Abkommen: Ich versprach, mich von der illegalen Demo am 7. Oktober fernzuhalten, und er, am 9. Oktober den Aufruf vom „Neuen Forum" zu unterschreiben.
Was mein Vater nicht wissen konnte: Ich war am 7. Oktober verabredet, mit einer Super-8-Kamera von einer Dachgeschosswohnung aus vom Platz der Nationen (heute Luisenplatz) Filmaufnahmen von der Demo zu machen, die dann an das Westfernsehen weitergeleitet werden sollten, sofern sie brauchbar wären. Unser Pfarrer Markus Kulawik hatte das eingerührt, und ich hatte mich zur Verfügung gestellt. Unser Pfarrer hatte im Juni bereits in der Kirche Mahnwachen für die Demokratiebewegung in China organisiert („Schlagt die Klagetrommel für China" – jeder konnte sich stundenweise eintragen), und die Trommel war auch noch auf der Straße gut zu hören.
Am 1. Oktober war ja Honeckers Kronprinz Egon Krenz nach China geeilt, um mit seinem unästhetischen Grinsen beste Solidaritäts-Grüße der DDR-Führung zu überbringen; man ahnte, was am 7. Oktober bei uns passieren würde.
Am 7. Oktober ging ich mit einem auffälligen Blumenstrauß zur Wohnung einer ehemaligen Katechetin, wo ich die Handkamera vorfand. Fast in allen Hauseingängen waren Stasileute unauffällig postiert, aber mit dem Blu-

menstrauß zur Kaffeezeit erregte ich offenbar keinerlei Verdacht. Frau Steppentaler, die Wohnungsinhaberin, lüftete ab und an den Vorhang zum Platz der Nationen, so dass ich filmen konnte, wie sich gegen 14 Uhr der Platz vor dem Brandenburger Tor füllte. Die Leute hatten in umliegenden Cafés ausgeharrt und waren dann einfach um 14 Uhr auf die Straße gegangen. Der Zug, bestehend aus mehreren hundert Leuten, setzte sich in Bewegung, die Fußgängerzone entlang, damals Klement-Gottwald-Straße, benannt nach einem tschechischen Stalinisten.
Die meisten der Demonstranten wurden nach der Verhaftung viele Stunden in einer Turnhalle gefangen gehalten, auch zufällige Cafébesucher wurden verhaftet. Willkür pur.
Meine Filmaufnahmen wurden nach Westberlin geschafft, waren allerdings wegen der verwackelten Bilder nicht sendbar. Erst 1990 habe ich an einem langen Abend meinem Vater beim Whisky von dieser Aktion erzählt. Ich hatte mich ja von der Demo fern– und mein Versprechen gehalten. Noch nie hatte mich mein Vater derart lange völlig wortlos in seine Arme geschlossen wie in diesem Moment. Seine Körpersprache gab mir zu verstehen: „Mensch, Junge! Wenn Du am Fenster entdeckt worden wärst..."
Die Welt schaute damals aber nicht nach Potsdam, sondern völlig zurecht nach Leipzig. Hier hatte es im Sommer 1989 erste Demonstrationen von Ausreisewilligen gegeben, deren Ausreiseantrag man bislang nicht entsprochen hatte. „Wir wollen raus!", riefen sie, bevor sie von Stasisten mundtot gemacht wurden. Die Woche drauf skandierten Leute, um sich betont von den Ausreisewilligen abzugrenzen: „Wir bleiben hier! Verändern wollen wir!"

Beide Aktionen standen für die revolutionäre Situation in der DDR – zum einen verließen immer mehr Menschen die DDR in den Westen, und zum anderen demonstrierten die Menschen für Reformen gegen eine bornierte Führung, die dem Stalinismus huldigte.
Am 2. Oktober hatte die erste sehr große Montags-Demonstration in Leipzig im Anschluss an ein Friedensgebet in der Leipziger Nikolaikirche stattgefunden. 15 000 Menschen wurden gezählt, die riefen: „Wir sind das Volk!" Sie fühlten sich von der DDR-Führung nicht mehr repräsentiert, im Gegenteil. Aus diesem Kampf-Satz „Wir sind das Volk!" sprach Scham über die DDR, so wie sie sich darstellte.
Am 7. Oktober, dem Republikgeburtstag, war ausgerechnet Gorbatschow Staatsgast bei Honecker. Als Gorbatschow im Gespräch Reformen anmahnte, erläuterte ihm Honecker CAD/CAM, ein Computersystem, das in der DDR angewandt wurde oder angewandt werden sollte. Der entsprechende Witz zur Erläuterung dieser Abkürzung: „Construiert Am Dienstag / Chaos Am Mittwoch". Günter Schabowski, Politbüromitglied und Augen- und Ohrenzeuge dieses Dialogs zwischen Honecker und Gorbatschow sagte im nachhinein: „Da hätten wir putschen müssen."
Demonstranten draußen vor den Türen riefen „Gorbi, hilf uns!" und wurden von Sicherheitskräften zusammengeschlagen. Von Gorbatschow wurden zwei Äußerungen in die Öffentlichkeit lanciert damals: 1. „Wer zu spät kommt, den bestraft das Leben" – Erich Honecker war ein notorischer Zuspätkommer in den Augen Gorbatschows – und 2. die Information: Es wird keinen zweiten 17. Juni geben – also die klare Aussage: Unsere Panzer werden in den

Kasernen bleiben; Ihr müsst selber sehen, wie Ihr Eure Probleme löst!
Bei der nächsten Montags-Demo zwei Tage später marschierten 70 000 Menschen durch Leipzig . Ich sah es im „heute-journal" um 21. 45 Uhr. Meine Mutter wandte sich ab. „Wird alles nichts nützen. Die sitzen doch am längeren Hebel."
Kurt Masur, Chefdirigent des Leipziger Gewandhauses, Bernd-Lutz Lange (ein Kabarettist der Leipziger „akademixer") und einige einflussreiche SED-Bezirksobere hatten für diesen Tag in Leipzig zur Gewaltlosigkeit aufgerufen; dies galt in erster Linie natürlich den schwer bewaffneten Sicherheitskräften, die durchzudrehen drohten. Die DDR schrammte damals haarscharf an einer „chinesischen Lösung" vorbei. Wenige Tage später wurde Honecker durch den Wahlfälscher Egon Krenz ersetzt, der nun eine „Wende" verkündete.
„Wende" als Bezeichnung der DDR-Revolution ist für mich das scheißeste Wort der Menschheitsgeschichte, mindestens seit dem Pleistozän. Doch es hat sich im allgemeinen Sprachgebrauch durchgesetzt. Nicht auszudenken, wenn Krenz damals Tantiemen ausgehandelt hätte für dieses Patentwort. Er wäre Billionär, wenn er dafür kassieren könnte. Schon, weil ich Krenz keine Deutungshegemonie über den Herbst 1989 gönne, nehme ich mir die Freiheit, von dem großen Umbruch in der DDR als „Revolution" zu sprechen.
Am 4. November gab es noch viel größere Demonstrationen als bislang, und die DDR-Regierung trat zurück, aber die Revolution nahm durch den Aus-Versehen-Mauerfall plötzlich eine ganz andere Richtung ein: Es hieß auf ein-

mal nicht mehr „Wir sind das Volk!“, sondern „Wir sind ein Volk!“ Ob man darüber traurig ist oder nicht: Der Mauerfall war das Ende der DDR-Revolution. Von jetzt an gab es eigentlich nur zwei Möglichkeiten: Es würde entweder eine gesamtdeutsche Revolution werden oder ein Rennen um einen möglichst schnellen Anschluss an die Bundesrepublik. Allerdings wurde dies erst im nachhinein klar, und wer damals beim Mauerfall meinte: „Jetzt kommt die Einheit“, hatte eine politische Weitsicht, gegen die sich die meisten Leute damals gesperrt haben. Auch ich. Doch sollte es eine neue Art Einheit geben oder lediglich einen Anschluss an die alte Bundesrepublik mit dem Resultat, die DDR in eine kleine BRD zu verwandeln?

Im Gegensatz zu Bärbel Bohley vom Neuen Forum, die im Fernsehen einen Flunsch zog ob des Mauerfalls als Ende der Revolution (sie hatte ja schon zu DDR-Zeiten eine einjährige Emigration ins nichtsozialistische Ausland, nach England, gestellt bekommen), mussten wir kleinen Revolutionäre uns erst einmal ein eigenes Bild vom Westen machen, bevor wir wieder Zeit hatten, über das neue Deutschland oder die sich anschließende DDR weiter nachzudenken. Mauer auf!? Das war nicht unser Thema. Wir hatten genug zu tun, die DDR umzugestalten. Dann wäre die Reisefreiheit auch so gekommen – glaubten wir zumindest.

Kapitel 14: Im Westen

An meinem 20. Geburtstag, dem 30. August 1989, erhob ich meine Flasche „Potsdamer Rex-Pils“ und schwadro-

nierte: „In 45 Jahren werde ich Rentner und fahre nach Westberlin!"
Liebe Leserin, lieber Leser: Glaube niemandem, der Dir versichern will: „Man konnte das mit der Maueröffnung ja damals schon ahnen." Honecker und Stasi-Chef Mielke waren eher für eine „chinesische Lösung" des Problems mit unzufriedenen DDR-Bürgern als für alles andere.
Ich habe mich von der DDR eingesperrt gefühlt. Vielleicht, weil ich quasi mit der Mauer vor der Nase aufgewachsen war. Wenn ich an der Berliner Straße langging, hörte plötzlich auf dem Weg zur Glienicker Brücke die Welt auf. Vom Schloss Babelsberg aus konnte man auf diese Brücke zwischen Potsdam und Berlin-Wannsee blicken. Manche weiter weg von der Mauer gaukelten sich mitunter vor, freier zu sein. Ihre Devise: „Landschaft ist überall."
Wenn ich hätte frei reisen wollen, so wäre es nur über einen Fluchtversuch gegangen (und auf Republikflucht standen bis zu 7 Jahre Haft) oder über einen Ausreise-Antrag. Aber dazu hätte ich ja ausreisen müssen, ohne jemals wiederkommen zu können.
Die DDR hatte mir also unter Androhung von mehreren Jahren Haft oder Rückkehrverbot untersagt, in den Westen zu reisen, wozu auch meine Traumländer Schottland, Italien und Frankreich gehörten – von etlichen aus der Entfernung spannend aussehenden Gegenden in der Bundesrepublik wie Oberbayern, dem Rheintal oder der Nordsee mit Ebbe und Flut einmal abgesehen. Westberlin hatte ich ständig vor meiner Nase, konnte aber nie hin. Nicht einmal meinen Lieblingsverein Hertha BSC im (West-) Berliner Olympiastadion konnte ich anfeuern. Wenn ich heute mit Schulkindern rede und von früher erzähle, mer-

ke ich, wie wenig die sich ein so eingeschränktes Freiheitsleben vorstellen können – Gott sei Dank!
Wenn ich Geschichten höre über Menschen, die 1989 oder ein paar Jahre davor gestorben sind, fasse ich als ersten Gedanken heute immer noch: „Die sind gestorben ohne Ahnung, dass im Herbst 1989 alles anders werden würde."
Ein offizieller und wirklich ernst gemeinter Name der Mauer war „antifaschistischer Schutzwall". Man wollte die DDR vor dem bösen Westen schützen, und in den Augen der SED waren das ja alles verkappte Faschisten. Der West-Sozialdemokrat Kurt Schumacher, der bei den Nazis eingesperrt gewesen war, hatte die Kommunisten dagegen als „rotlackierte Faschisten" bezeichnet. Sich gegenseitig mit der Faschismus-Keule zu hauen war allgemein üblich in Zeiten des Kalten Krieges. Das Verständnis als antifaschistischer Schutzwall war blanker Hohn, denn die Grenzsoldaten blickten nicht in Richtung Westberlin, sondern in Richtung DDR. Sie wollten, sollten und mussten Fluchtversuche aus der DDR verhindern. Das machte diese Mauer noch zynischer.
Manche sagen: „Die DDR war im Prinzip gut, aber die Mauer hätte nicht sein müssen." Manche Dinge, die eine Diktatur ausmachen, sind aber nun einmal systemimmanent: Die Mauer verhinderte die Entvölkerung der DDR, denn der Staat hatte keinen Rückhalt beim größten Teil der Bevölkerung. DDR ohne Mauer? „Erich, Du musst das Licht ausmachen..." Ein Demonstrationsplakat, zwei Tage nach dem Mauerfall an der Berliner Mauer am Brandenburger Tor aufgehängt, sprach Bände: „Bleibt die Mauer, geh'n die Leute. Fällt die Mauer, ist sie pleite. Ja, sie hat es wirklich schwer, unsre arme DDR!"

Wenn ich zu DDR-Zeiten jemals die Erlaubnis bekommen hätte, nach dem Westen zu fahren, ich wäre fast gestorben vor Angst vor den Kontrollen. Viele Westler haben mir erzählt, wie schikanös sie diese empfanden, etwa wenn sie von der Bundesrepublik nach Westberlin reisten und – ob sie wollten oder nicht – durch die DDR mussten. Andererseits denke ich mir: Die hatten es gut, die konnten ja wieder zurück. Sie waren nach der Einheit froh, nach Ostdeutschland reisen zu können ohne Kontrollen, und wir waren froh, überhaupt nach dem Westen reisen zu können. Das ist der kleine Unterschied. Mit 25 DM Eintritt war dabei, wer eben mal so von Westberlin in den anderen Teil Berlins wollte.

Wenn mir heute Leute erzählen, wie schrecklich und willkürlich sie die oft sächselnden DDR-Grenzer erlebt hätten („Gänsefleisch mal'n Gowwerraum aufmochen?"), denke ich bei mir oder sage es laut: „Wir hatten diese Willkür tagtäglich." Diese zeigte sich zum Beispiel in der Praxis, Bürgern Reiseerlaubnisse für Verwandtenbesuche in den Westen zu erteilen oder zu versagen. Im April 1986, als mein Großonkel in Westberlin 80 Jahre alt wurde, durfte meine Mutter fahren, ihr Bruder allerdings nicht. Gründe wurden nicht mitgeteilt. Ich hatte pro forma auch einen Antrag gestellt, aber dem wurde natürlich nicht entsprochen. Allerdings glaube ich nicht, dass ich im Westen geblieben wäre.

Es gab in Potsdam einen Ort, von dem aus konnte man phantastisch nach Westberlin rüberblicken: Das fast völlig verfallene Belvedere auf dem Pfingstberg. Einmal im Jahr nahmen wir von der Jungen Gemeinde aus an einem Arbeitseinsatz auf dem einem unwürdigen Verfall preisgegebenem jüdischen Friedhof teil (die letzte Beerdigung hatte 1942 stattgefunden). Der war ganz in der Nähe der Ruine vom Belvedere. Dort gab es ein Loch, durch das man hineinklettern konnte. Überall waren russische Mädchennamen in kyrillischen Buchstaben mit Farbe an die Wände gemalt. In Potsdam stationierte Sowjetsoldaten, und davon gab es eine ganze Menge, hatten große Sehnsucht nach der Heimat, denn sie war weit weg. Oft passierte es, dass ein Sowjetsoldat durchdrehte und desertierte. Die Bereitschaftspolizei musste dann mit in den Wald „Russen fangen".

Wer sich dann als Sowjetsoldat nicht auf der Flucht erschoss, wurde schwerstens bestraft.

Immer neue Namen lesend, kam man im Belvedere mit etwas Glück an einer Treppe hoch und musste innerhalb eines Turmes ein bisschen klettern, und dann war man oben. Von dort aus konnte man den ganzen Wannsee sehen; wir waren gut ausgerüstet mit Feldstecher und Westberlinkarte und sahen sehnsüchtig hinüber in eine ruhige, waldreiche, uns verschlossene Gegend. Von unten aus, am Schloss Cecilienhof etwa, konnte man nur bis zur Mauer blicken, dann war der Blick verstellt. Die halsbrecherische Tour auf das Belvedere bedeutete für uns einen Hauch Freiheit.

Als wir 1988, ein Jahr später, wieder versuchten hineinzuklettern, war alles zugemauert. Man wollte die Ruine sichern. Es gab die AG Pfingstberg, eine von der Stasi misstrauisch beäugte Bürgerinitiative, die Arbeitseinsätze veranstaltete, um wenigstens das Umfeld des Belvedere freizuhalten von Unkraut und Verfall. Das fanden wir zwar gut, aber nun war uns der ganze Nachmittag verdorben. Wir

gingen mehrmals um das Belvedere herum, um wenigstens eine theoretische Möglichkeit zu entdecken, die Mauer zu überwinden. „Hier brauchen wir eine Zwölf-Meter-Leiter", war das Fazit unserer technisch versierten Jungs.
Als alles nichts nützte, fingen wir an, Rock- und Pop-Hits zeilenweise umzutexten auf unsere Situation. In „Stairway to heaven" von Led Zeppelin sang Robert Plant nun also „And she's buying a twelve-meters-ladder". David Hasselhoff suchte nicht nach Freedom, sondern sang „I am looking for a ladder, just twelve meters long". Damals war „Westerland" von den „Ärzten" ein Riesenerfolg. Bei uns klang das so: „Ich komme vom jüdischen Friedhof, und ich geh zum Pfingstberg rauf, da ist alles zugemauert, doch ich geb' einfach nicht auf. Alles zugekleistert – wozu soll das sein? Wann komm ich hier wieder rein? Ich weiß nicht, wie geht es weiter? Wie kommt man hier bloß hinein? Ich brauch 'ne 12-Meter-Leiter, und dann werd ich oben sein! Alles zugekleistert, wozu soll das sein? Wann komm ich hier wieder rein?"
Und dann der Refrain: „Oh, ich hab solche Sehnsucht, ich komm immer wieder her. Ich will wieder Westberlin sehn, ich will zurück aufs Belvedere!" Bei Feten der Jungen Gemeinde sangen die Umdichter an zwei Gitarren höchstpersönlich diesen Hit vor: Mario Eicher von der Jungen Gemeinde „Am Stern" und ich.
Im Rahmen einer kirchlichen Begegnung hatte ich im September 1989 eine New Yorker Studentin kennen gelernt: Sandra hatte mich am 4. November besucht und war mit mir und meinen Eltern zusammen auf der großen Demo in Potsdam gewesen. Im Café wollte sie mich einladen, um ihre zwangsgetauschen DDR-Mark auszugeben („Mindest-

umtausch" hieß das, aber ich habe nie jemanden getroffen, der mehr umtauschte, als er musste). Ich sagte noch so ganz zynisch: „Lädst Du mich eben mal ein, wenn ich Dich besuchen komme." Haha!
Am Abend des 9. November kam ich von einer Antifa-Veranstaltung aus dem Jugendzentrum „Drushba" (russisch für „Freundschaft") zurück, wir hatten der Pogromnacht vor einundfünfzig Jahren gedacht. Meine Eltern hatten, als ich gegen halb elf zu Hause eintraf, gerade den Fernseher ausgemacht und gesagt: „Geh mal morgen zur Polizei und beantrage eine Tagesfahrt nach Westberlin. Der Schabowski hat da auf einer Pressekonferenz so eine Andeutung gemacht, dass man bald reisen könnte." „Aber Papa", entgegnete ich nur, „wenn der das gesagt hat, dann stehen doch da morgen kilometerlange Schlangen." Meine Eltern hatten den Herrn Schabowski, hochrangiges Mitglied der DDR-Regierung, ganz richtig verstanden. So war es eigentlich auch gemeint gewesen. Doch wie ich am nächsten Tag rekonstruieren konnte, hatte Schabowski auf die Frage eines Journalisten hin gesagt, dieses neue Reisegesetz gelte „ab sofort". Als nun Tausende und Abertausende DDR-Bürger sich auf den Weg gen Westen gemacht hatten, um zu sehen, ob das wirklich stimmte, blieb den Grenzern keine andere Möglichkeit, als das Tor aufzumachen und die Leute in den Westen strömen zu lassen. Doch wir wussten am Abend und in der Nacht nichts davon.
Gegen zwei Uhr stand mein Vater im Morgenrock an meinem Bett. „Telefon für Dich. Sandra ist am Apparat." Während ich schlaftrunken zum Telefon ging, raunte mein Vater mir zu, die sei ja wohl verrückt geworden, um diese Uhrzeit anzurufen. Sandra machte auf mich einen überaus

aufgekratzten Eindruck. „Hey, you can come!“, schrie sie mehrfach. Ich wusste jetzt gar nicht mehr, was hier eigentlich los war. „Nix is mit come! I need a passport.“ Sie erzählte, sie habe gerade ihre Eltern in New York angerufen. Wer weiß, dachte ich. Die hat irgendwie zu viel gesoffen (wobei ich mir das bei Sandra eigentlich nicht vorstellen konnte), hat dann ihre Eltern angerufen und nun nicht bedacht, dass in Deutschland Nacht war. Irgendwie hatte Sandra offenkundig Schwierigkeiten, mir den Grund ihres nächtlichen Anrufes klar zu machen, also legte ich höflich bald auf und ging ins Bett.

Am nächsten Morgen beim Frühstück war mein Vater noch immer verstimmt. „Wenn Sandra das noch mal macht, kriegt sie mit mir Ärger. Es hat nämlich gedauert, bis ich wieder eingeschlafen bin.“ Während ich mir die Zähne putzte, konnte ich im Radio einen Nachrichten-Satz verstehen: „Tausende nutzten die Gelegenheit und gingen über die Grenze nach Ostberlin.“ Haben die da in Westberlin schon so viele DDR-Flüchtlinge, dass sie jetzt nachts in den Osten gehen, dachte ich noch schlaftrunken und radelte durch den Park zur Arbeit in der Bibliothek. Als ich in der Zentrale bei unserer Chefin Frau Leuschner die Tür aufmachte, sahen mich alle entgeistert an. „Gott sei Dank! Sie sind noch da!“ „Was ist denn los mit Euch?“ „Na, wissen Sie noch nicht? Heute nacht hamse die Mauer aufgemacht.“

Bei mir fiel jetzt pfennigweise der Groschen. Ich hatte eine historische Nacht verpennt und verpasst. War nicht mehr zu ändern.

Am Vormittag rief meine Mutter mich in der Bibliothek an. „Geh mal in der Mittagspause in die Bauhofstraße zur

Polizei. Die stempeln einem da gleich ein Visum für 30 Tage rein."

Ich wollte eigentlich gleich nach der Arbeit am Freitag, 10. November rüber, aber Mutter überzeugte mich, erst am Samstag zu fahren. „Da ist doch dann gleich ein ganzer Tag weg, und es sind doch nur 30 Tage drin. Morgen früh fahre ich Dich zur Glienicker Brücke. Die wird heute Abend um 18 Uhr als Grenzübergang aufgemacht."

Am Abend des morgigen Samstags wollte ich mich mit Sandra treffen – in Westberlin!

Es tat mir leid, dass ich nicht verstanden hatte, was sie mir sagen wollte, und ihr auch.

Ich bleibe dabei: Als die Mauer fiel, hörte die DDR auf zu existieren. Sie hatte ihren bedrohlichen Charakter verloren. Dass einem nach dem Mauerfall der Stempel „gültig für 30 Tage" in den Ausweis gegeben wurde, glaubte man in dieser Begrenzung natürlich, aber schon nach wenigen Tagen Mitte November 1989 hatte man das Gefühl, die Uniformierten von Zoll und Grenze hatten ihren Schrecken verloren.

Da man ständig ein- und ausreiste, zählte kein Grenzer dreißig Tage im Ausweis ab. Man zeigte den Ausweis ja nur noch vor, man kriegte ihn nicht mehr gestempelt.

Sebald aus der Jungen Gemeinde kam am nächsten Morgen gegen 7 Uhr zu mir; wir tranken noch eine Tasse Tee, und dann fuhr uns meine Mutter verabredungsgemäß zur Glienicker Brücke. Himmel und Menschen standen da an. Auf der anderen Seite warteten Busse an der Endhaltestelle und fuhren dann zum Bahnhof Wannsee. Als wir über die Brücke gegangen waren, fuhr gerade einer ab. Also trampten wir einfach. Es hielt ein Trabi, der nach

Zehlendorf wollte. Wir ließen uns mitnehmen bis zum Bezirksamt Zehlendorf, denn man musste ja auf ein Bezirksamt, um 100 DM Begrüßungsgeld zu bekommen. Gerade eben war allerdings die Nachricht verbreitet worden, wir könnten zu jeder Bank gehen; alle würden die 100 DM auszahlen. An der Deutschen Bank an der Ecke hatte sich schon eine sozialistische Wartegemeinschaft formiert, die nur recht langsam vorankam. Sebald und ich standen abwechselnd an, und der andere ging dann jeweils in einen anderen Laden. Ich schob einen Einkaufswagen durch einen Drogeriemarkt und kam mit leeren Händen wieder heraus. Ich interessierte mich ja nicht so sehr für solche Artikel, aber die Gerüche in dem Geschäft waren unbeschreiblich. So roch eben der Westen. Als wir mit jeweils 100 DM aus der Bank kamen, hörten wir Sprechchöre auf der anderen Straßenseite. Die Republikaner sammelten Unterschriften gegen das kommunale Ausländerwahlrecht, und die Antifa Zehlendorf demonstrierte dagegen. „Wahlrecht ist Menschenrecht!", lautete die Losung, jeder hielt einen Buchstaben. Das „S" war gerade frei geworden. Ich gesellte mich freudig zu den Protestierern, konnte ich doch jetzt endlich mal gegen objektiv vorhandene Rechtsextremisten Farbe bekennen. Sympathisanten der Republikaner sahen meinen Anstecker vom Neuen Forum. „Ja, Sie sind doch herzlich willkommen bei uns, aber doch nicht die ganzen Ausländer." Kommentar überflüssig. Plötzlich tauchte im Gedränge der vielen Passanten ein bekanntes Gesicht auf: Fred Müller, alter Helmholtz-Schüler, dessen Mutter einen Ausreiseantrag gestellt hatte, und der Direktor hatte verlangt, dass der Sohn sich von ihr distanzieren soll-

te. Ihn hatte es nach Zehlendorf verschlagen. Er freute sich, dass wir nun auch einfach so mal nach Westberlin fahren konnten.
Sebald wollte Hausbesetzer-Szene ankucken nach Kreuzberg, ich entdeckte nach dem Ende der Demo eine christliche Buchhandlung, wo ich einen Teil des gerade eben erworbenen Geldes gleich wieder ausgab. „Bis morgen denn im Gottesdienst!“
Meine Frage nach Büchern über Rockmusik aus christlicher Sicht ergab eine Empfehlung auf die Zweigbuchhandlung an der Kaisereiche, nur wenige Stationen mit der S-Bahn entfernt. Überall DDR-Bürger, zum Teil ihren Ausweis als Klarsichtbrustbeutel vorgebunden, damit sie sich als Ermäßigungsberechtigte überall vorstellen konnten. Eine große Freude in den Gesichtern vieler Menschen, und kaum einen, den man nach dem Weg zur Kaisereiche fragen konnte. „No, dis wissn mir doch ooch nisch“, kam als sächsische Antwort. Nach mehreren Fehlversuchen sprach ich eine Kleingruppe von drei Rentnerinnen an. „Entschuldigung, kommen Sie aus der DDR?“ „Nein!“, war die erschrockene Antwort, so als wollten die Damen sagen: „Sehen wir etwa so aus?“ Ich war's zufrieden. „Prima! Dann können Sie mir doch sicher sagen, wo die Kaisereiche hier ist.“ Selbstverständlich war das kein Problem.
Anschließend fuhr ich zum Kurfürstendamm. Dort hatte am Breitscheidplatz Marlboro einen Wagen aufgestellt und Zigaretten in die Menge geworfen. Als diese alle waren, warfen sie Plastetüten, und auch die wurden ihnen begeistert abgenommen. Für mich war diese Show einfach nur entwürdigend. Warum ließen sich DDR-Bürger so herab?

„Zonen-Gabi im Glück! Meine erste Banane!“, titelte wenig später die „titanic“; sollte wohl Satire sein und war doch einfach nur fein beobachtet. Erst viel später habe ich gemerkt, dass „Zonen-Gabi“ eine Gurke in der Hand hatte. Wir hießen ja bei ihnen „Zonis“ als Bewohner der „Sowjetzone“, wie die DDR im West-Volksmund immer noch hieß. Schon bald übernahm ich diese Bezeichnung selbstbewusst. Wenn schon, denn schon.
Von einem Fan christlicher Heavy-Metal-Musik aus Potsdam wusste ich, dass es solche ausgefallenen Platten im „World of Music“ am Kudamm gab. Der Laden war wie die anderen Läden voll mit Zonis. Wie ich später erfuhr, fiel man nicht nur am Brillengestell als Zoni auf, sondern auch, indem man so wie ich mit Jeanshose und Jeansjacke bekleidet rumlief; Westler – so sagte es zumindest eine alte Dame im Zug – trügen eher nur Jeanshose und dann eine Lederjacke oder umgekehrt. Ob das wohl stimmte?
„Nein, Böhse Onkelz haben wir hier nicht“, erklärte der Verkäufer genervt, als zwei Jugendliche mit grünen Bomberjacken danach fragten. Offenbar waren sie nicht die ersten. Das waren noch Zeiten, als Konzertveranstalter und Plattenläden diese Combo boykottierten.
Ich ging dann im Tiergarten spazieren, wo ich nicht ein einziges Tier traf, um später die Siegessäule zu besteigen und das Dach vom Europacenter, auf dem sich oben ein Mercedesstern drehte. Mit Zonenausweis kam man überall umsonst rein. Auf dem Kudamm begegneten mir Herthafans, die das 1:1 gegen Wattenscheid 09 vor 43 000 Zuschauern bejubelt hatten. Bei Hertha wäre ich umsonst reingekommen. Hatte ich ganz verschwitzt.

Dann traf ich mich mit der New Yorkerin Sandra und ging mit ihr zum Potsdamer Platz, damals eine totale Einöde. Hier wurde ein Grenzübergang aufgemacht, und ein Mauerstück fiel unter dem Jubel der Menschen.
Der Regierende Bürgermeister Walter Momper mit rotem Schal war da; er musste mir reichlich irritiert die Hand schütteln und freute sich sichtlich, als mein Redeschwall abklang. Am liebsten hätte ich jedem Einzelnen, der vorher in den Westen über Ungarn und worüber sonst noch abgehauen war, die Hand geschüttelt, weil dadurch ja erst die revolutionäre Situation deutlich wurde und die DDR in die Freiheitsfalle tappen konnte.
Drei Westberliner Rentner fragten mich, was ich denn „mit die 100 Mark“ angefangen hätte. „Haste richtig jemacht, Junge, Bücher jekooft, nich irjendwelchen Mist.“
Ich fotografierte, jetzt wieder auf dem Kudamm, die Leuchtreklamen – war ja nur das funzlige DDR-Grau gewohnt; auf der Straße machten glatzköpfige Krishna-Jünger Musik, und ein als Zoni erkennbarer Jugendlicher tanzte dazu, als wäre hier das Hardrock-Café.
Inzwischen fuhr ein Bus vom Bahnhof Berlin-Wannsee zum Bassinplatz in Potsdam (ganz neu, seit eben!), von da aus lief ich die zwanzig Minuten bis nach Hause und hatte das Gefühl, ein freier Mensch zu sein. Erst jetzt schaltete ich meinen Walkman wieder ein; in Westberlin hatte ich voll und ganz den Sound der City aufsaugen wollen.
Es sollte drei Wochen dauern, bis ich wieder hinfuhr, und mindestens eine Woche, in der ich nicht in Potsdam einkaufen ging, um nicht deprimiert zu werden.
Martin und ich fassten den Entschluss, einfach mal so nach Köln zu fahren, die Nacht durch, den Dom ansehen und

abends wieder zurück. „De Zonis in Kölle.“ Voll war der Zug, wir konnten nicht schlafen, unterhielten uns aber sehr angeregt mit den anderen erstmalig nach Köln Reisenden. Morgens am Hauptbahnhof suchten wir das Fremdenverkehrsamt auf und erfuhren dort: „Sie kommen aus der DDR? Wollen Sie vielleicht in Köln übernachten? Hotel Conti hat uns zehn Betten für DDR-Bürger zur Verfügung gestellt.“ Das machten wir! Die Chefin unterhielt sich den ganzen Abend mit uns, bot mir ein Kölsch an, wonach ich nur noch mit Daumen und Zeigefinger die Augen offen halten konnte nach der durchwachten Nacht. Köln war weit weg von der DDR; überall trafen wir auf viele Westmenschen, die alles erfahren wollten über unser Leben bis jetzt. Im Sommer darauf sollten wir wiederkommen; da boten uns die Chefin und ihr Mann das „Du“ an; ein paar Jahre später brach die Chefin die Zelte in Köln ab und übernahm in Berlin ein Hotel. Martin hat all die Jahre hindurch den Kontakt zu ihr gehalten, war sogar einmal in ihrem Haus auf Mallorca.
Meine Anmeldung zum Taizétreffen in Polen (sie datierte von vor der Maueröffnung) gab ich zurück; der Kreisjugendwart hatte 10 Plätze für eine Silvesterfreizeit vom Christlichen Verein Junger Menschen (CVJM) nach Grömitz an der westlichen Ostsee. Da wollte ich mit!
Hier lernte ich die gleichaltrige Anne kennen; sie stammte aus einer Kleinstadt in Lippe und studierte in Bielefeld. Ganze Nächte hindurch redeten wir über unsere andersartigen Erfahrungen in unserem jeweiligen Teil von Deutschland. Neujahr ging es mit dem Zug wieder zurück nach Potsdam; fast jeden Tag kam ein Brief von Anne. Im Februar sollte ich sie zu Hause besuchen kommen, bis sie mir einen traurigen Brief schrieb. Das Verhältnis zu ihrer

Mutter war sowieso ziemlich gespannt, wie ich mitbekam. Jetzt hatte ihr ihre Mutter im Streit erklärt, sie wollte derzeit keinen Besuch aus der DDR. Aha. Hatte Anne mir nicht erzählt, dass ihre Mutter kurz vor dem Mauerbau rübergegangen war und aus Brandenburg an der Havel kam? Das war ja deprimierend. Immerhin fungierte ich als Katalysator, was Annes zeitnahen Auszug nach Bielefeld anging. Bevor ich sie im April 1990 dort besuchen kam, liierte sie sich mit Ingmar, einem Gleichaltrigen aus dem Lateinkurs an der Uni. Zur Absage war es zu spät, nach vier Tagen komischen Umgangs miteinander komplimentierte sie mich zum Bahnhof. Damit endete mein erster „deutsch-deutscher Versuch", bevor er begonnen hatte; der Kontakt brach ab.

Knapp neun Jahre später lernte ich in Münster über eine gemeinsame Freundin dafür dann eine Westfrau fürs Leben kennen. Das Warten und Hoffen hatte sich gelohnt. Michaela kam aus Ostwestfalen (Vorwegnahme einer geographischen Globalisierung; Ost und West bilden keine Gegensätze mehr in diesem Landschaftsnamen). Es blieb nicht beim deutsch-deutschen Versuch, Verlobung im Mai 1999 und Hochzeit im Juli 2000 folgten.

Kapitel 15: Im nichtsozialistischen Ausland

„Geh mal zu Jugendtourist", empfahl mir mein Vater. „Jugendtourist" war ein Reisebüro, genauer gesagt das der FDJ, das für Reisende bis zum Alter von dreißig Jahren Ansprechpartner war. Es vermittelte Reisen ins Ausland, auch ins nicht-sozialistische. Allerdings kam man da

nicht einfach so ran. „Man muss schon Kandidat der SED sein“, sagte meine Englischlehrerin, als sie uns Bilder einer Zypern-Reise zeigte. Keine Frage, bei ihr musste die DDR keine Angst haben, dass sie abhaute.
Mein Vater meinte aber, Patienten hätten ihm von Jugendtourist-Reisen erzählt, die ausfielen, weil neben dem Reiseleiter niemand gefunden wurde, der als Übersetzer für Englisch oder Französisch mitkam. Daran sollte es nicht scheitern, dachte ich mir. Als ich nach langem Anstehen im Reisebüro mein Anliegen vortrug, sagte man mir unumwunden, das stimme nicht. Was sollte ich da anders tun, als mit den Schultern zu zucken und zu gehen?
Nachdem nun die Reisefreiheit dank Schabowskis Zerstreutheit plötzlich da war, kam Jugendtourist auf mich zu. Man suche dringend jemanden, der gut englisch spreche, für eine Reise Ende Februar nach Italien. Flug nach Rom, dann Florenz und Verona. Halber Preis. Ich musste nicht lange überlegen und unterschrieb den Vertrag.
Für Italien brauchte man damals als Ostdeutscher ein Visum. Für uns wurde diese Formalität allerdings vorher erledigt. Alleinreisende mussten sich wegen einer Tagesfahrt nach Venedig nachts um 12 an der italienischen Botschaft in Berlin anstellen, um früh Erster zu sein.
Die meisten von uns 26 Leuten in der Reisegruppe hatten schon früher als ich diese Reise zugesagt bekommen, ich begegnete ihnen mit einigem Argwohn. Wie viele ehemalige Kandidaten der SED mit weggeschmissenem Parteiabzeichen waren wohl hier versammelt?
Auch die Reiseleiterin – sie hieß wie meine frühere Deutschlehrerin Schimming – erzählte mir von einer Reise nach Paris zu DDR-Zeiten. War mir irgendwie suspekt.

Es gab ja einflussreiche Politiker im Westen, die sich von solchen Jugendreisen aus der DDR in den Westen beeindrucken ließen. Man nannte das „Jugendaustausch". Dass da nur 250%ige mitfuhren, wurde geflissentlich übersehen. Einer von diesen Naivlingen, die dadurch auf Veränderungen in der DDR hofften, war Oskar Lafontaine, damals SPD-Ministerpräsident vom Saarland. Unser guter Hausgeist Frau Kindler war als Rentnerin zu ihrer Mutter ins Saarland gezogen und hatte dort einen hohen Gewerkschaftsfunktionärs-Rentner kennen gelernt und geheiratet. Zu dem kam Lafontaine einmal zum Geburtstag und lobte ihr gegenüber als ehemaliger DDR-Bürgerin (hier stimmt die Zusammenstellung von „ehemalig" und „DDR" mal!) den Jugendaustausch. Frau Kindler hatte daraufhin Lafontaine da ganz schön den Kopf gewaschen, was angesichts seines schütteren Haares nicht weiter ins Gewicht fiel.
Genützt hat es nichts, denn bei den SED-Nachfolgern kann Lafontaine nicht nur beim Geburtstagskaffee, sondern nun auch ganz öffentlich die DDR schönreden ohne aufzufallen.
Wir flogen nach Rom und warteten, dass uns jemand abholte. Aber nichts geschah. Schulternzuckend kratzten wir ein wenig Westgeld zusammen (es war ja lange vor der Währungsunion!) und kauften Fahrkarten zum Hauptbahnhof Stazione Termini. Ein moderner Bus brachte uns dorthin, unterwegs erblickten wir das Colosseum. Am Hauptbahnhof wieder Fehlanzeige. Es gab eine „Freundschaftsgesellschaft DDR – Italien", und die sollte sich angeblich um uns kümmern, so unsere Reiseleiterin. Tat sie aber nicht. Ich kriegte heraus, dass diese Gesellschaft in der Via Cavour, unweit vom Hauptbahnhof, ihren Sitz

hatte. Also gingen Barbara und ich mal eben dorthin. Frau Schimming und ich hatten eine Notgemeinschaft gebildet. Es war mittlerweile nach 16 Uhr und uns öffnete nur eine Reinemachefrau. Auf mein Englisch hin schüttelte sie den Kopf und überschüttete mich hingegen mit einem Schwall italienischer Worte, aus dem ich das Wort „portiere" heraushörte. Wir gingen zum Portier, und in der Tat: Der hatte für uns einen Umschlag, auf dem „gruppo jugendtourist" stand. Gespannt öffneten wir ihn, es war wie bei der Schatzsuche auf dem Kindergeburtstag. Drinnen waren Fahrkarten. Sie galten für den Zug nach Florenz um 16 Uhr – der war weg, der nächste fuhr erst um 18 Uhr. Also versuchten wir, die Karten umzutauschen, aber sowohl der englisch radebrechende Schalterangestellte als auch der süditalienisch aussehende Zugschaffner beim Einsteigen machten uns klar: Wir haben keinen Anspruch auf Sitzplätze. „Och, rumgesessen haben wir ja jetzt wirklich genug", war der Tenor der Reisegruppe. Manche hatten ihre letzten Westgeldreserven in Lire umgetauscht und für teures Geld auf dem Bahnhof Esswaren erstanden. Es war schließlich mittlerweile Abendbrotszeit. Nach dem letzten Halt auf dem Weg nach Florenz in Arezzo kam der Zugschaffner. „Biglietti, per favore!" Stolz präsentierte ich ihm den Briefumschlag nebst Inhalt. Obwohl ich so gut wie kein Wort italienisch bei Beginn der Reise sprach, hatte ich mir schon in den letzten Stunden so einiges Vokabular angeeignet. Daher verstand ich mit einem Mal auch das Problem, was er mit den Fahrkarten hatte. „Solo riservazioni!", sagte er fortwährend. Das waren nämlich gar keine Fahrkarten, sondern nur Platzkarten. Was nun? Der Schaffner nahm einen Taschenrechner zur Hand und ermittelte für uns 26 einen Fahrpreis. Bei aller Billigkeit der italienischen Bahn: Wir konnten nichts zahlen. „No pagare“, sagte ich wahrheitsgetreu. Seine Miene verfinsterte sich. „Va bene. A Firenze – polizia!“

„Va bene“, sagte ich, denn abhauen konnten wir nicht. Er kam nochmals zurück und machte uns auf italienisch klar – soweit ich es verstehen konnte – dass wir auch ja alle aussteigen sollten. Da wir sowieso nach Florenz wollten, machte uns das nichts aus. „Polizei? Da wissen wir ja wenigstens, wo wir heute nacht bleiben werden, denn wenn wir in Florenz ankommen, weiß ja wieder keiner, wie es weitergeht.“

Als wir ausstiegen, warteten drei Carabinieri auf uns. „Voi tutti arrestati!“ – „Ihr seid alle verhaftet“, sagte grinsend der Anführer, der mir mit eindeutiger Geste bedeutete, diesen bewegenden Moment bitte nicht mit der Kamera festzuhalten.

Wir wurden auf die Wache mitgenommen und in der Tat in einem Nebenraum konzentriert, in dem sich auch drei Ausnüchterungszellen befanden. Nur Barbara und ich hatten freies Geleit zwischen der Gruppe und dem Schreibtisch vom Maresciallo. Der war bei der Verhaftung nicht dabei gewesen und wollte sich erst einmal ein Bild von der Situation machen. „Passaporti!“, forderte er uns Unterhändler energisch auf. Als er das DDR-Emblem mit Hammer, Zirkel und Ährenkranz erblickte, wurde er kreideweiß wie die Wand in seinem Büro. „DDR – che cosa!“ Er blickte zur Santa Maria empor und schlug die Hände über dem Kopf zusammen. Er hatte unsere Zahlungsunfähigkeit absolut richtig eingeschätzt. Da alle Angestellten dieser Bahnhofspolizeistation nur die Sprache ihrer Mutter konn-

ten, wurde fieberhaft nach irgendjemandem gesucht, der wenigstens englisch sprach. Eine junge kleine uniformierte Dame wurde gefunden. Ihr machte ich erst einmal klar, dass wir das Recht hätten, mit unserer Botschaft in Rom zu telefonieren. Der Chef sah das offenbar anders, aber da schlug ich meinerseits mit italienisch aussehen sollender Körpersprache zurück und sprach mit lauter Stimme: „We have the right to phone our embassy, and you know that we have this right!“ Der Maresciallo lief nach der Übersetzung ins Italienische puterrot an, vergaß sich dann doch nicht, sondern winkte Barbara ins Nebenzimmer zum Telefon. In Rom war die DDR-Botschaft offenbar langsam, aber sicher in Auflösung begriffen. Ich hörte, wie Barbara energisch sagte: „Wenn Sie denen hier nicht in einer halben Stunde klargemacht haben, dass Sie die Kosten übernehmen werden, rufen wir bei der BRD-Botschaft an!“ Das saß.
In der Zwischenzeit waren andere Polizisten interessiert näher gekommen, hörten, dass wir aus der DDR kamen und erzählten halb englisch, halb italienisch, dass sie den Mauerfall im Fernsehen gesehen hätten.
Eine halbe Stunde später erhielten wir die Mitteilung, alles würde in Ordnung gehen. Die DDR-Botschaft würde für uns aufkommen. Ein Missverständnis offenbar, dass man uns die Fahrkarten nicht mitgeliefert hätte.
Wohin jetzt? Die junge, leicht englisch sprechende Polizistin gab mir ein Telefonbuch, damit ich mir die Nummer der Jugendherberge abschreiben konnte. Ich rief an. „You have to take bus number seventeen B to Salviatino! 17 B to Salviatino!“ Alles klar. Der Bus fuhr vor dem Bahnhof bald darauf ab. Die Jugendherberge lag auf einem Hügel. Kaum einer hatte angesichts des hängenden Magens noch Lust,

einen Koffer zu ziehen. Ich wurde gebeten, die Lage auszukundschaften, ob die überhaupt Platz für uns hätten. „Und wie sollen wir das bezahlen?“, fragte ein junges Mädchen entnervt, doch der Älteste aus der Gruppe beruhigte sie: „Irgendwo müssen wir jetzt bleiben. Es ist doch schon so spät.“ Ich ging den Berg hinauf, und es kam mir irgendwie vor, als wäre dort oben das Draculaschloss. Aber es war eine schöne alte Villa. Oben wartete man schon auf uns. „You have booked for twenty-six people.“
Ich hätte den schwarzhaarigen mittelalterlichen bebrillten Herrn abknutschen können. Sofort lief ich den Berg hinab und rief : „Alles klar! Hier sind wir richtig! Und Essen hamse ooch noch!“ Im freudigen Laufschritt eilten die anderen 25 herbei.
Telefonisch konnten wir über den Herbergsvater mit der ominösen Freundschaftsgesellschaft in Rom alles klären; von nun an bewegten wir uns ohne Aufenthalte in Polizeigewahrsam in Florenz, Pisa, Verona und Rom, bevor wir mit vielen Eindrücken ausgestattet den Rückflug antraten. Nach der Währungsunion bekamen wir alle die Hälfte vom Reisepreis zurück wegen dieser großen Unannehmlichkeit – in West! Da ich sowieso nur die Hälfte bezahlt hatte, war ich also ganz unentgeltlich in Italien gewesen bzw. hatte sogar noch Geld dazubekommen.
Im April fuhr ich mit meinem Vater nach Paris und Bordeaux, wo er zwei Vorträge halten sollte. Ich musste mich an der französischen Botschaft anstellen und schriftlich vorweisen, dass alle Kosten für Herrn Dr. Fröhling, auch für die seines Sohnes, übernommen würden. Die Franzosen wollten sich keine armen Zonis ins Land holen, die sie dann vielleicht nicht mehr loswurden.

Wir flogen allerdings über Amsterdam. Durch ein Missverständnis landeten wir in der Business Class, wo man sogar Champagner trinken konnte. Hier verstand ich zum ersten Mal das Wort von Theaterregisseur Heiner Müller: „Der Sozialismus hat in der DDR erst dann wieder eine Chance, wenn dem Arbeiter die Hummersuppe zu den Ohren herauskommt."
In Frankreich fühlte ich mich noch wohler als in Italien, weil ich die Sprache konnte. Nicht nur vom Französischunterricht her, sondern auch von einem Sprachlager im Anschluss ans Abitur 1988. „Lieber Jugendfreund! Wir beglückwünschen Dich zu dieser hohen politischen und internationalistischen Aufgabe", hatte mir der Stadtschulrat geschrieben. Meine erste Reaktion damals war die Frage: „Wo kriege ich jetzt bloß eine französische Bibel her?"
Drei Wochen lang waren wir da zusammen auf dem Gelände einer Schule in Falkensee bei Westberlin mit jungen Franzosen, dreimal so viele wie wir und kaum mit Deutschkenntnissen ausgestattet. Wenn man sich unterhalten wollte, musste man französisch reden. Den Franzosen war schon bewusst, dass sie in der DDR Ferien machten, aber sie konnten ja einen Tag nach Westberlin fahren. War kein Problem. Als sie in Ostberlin die Mauer sahen, da brach das Bild der DDR, das sie vielleicht von ihren kommunistisch denkenden Eltern her mitgebracht hatten, rigoros zusammen. Vorher schon hatte ich sie darauf aufmerksam gemacht, dass sie nicht nur auf die billigen Straßenbahnfahrscheine achten, sondern sich bitteschön vergegenwärtigen sollten, dass ich nie nach Frankreich fahren konnte.

„Ich versuche es Dir zu erklären“, sagte ich zu Olivier, dem beim Anblick der Mauer aus der Ferne der Kragen zu platzen drohte. „Stell Dir vor, man baut eine Mauer durch Paris.“ „Halt, Wolf, ich komme nicht mehr mit!“, sagte er. „Egal, wer das tun würde – wir Pariser würden sie kaputt machen.“ Damit war der Erklärungsversuch beendet.
Im Mai bot mir Jugendtourist nach der guten Erfahrung mit mir in Italien eine Busreise nach Südfrankreich an. Allerdings diesmal zum vollen Preis, denn es sollte eine Übersetzerin vor Ort geben. Der Mann am Telefon sagte mir: „Früher durftest Du nicht reisen, als Du mit uns fahren wolltest, und jetzt auf einmal geht das. Ist doch toll, nicht?“ Ein Schelm, der Übles dabei denkt. Also nahm ich das auch mit und freute mich, wie gut es mit dem Französisch mit Pariser Akzent ging, den ich mir damals im Sprachlager angenommen hatte.
Schon längst hatte ich in der Bibliothek gekündigt, um bis zum Abwinken reisen zu können, so viel ich wollte und engagierte mich, wenn ich in Potsdam war, tagsüber im Büro vom Neuen Forum, für das ich mittlerweile im Potsdamer Sprecherrat saß.
Im Sommer erfüllte ich mir einen langen Traum und fuhr zum ersten Mal in meinem Leben nach Schottland und kaufte mir am Bahnhof Friedrichstraße noch im Juni 1990, also kurz vor der Währungsunion, eine Fahrkarte von Berlin nach Edinburgh für Ostmark, die mein Freund Martin „LOM“ (sprich „lomm“) nannte; ausgeschrieben läppische Ost-Mark. Wenn man in Schottland betonte, aus „East Germany“ zu kommen, waren alle immer aus dem Häuschen. „Oh, may I touch you?“, fragte mich eine alte Dame im Bus und strich mir über den Arm.

Später erst lernte ich, dass man eigentlich „Eastern Germany“ sagen müsste, weil „East Germany“ eben die halb offizielle Bezeichnung für „DDR“ ist oder war. Wenn man mich heute fragt, wo ich herkomme, sage ich meistens, ob In- oder Ausland, einfach „aus Potsdam“ – wer das im Westen verortet, ist selber schuld.
Als ich aus Schottland zurückkam, fuhr ich drei Wochen mit dem Fahrrad nach Süddeutschland, zusammen mit Martin. Thoralf begleitete uns eine Woche zwischendrin. Für mich war es selbstverständlich, das andere Deutschland jetzt intensiv kennen zu lernen und auszutesten, wie ernst der Satz von Freunden und Bekannten gemeint war: „Ach, wenn Du uns doch auch mal besuchen kommen könntest so wie wir Dich!“
Die hatten nicht mit dem Mauerfall gerechnet. Das hatten die nun davon.

Kapitel 16: Fluch und Segen der Freiheit

Es war Anfang Juli 1990, kurz nach der Währungsunion. Mein Freund Martin lud mich ein, ihn auf eine Tagesreise nach Hamburg zu begleiten. Ich war überhaupt nicht begeistert. „Die Einladungen schmeißen sie uns dauernd in den Briefkasten. Das ist doch so eine Fahrt, wo man eine Lamadecke aufgeschwatzt kriegt“, wehrte ich ab, aber Martin gab mir mit einer Handbewegung zu verstehen, dass er mit diesem Einwand gerechnet hatte. „Ist überhaupt nicht schlimm! Ich habe mir das mit meiner Mutter schon zweimal angehört. Wir haben einfach nichts gekauft. Wozu denn auch?“ „Zweimal?“, fragte ich zweifelnd nach. „Na ja, eigentlich nur das eine Mal, wo wir am Steinhuder Meer waren. Beim zweiten Mal in Heiligenhafen mit Möglichkeit zum zollfreien Einkauf haben mein Mütterlein und ich abgewartet, bis der Satz fiel: Zweihundert Babys sterben jährlich in Deutschland, weil sie nicht mit Lamadecken schlafen, und dann sind wir durchs Klofenster entkommen.“ Martin merkte an meinem Gesicht, dass ich abenteuerlustig wurde. „Die Verkaufsschau ist da, wo auch das Mittagessen ausgegeben wird. Man erkundigt sich einfach beim Wirt, wann es Essen gibt und kommt dann eben wieder dazu.“ Ich fühlte mich langsam an die Olsenbanden-Filme erinnert, in denen Egon jeweils aus dem Knast kam und Benny und Kjeld seinen neuen, genialen Plan vorstellte. Im Gegensatz zu Benny und Kjeld musste mich Egon – das heißt, Martin – noch überzeugen mitzumachen. „Für 19 Mark 90, und dann bis Hamburg mit Mittagessen – nu?“ Was soll's, dachte ich mir und schlug ein. Martin nahm in der Tat die Haltung von Egon Olsen an, blickte auf die Uhr und sah mir mit festem Blick in die Augen: „Die Aktion startet Platz der Einheit 6 Uhr 30.“ Der Platz der Einheit war nicht benannt nach der erhofften deutschen Einheit, sondern nach der 1946er Zwangsvereinigung von SPD und KPD zur SED.

Meine Lateinlehrerin von der Volkshochschule hatte eine Lamadeckenfahrt zum Hermanns-Denkmal im Teutoburger Wald mitgemacht (für Lateinlehrer natürlich ein Muss). „Wissen Sie, Herr Fröhling, diese Leute, die solche Reisen anbieten, sind noch schlimmer als die Leute, die bei uns für die Staatssicherheit gearbeitet haben.“ Ich war erschüttert über Frau Sachses Schilderungen. „Die haben sich auf der Rückfahrt zu den Leuten in den Bus gesetzt, die nichts gekauft hatten. So eine billige Fahrt mitmachen und dann nichts kaufen, das geht ja wohl nicht." Hier wurde also mit Psychoterror gearbeitet und die Unwissenheit der Zonis ausgenutzt. Mitunter wurde ich Zeuge, wie an so manchem späteren Abend Busse auf dem Platz der Einheit ankamen und Menschen beladen wie Lastentiere ausstiegen, um mit Hilfe einer Lamadecke „nach vierzig Jahren Stalinismus wenigstens einen milbenfreien Lebensabend zu genießen", wie es Gisela Oechelhaeuser in einem zeitgenössischen Sketch der Berliner „Distel" ausdrückt. Einmal traf ich ein älteres Ehepaar; die beiden stiegen mit mir zusammen an der Straßenbahnhaltestelle aus. Ich half ihnen beim Ausladen von sechs Decken und fiel fast um, als ich hörte, wie teuer die waren.

Ich fuhr mit Martin gen Hamburg, wir hielten – wie es im Prospekt vorgesehen war – unterwegs „in einem urgemütlichen Gasthof zu einem reichhaltigen Mittagessen" in Schwarzenbek vor Hamburg. Der Deckenverkäufer bzw. Anpreiser stellte sich als Frank Holzapfel vor („is' doch ein schöner Name, dann muss man am Anfang keinen Witz reißen"). Vorne auf einem Tisch waren die berüchtigten Lamadecken unter einem weißen Laken versteckt, um dann als Problemlöser im Bett präsentiert zu werden. Noch heute, wenn ich in der Kirche weiß verhülltes Abendmahlsgerät erblicke, werde ich an diese Decken-Fahrt erinnert. Und es kam, wie es kommen musste: Irgendwann hieß es: „Zweihundert Babys sterben in Deutschland jedes Jahr, weil...". Martin und ich verließen kopfschüttelnd den Saal; die zwei Busladungen lauschten hingegen ergriffen Frank Holzapfels Ausführungen.

Nach ein paar Minuten stellten wir fest, dass es in Schwarzenbek nichts Verweilwertes gab. Wir fragten die Menschen vor Ort nach Sehenswürdigkeiten, bekamen aber immer nur die Empfehlung, im Sachsenwald spazieren zu gehen. Darauf konnte ich nur entgegnen: „Danke, Sachsen haben wir zu Hause genug!“. Irgendwie kriegten wir die zwei Stunden rum und waren zum Mittagessen wieder da. Die Hamburger Hafenrundfahrt, für die wir verbilligte Karten kaufen konnten, schafften wir allerdings nicht mehr, denn es ging schon gegen 16 Uhr wieder zurück nach Potsdam, obwohl es im Prospekt geheißen hatte: „Rückfahrt gegen 18 Uhr“. Man vertröstete uns beim Steg der „Seutte Döörn“ aber auf die Gültigkeit der Karte im ganzen Jahr 1990. Also mussten wir im Sommer noch einmal wieder kommen. Es half nichts.
Der Bus brachte uns in Hamburg zum „Michel“, eine der Hauptkirchen, die allerdings eine einzige Baustelle war und fuhr mit uns über die Reeperbahn, wo gegen 15 Uhr tote Hose herrschte. Viel von Hamburg gab es in der kurzen Zeit jedenfalls nicht zu sehen.
Auf der Rückfahrt im Bus – wir saßen oben ganz vorne – rissen wir einen Witz nach dem anderen über diese Deckenfahrten. „Dalai Lama – der Erfinder des Lamadecken-Verkaufes“, bog sich Martin vor Lachen. Ich fand, diese Firma mit Sitz in Bremen war ein Fall für Eduard Zimmermann, der damals im Fernsehen vor Trickbetrügern warnte. Die Sendung hieß „Nepper, Schlepper, Bauernfänger“. Ich dichtete derweil den Hit aus der Zeit der Neuen Deutschen Welle „Skandal im Sperrbezirk“ der Münchner Band „Spider Murphy Gang“ um: „In Bremen steht ein Firmenhaus, denn Lamadecken müssen raus,

damit der Zoni von der Stadt einen milbenfreien Lebensabend hat, und jeder ist gut informiert, die Firma hat ja inseriert, denn sie ist ja nicht schusselig, verdient sich dumm und dusselig – und draußen vor der Stadt steht der Eduard Zimmermann sich die Füße platt – Skandal! In der DDR! Skandal! In der DDR! Skandaaaaaaal um Lamadecken!“ Die Frau des Busfahrers pries auf der Rückfahrt Bustouren nach Spanien an (wir dachten nur: Um Himmels Willen! Jeden Tag vielleicht eine solche Werbeverkaufsschau, oder vielleicht arbeiteten die ja mit sublimierter Suggestion, und beim Besuch der Stierkampfarena wedelte der Torero dann nicht mit einem roten Tuch, sondern mit einer Lamadecke). Unsere heitere Stimmung konnte jedoch nicht darüber hinwegtäuschen, dass wir sauer waren: Niemand wusste mehr, was im Prospekt gestanden hatte: Rückfahrt gegen 18 Uhr oder Rückkehr gegen 18 Uhr? Die Frau des Busfahrers antwortete mit einer Gegenfrage: „Für 19 Mark 90, wat woll'n Se'nn da erwarten?“

Wir Zonis sollten in der Freiheit eben Lehrgeld zahlen müssen. Und wer nicht auf Lamadecken reinfiel, sollte dafür mit dem angeblichen Gewinn eines BMW reingelegt werden, den man nur bekäme, wenn man zwei Fliegerjacken bestellen würde. So auch ich. Kostete ja nur 79 DM das Stück, sah aber einfach nur grauenvoll aus. Man erkannte einander immer auf der Straße, so nach dem Motto: „Na? Auch einen BMW gewonnen?“ Aber alle, die braune Fliegerjacken trugen, gingen zu Fuß.

Über solche Erfahrungen mit der Freiheit lachen wir inzwischen. Leider verbinden die meisten mittlerweile mit dem Wort Freiheit nur „Schutzlosigkeit“ auf der Suche nach Sicherheit, dabei hatte ich eine große Sehnsucht nach Freiheit. Schon mein Konfirmations-Spruch, den ich mir 1985 aus der Bibel ausgesucht hatte, war Ausdruck dieser Sehnsucht.

Im 2. Brief an die christliche Gemeinde in Korinth schreibt der Völkermissionar Paulus im dritten Kapitel: „Der Herr ist der Geist. Wo der Geist des Herrn ist, da ist Freiheit.“ Diesen Spruch habe ich mir im Gegensatz zu meinem Taufspruch (da war ich einfach noch zu klein) selbst gewählt, und er drückte meine Haltung aus: In der Kirche finde ich Freiheit, die ich woanders nicht bekomme. Schon gar nicht in der Schule. Nirgends in dieser Gesellschaft.

Wir haben uns heutzutage an die Freiheit gewöhnt und können sie nicht mehr schätzen.

Wir haben auch die Freiheit der Demokratie bekommen. Ich habe noch keine Wahl verpasst; ich könnte jede Woche an einer Wahl teilnehmen, das würde mir überhaupt nichts ausmachen. Zu sehr habe ich die Wahlfarce von 1989 in Erinnerung, als dass ich Verständnis aufbringen könnte für Wahlmuffel. „Es ändert sich ja sowieso nichts“, sagen viele. Wenn ein paar mehr zu Hause bleiben, die sonst demokratiefeindlichen Parteien ihre Stimme geben – gar nicht so schlecht. Aber diese Parteien haben mittlerweile eine verlässliche Stammwählerschaft entwickelt. Und außerdem haben dieselben Leute, die früher den ganzen Tag das Wasser laufen ließen, um den Staat zu ärgern (in der DDR zahlte man ja nur eine Wasserpauschale) die Möglichkeit entdeckt, im Wahlverhalten und der daraus folgenden tagelangen Politdiskussion um die vielen Stimmen für diese oder jene Partei sich das

Gefühl zu geben, doch etwas tun zu können. Ich kenne in Potsdam jemanden, der bei einer Oberbürgermeister-Stichwahl Mitte der neunziger Jahre dem PDS-Kandidaten seine Stimme gab, weil er zu gerne „das dämliche Gesicht von Kohl“ gesehen hätte, der vor der Tür des künftigen Regierungssitzes dann einen Potsdamer PDS-Bürgermeister gehabt hätte. Es setzte sich dann doch der SPD-Kandidat durch und wurde OB, weil die allermeisten Potsdamer ihn für das kleinere Übel hielten. Dass man dieses wiederum ein paar Jahre später als Bürger abwählen konnte, um Platz für einen geeigneteren Kandidaten zu machen, „das war mir ein innerer Reichsparteitag“, sagte mein Freund Thoralf. Man kann mit Wahlen doch eine ganze Menge ausrichten. Man muss allerdings dann auch ertragen, dass „Mehrheit Mehrheit ist“. Am Bundestags-Wahlabend im Herbst 2005 Angela Merkel vorzurechnen, dass sie viel schlechter abgeschnitten hatte als die Umfragen angenommen hatten, so wie Gerhard Schröder das tat, löste landesweit Kopfschütteln aus. Harald Schmidt dachte ja ohnehin, das wäre gar nicht Schröder im Fernsehen, sondern der poltrige Schalke-Manager Rudi Assauer.
Zur Grunderfahrung der Freiheit gehörte für uns die Wahrnehmung, plötzlich keinen gemeinsamen Feind mehr zu haben, sondern einer ausdifferenzierten Gesellschaft gegenüber zu stehen und Teil von ihr zu sein. Es kam plötzlich zu persönlichen Verwerfungen bis in die kleinsten Familien, wenn ich an meinen Vater und mich denke. Mein Vater und ich, wiewohl wir im Herbst 1989 beide Mitglied im Neuen Forum geworden waren, hatten völlig konträre Meinungen, was die Weitergestaltung des Aufeinanderzugehens der beiden deutschen Staaten anging. Mein Vater meinte, es müsse

möglichst schnell die Einheit kommen, und dies garantiere nur die CDU gemeinsam mit der „Allianz für Deutschland" mit dem Demokratischen Aufbruch und der Deutschen Sozialen Union (letztere von uns „Zonen-REPs" genannt). Mit denen hatten das Neue Forum und ich gar nichts zu schaffen, weshalb ich mich mit meinem Vater zunehmend politisch stritt. Wir buhlten um die Wahlstimme meiner Mutter, die noch unentschlossen wirkte. Das Neue Forum hatte in den Augen meines Vaters nur verquaste gesellschaftspolitische Vorstellungen; für mich vertraten die mit dem Neuen Forum im Dachverband „Bündnis 90" zusammengeschlossenen Bürgerbewegungen Demokratie Jetzt und Initiative für Frieden und Menschenrechte einen selbstbewussten Weg: Die Revolution sollte mehr sein als nur ein Steigbügelhalter für die „BRD-igung der DDR". Plötzlich ging ich mit einer roten Fahne oder einer DDR-Fahne zu einer Montagsdemonstration, denn ich war der Meinung, ganz Deutschland müsste umgestaltet werden und nicht bloß die DDR zur Bundesrepublik. Es heißt treffend im Psalm 126 der Bibel: „Wenn der HERR die Gefangenen Zions erlösen wird, werden wir sein wie die Träumenden." Also träumten wir auch am Tage.

Natürlich grenzten wir uns dabei ab von der SED-PDS. „Marktwirtschaft ja – Bonzenwirtschaft nein! Keine Kader-GmbHs!", lautete eine Forderung. Ich besitze noch einen solchen Aufkleber vom Bündnis 90 mit Autogramm des PDS-Politikers Gregor Gysi. Er sah 1990 nicht genau hin, was er unterschrieb, als er Wahlkampf in Potsdam machte.

Für mich war im Gegensatz zu den meisten DDR-Bürgern der Begriff „Sozialismus" nicht diskreditiert durch die

DDR. Der SPD-Politiker Egon Bahr hatte in einer Fernsehdiskussion für mich sehr eindrücklich darauf hingewiesen, dass das Christentum die Inquisition überlebt hätte, also würde auch der Sozialismus seine Diskreditierung durch den Stalinismus überleben. Auch Walter Momper, damals Regierender Bürgermeister in Westberlin, rief uns Demonstranten im Februar 1990 am Berliner Alexanderplatz auf, doch den Begriff „Sozialismus nicht auf den Müllhaufen der Geschichte zu werfen" und schon gar nicht einen „demokratischen Sozialismus". Lud Mompers SPD die PDS damals schon zur Koalition ein?
Meine damaligen Ansichten zeugen heute von Träumerei und einer gewissen Realitätsferne.
Ich hatte Kontakt zu westdeutschen trotzkistischen Splittergruppen, die mir erläuterten, dass die DDR eine staatskapitalistische Gesellschaft war, keine sozialistische.
Ich verstand, warum laut Wolfgang Leonhard in der Sowjetunion Trotzkisten und ihre Ideen als das Gefährlichste überhaupt galten. Es gab auch andere Sozialismus-Parteien, die der DDR kritisch gegenüber standen, zum Beispiel die Spartakist-Arbeiterpartei. Zur neuen Freiheit gehörte, dass im Zuge der ersten freien Wahl in der DDR am 18. März 1990 im Fernsehen politische Talk-Sendungen übertragen wurden, die auch diesen vermeintlichen Splittergruppen Gelegenheiten zur Selbstdarstellung gaben gemäß der Devise: „Jeder blamiert sich, so gut er kann". Jede dieser linken Gruppen grenzte sich von der DDR ab und beschuldigte sich gegenseitig, etwas nicht verstanden zu haben vom alten Marx oder Engels oder Lenin. „Wir wollen bestimmt nicht die Volkskammer hinwegschmettern", beruhigte der Spartakist den Moderatoren und die

Fernsehzuschauer vor zuviel radikalem Gedankengut in seiner Partei. Und wie diese Gruppen alle dachten, sie hätten eine Massenbasis. „Die erzählen wat von Arbeeterräte, und in die Zeit jehen die Arbeeter bei Hertie inkoofen“, schüttelte mein Babelsberger Kumpel Kuno den Kopf über soviel politischen Realitätsverlust.
Aus den Begegnungen mit westdeutschen jungen Erwachsenen und vielen Potsdam-Besuchern aus der Bundesrepublik wusste ich: Die allermeisten sahen keinen Veränderungs-Bedarf, weder im Hinblick auf die Staatsform noch auf die Gesellschaft. Und man konnte ja nur gesamtdeutsch denken und verändern. Also im Nachhinein eigentlich nicht weiter verwunderlich, dieses Wahlergebnis vom 18. März 1990. Ich hatte den Kampf um meine Mutter zwar gewonnen und sie überzeugt, „Bündnis 90“ zu wählen, aber am Wahlabend war ich ernüchtert. Mein Vater und ich waren Wahlhelfer und hatten noch mit dem Auszählen der Stimmen zu tun; bei uns im Kiez konnte sich das Wahlergebnis in meinen Augen sehen lassen: Die SPD war deutlich vorne, und auch das Bündnis 90 hatte gut abgeschnitten. Ich kam als erster nach Hause. Meine Mutter saß am Fernseher und rief mir nur kopfschüttelnd zu: „Hat alles nichts genützt! 2,8 %!“ Ich war deprimiert. So ging die Bevölkerung also mit denen um, die die Revolution angestoßen hatten, sagte ich mir. Als mein Vater nach Hause kam – er war Schriftführer und musste besonders lange im Wahllokal bleiben – begrüßte meine Mutter ihn mit der Frage: „Na? Noch nich’ im Sekt ersoffen?“ und eröffnete ihm: „Die CDU hat haushoch gewonnnen.“ Mehrheit ist Mehrheit. Das vergessen viele, die heute sagen, man hätte doch damals alles anders machen sollen,

insbesondere die frühe Währungsunion und die schnelle, mit der heißen Nadel genähte Einheit seien Fehler gewesen. Und sie vergessen die massenhafte Abwanderung in den Westen und den Spruch „Kommt die D-Mark, bleiben wir; kommt sie nicht, gehn wir zu ihr." Die Abwanderung hält noch immer an, aber irgendwann benötigt man vielleicht im Osten wieder ein paar Aufbauhelfer aus dem Westen, und da können ein paar der Abgewanderten ja zurück kommen.

Nachdem mit der Weichenstellung im Hinblick auf die Einheit alles klar war, normalisierte sich das Verhältnis in der Familie wieder etwas. Mein Vater meinte, dass die SPD doch mehr das Soziale herausstellte als die CDU, und außerdem wurde Manfred Stolpe, den mein Vater sehr gut kannte und schätzte, SPD-Spitzenkandidat bei den Landtagswahlen im Herbst 1990.

1992, als „Bündnis 90" mit den „Grünen" zusammenging und zur Partei wurden, verließ ich die Bürgerbewegung wieder. Die Revolutions-Phase war vorbei, jetzt ging es nur noch darum, in der bundesrepublikanischen Parteienlandschaft irgendwo anzudocken.

Was ist Freiheit? Für mich jedenfalls nicht die zum Betrügen, wie einige Zonis das taten, als sie sich im Westen Ende 1989 mehrfach die 100 DM Begrüßungsgeld abholten (Personalausweis, Reisepass, Kind beim Vater eingetragen, Kind bei der Mutter eingetragen; in Potsdam gab es angeblich einen, der 17 mal 100 DM gekriegt hatte). Ich strich diese Menschen von meiner Sympathieliste.

„Freiheit" kann nicht bedeuten: „Anything goes" oder „Nichts gilt mehr". Jede Freiheit braucht auch Grenzen, über die wir Menschen allerdings reden und einen Kon-

sens suchen müssen. Das macht die Freiheit so wertvoll und so spannend und manchmal mühsam.
Aber davon lebt die Gesellschaft. „Gesellschaft" – auch so ein Begriff, der Freiheits-Enttäuschungen widerspiegelt. Ein weltlicher Beerdigungsredner beklagte auf einer Trauerfeier bei uns in Neustadt (Dosse) einmal die Vereinsamung von alkoholkranken Menschen, „wie es ja in unserer Gesellschaft leider immer mehr usus" werde. Ich dachte bei mir: Was für ein krudes Bild von „Gesellschaft" hatte der Redner bloß? Gesellschaft – das sind wir alle, auch Du, verehrter Redner! Aber schuld sind immer die anderen.
Die Aussage eines ungefähr sechzig Jahre alten Taxifahrers aus der Uckermark spricht in diesem Zusammenhang Bände: „Keiner hat mehr Zeit für den anderen, keiner kümmert sich – damit wird das letzte Maß an Solidarität, was es mal in unserer DDR-Gesellschaft gegeben hat, ausgemerzt. Und dann soll ich andererseits die Alibi-Werte dieser neuen Gesellschaft hochhalten, dem Schwachen helfen, dem, der von den anderen zusammengeschlagen wird? Wenn ich so was sehe, schaue ich weg und gebe Gas." Der Filmregisseur Andres Veiel hat diese Worte aufgezeichnet, als er bei seinen Recherchen zum Mord an Marinus Schöberl im uckermärkischen Potzlow 2002 herausfinden wollte, wie es dazu kommen konnte, dass niemand etwas gesehen haben wollte, geahnt haben wollte, verhindern wollte.
Mehr und mehr habe ich das Gefühl: Es ist nicht „die Gesellschaft" (wie immer man das definieren will), die uns in erster Linie prägt, sondern das Elternhaus. Die Eltern (oder auch die Großeltern) müssen Werte vermitteln, die

immer gültig sind, egal, in welcher Gesellschaft wir leben und wie diese immer gültigen Werte gerade durch den Dreck gezogen werden. Werte, die auch angesichts grausamer Gesellschaftsordnungen gültig geblieben sind. Was wirklich etwas wert ist im Leben, das erfahren wir nicht aus der Zeitung, nicht aus den Bundestagsreden, nicht aus Schulbüchern, sondern… Jetzt kommt der Pfarrer in mir durch.

Wir müssen uns also auch fragen: Woher kommen die Werte, die wir für wichtig halten? Warum wollen wir sie verteidigen? Und was tun wir dafür?

Wer sich über Krieg gegen Diktatoren in der Welt aufregt – vielleicht noch mit Rückgriff darauf, im Zweiten Weltkrieg selber erlebt zu haben, wie schrecklich Krieg ist – übersieht a) den Krieg, den solche Diktatoren gegen die eigene Bevölkerung führen – oder heißt es erst dann „Krieg“, wenn die Amis eingreifen? und b) dass die ganzen alliierten Bombenangriffe auf Deutschland deshalb stattgefunden haben, weil die Nazis innerhalb mehrerer Monate eine stabile Diktatur aufgebaut hatten, die Deutsche nicht selber stürzen konnten. Bezeichnenderweise wird nicht Hitlers Krieg oft in den Erinnerungen als schrecklich erlebt, sondern der Krieg gegen Hitler, der jedoch nur dorthin zurückkam, von wo er 1939, beziehungsweise am 30. Januar 1933, ausgegangen war.

Wer keine Diktatur will, muss die Instanzen der Freiheit verteidigen, sagt der Theologe und Philosoph Richard Schröder. Aber wie viele wären bereit, die Freiheit zu verteidigen, wo sie – warum auch immer – einer Diktatur nachtrauern oder sie gar herbeisehnen?

Zum Beispiel, weil auf den angeblich solidarischen Umgang miteinander in der DDR verwiesen wird. Die von vie-

len in der Erinnerung da gewesene Solidarität war meiner Meinung nach allerdings Ausdruck einer Mangelwirtschaft, in der man zusammenhalten und Waren austauschen musste. Auch in anderen Zusammenhängen kann man erleben, wie Nöte Menschen zusammenschweißen, und wenn die Not vorbei ist, würdigt man sich keines Blickes mehr oder es brechen alte Feindschaften oder Unterschiede eben wieder auf. Auch, weil Neid immer da ist, egal, wie viel es zu verteilen gibt. „Schon der Urmensch hat sich gefreut, wenn er zwei Himbeersträucher hatte und der andere Urmensch nur einen.“, sagte Thoralf Urbanczyk aus meiner Klasse. Undialektisch, aber wahr.
Manche Freundschaften brachen 1990 auseinander, denn in der offenen Gesellschaft wurde deutlich, dass man doch nicht so sehr aufeinander angewiesen war, wie man dachte. Es wurde aber auch deutlich, wie viele Freundschaften wirklich welche waren, von denen man vermutet hatte, sie beruhten lediglich auf dem Vorhandensein von Mangelwirtschaft.
Meine Eltern fahren heute noch gemeinsam in den Urlaub mit dem Ehepaar Fenski. Zu DDR-Zeiten kamen die als Elektriker an vieles ran, zum Beispiel an Kabarettkarten, auf die der normalsterbliche DDR-Bürger zwei Jahre warten musste. Mein Vater konnte als Arzt im Gegenzug Kontakte zu anderen medizinischen Spezialisten ermöglichen. Die heutige Urlaubspraxis meiner Eltern zeigt mir, dass offenbar mehr hinter diesem Kontakt zu den Fenskis war als die gegenseitige DDR-Bürger-Hilfe.
Menschliche Notgemeinschaften gingen in die Brüche, als die Not nicht mehr da war, und auch von der einst beispiellosen Fußballfan-Freundschaft zwischen der West-

berliner Hertha und dem Ostberliner Verein Union ist leider nicht mehr viel zu spüren angesichts der offenen Grenzen. Noch zu Mauerzeiten hatte es immer geheißen: „Es gibt nur zwei Mannschaften an der Spree: 1. FCU und Hertha BSC!“. Ich lasse mich nicht beirren und feuere Hertha und Union an, die bislang noch nie in einer Liga gegeneinander antreten mussten. Sowohl ich als auch meine Kinder sind bei beiden Vereinen Mitglied. „Und wir halten zusammen wie der Wind und das Meer, das Meer: Die blau-weiße Hertha und der 1.FC Union!“
Hier, und nur hier, bin ich auch mal nostalgisch und ewiggestrig. Abpfiff!

Kapitel 17: Einheit?

„Die Menschen waren nicht auf die Straße gegangen, um die Bundesrepublik zu preisen. Sie bejubelten nicht den Kapitalismus, sondern es ging um die Alternative zwischen Diktatur und einer freiheitlichen Entwicklung.“ Diese Worte, die Wolfgang Leonhard in seinem Buch „Meine Geschichte der DDR“ wählt, beziehen sich auf den 17. Juni 1953, aber sie gelten meiner Meinung nach auch für die Herbstrevolution 1989. „Die Forderungen nach der Einheit Deutschlands waren keineswegs die lautesten, und oft waren sie kritisch gegenüber beiden Staaten“, hatte Leonhardt 1953 von seinem jugoslawischen Exil aus beobachtet. Für den Herbst 1989 vor dem Mauerfall lässt sich sagen: Forderungen nach deutscher Einheit hatte es schlichtweg nicht gegeben. Das änderte sich erst nach dem Mauerfall. Richard Schröder übersieht die-

sen kleinen Zeitunterschied, wenn er zur Herbstrevolution prinzipiell schreibt: „Die Menschen wollten nicht nur leben wie, sondern in der Bundesrepublik."
Auch, wenn in Erinnerungsbüchern wie „Der Tag, der Deutschland veränderte – 9. Oktober 1989" unter anderem steht: „Würde nun das Tor zur Freiheit aufgestoßen und die Perspektive der Einheit Deutschlands und Europas eröffnet?" Ein Satz, der den 9. Oktober 1989 in Leipzig doch arg von heute her betrachtet.
Vom 5. November 1989 bis zum Herbst 1995 war ich in der Potsdamer Erlöserkirchengemeinde Kirchenältester, obwohl ich damals erst zwanzig Jahre alt war, gehörte also zur Leitung der Kirchengemeinde. Ich profitierte von meinem Nachnamen auf der Kandidatenliste, denn mein Vater hatte ungefähr beim zehnten Patienten, der ihm gesagt hatte: „Herr Doktor, wir wählen Sie am Sonntag selbstverständlich!" Erklärungsversuche und Ausflüchte aufgegeben. Ich profitierte von der Schwierigkeit, in der DDR geeignete Maschinen zur Wiedergabe von Fotos zu besitzen. Die Kirche konnte also nur die Namen veröffentlichen. Schon bei der nächsten Gemeindekirchenratswahl 1992 war das anders, da wurden die Kandidaten mit Fotos vorgestellt, und ich hätte deutlich weniger Chancen gehabt. Aber wer wusste denn schon, wie der Herr Doktor mit Vornamen hieß?
Ende September 1990 wurde in unserem Gemeindeleitungs-Gremium jedenfalls der Antrag gestellt, in der Nacht vom 2. auf den 3. Oktober zu läuten – zum „Anschluss feiern", wie ich lakonisch in meinem Hirn registrierte. Ich reagierte etwas unbedacht und spontan: „Was soll der Quatsch? Wir haben doch früher am Republikge-

burtstag auch nicht geläutet." Mein Konfirmationspfarrer merkte, dass die Stimmung zu kippen drohte und bedeutete mir, nicht weiter solche Vergleiche zu wählen. Er verwies auf meine Jugendlichkeit und darauf, dass ich ja nicht wissen könne, dass die staatliche Einheit für viele ältere Menschen Realität gewesen und dann nach dem verlorenen Krieg plötzlich Geschichte war. Dementsprechend sei nun doch die Freude groß bei denen. Wir diskutierten dennoch sehr kontrovers, allerdings kam es dann zu einer recht klaren Abstimmung: Die beiden Pfarrer und die Ehrenälteste Frau Stark enthielten sich, eine Physiklehrerin aus meiner alten Schule und ein mit einer Katechetin verheirateter Naturwissenschaftler waren dafür, sieben waren dagegen – ich auch.

Für mich war die staatliche Einheit eine formale Angelegenheit. Die Kirche sollte dafür sorgen, dass diese Einheit mit Leben gefüllt würde, anstatt formal zu läuten, sagte ich mir. Natürlich war ich froh, dass die DDR nun Geschichte war, aber mit dem Anschluss konnte ich mich nicht recht anfreunden. Eine Verwandte hörte immer im Radio den Berliner Radiosender „100,6". Die brachten um Mitternacht das Deutschlandlied (3. Strophe). Die Tante meinte da zu meiner Mutter und mir: „Ihr hättet ja lieber die DDR-Hymne behalten, ich weiß schon!" Warum nicht?, dachten Mutter und ich: Der Text – auch wenn er von Johannes R. Becher kam – war in der Tat besser und passte auch wie angegossen zur wiedergewonnenen Einheit.

Die Zeile mit dem Symbol der Sonne müsste man heute der Klimawandel-Debatte entsprechend ändern. Und der Text zeugt auch von einer Art naiven Fortschrittsglauben im Sinne von „Der Mensch macht das Wetter". Womit wir

wieder beim Thema „Klimawandel“ wären. Doch der Westen wollte nur die Westhymne gelten lassen. Ganz findige Leute stellten fest, dass man den Becher-Text bis auf eine kleine Stelle ganz am Schluss mit der Haydn-Melodie von „Einigkeit und Recht und Freiheit“ singen kann. Liebe Lesende – probiert es aus!
Der CDU-Politiker Norbert Blüm hatte am 2. Oktober gesagt: „Wer in dieser Nacht schläft, ist ein historischer Penner!“ Ich wollte mich von Blüm nicht belehren lassen und nahm eine Schlaftablette zum abendlichen Bier, denn ich wollte nicht von eventuellem Feuerwerk geweckt werden, da ich am Feiertag früh raus wollte. Mit anderen Theologiestudenten, besonders den Brüdern Bernd und Christian, war ich vor der Marienkirche in Berlin-Mitte verabredet, um Flugblätter mit nachdenklichem Inhalt zu verteilen, in denen die Kirche mit dem Bonhoefferwort „Kirche als Kirche für andere“ zu einer kritischen Begleitung der Politik aufgerufen wurde.
In St. Marien sollte nämlich ein Dankgottesdienst mit vielen, vielen Politikern stattfinden. Ich zog meinen Nadelstreifenanzug an, um seriöser zu wirken als die anderen Studenten, die natürlich mit Parka und Glitzertuch oder gleich mit Palästinensertuch erschienen waren.
Im Anschluss an den Gottesdienst kamen wir mit entsetzten Westdeutschen ins nicht gerade konstruktive Gespräch: Die Worte eines bärtigen älteren Herrn „Wir haben gar nicht mehr geglaubt, dass wir die Einheit erleben!“, konterte ich mit: „Aber es muss doch eine wirkliche Einheit sein und nicht nur eine dem Namen nach!“. Einer ca. 50-jährigen Frau wurde es zu bunt: „Sie haben offenbar in der DDR nicht genug gelitten, dass Sie das

jetzt nicht schätzen können.“ Damit wurde es mir nicht nur zu bunt, sondern auch zu doof. Ich erlaubte mir, in meiner Freude zwischen Mauerfall und staatlicher Einheit zu differenzieren, vor allem, weil die Einheit keine richtige Vereinigung war (erst recht keine Wieder-Vereinigung), sondern ein Anschluss.

Wahrscheinlich durchschauten das die Menschen langsam, denn insgesamt ebbte in Deutschland die Euphorie bald ab, und DDR-Menschen beschimpften sich gegenseitig oder rotteten sich zusammen als „Ossis“, um sich von den „Wessis“ abzugrenzen. Ich fand die Begriffe als Selbstbezeichnungen im Sinne einer geographischen Herkunfts-Bestimmung nie schlimm, solange sie nicht als Beschimpfung des anderen gebraucht werden.

Bislang war im Westen jedenfalls „Ossi“ allenfalls eine Abkürzung für „Ostfriese“ gewesen. Der ostfriesische Komiker Otto Waalkes nannte 1985 in seinem ersten Kinofilm seine Firma „OSSI – Ottos Super-Service International“. Keiner dachte damals an die DDR-Bürger. Und „Wessi“ als herabwürdigende Bezeichnung hatten ja die Westberliner erfunden, um die Bundesbürger zu ärgern. Der Hamburger war genauso „Wessi“ wie der Bayer oder der Westdeutsche aus dem Ruhrgebiet, der diese Bezeichnung vielleicht noch als normalsprachlich durchgewinkt hätte. Bei einem meiner ersten Besuche im Berliner Olympiastadion bei Hertha BSC fiel mir das auf: Um den Gegner aus dem Altbundesgebiet zu irritieren, sangen die Fans: „Ihr seid Wessis, asoziale Wessis! Ihr pennt unter Brücken und in der Bahnhofsmission!“ Vom 1. FC Union Berlin her kannte ich diesen Gesang schon, allerdings ging es da nicht gegen „Wessis“, sondern gegen „Sach-

sen", was außer dem BFC und Hansa Rostock im Prinzip alle anderen waren (die Thüringer und Magdeburger fielen ungeniert auch einfach darunter). Dass die Westberliner jetzt als Wessis immer mitgemeint sind, ist ein echter Kollateralschaden der Einheit. Allerdings scheinen sie sich in dieses Schicksal ergeben zu haben, solidarisieren sich lieber mit den alten von ihnen einst beschimpften Wessis als mit den Ossis. Mit denen möchte man ja nun wirklich nicht verwechselt oder in einen Topf geworfen werden.
„Ossi" ist als Bezeichnung ehemaliger DDR-Bürger allerdings ein nachrevolutionärer Begriff. Als ich den Film „Sonnenallee" sah, konnte ich am Anfang schon nicht anders, als den Kopf zu schütteln über diese dramaturgisch schlechte Arbeit: In den siebziger Jahren konnte ein Westberliner wirklich nicht von einem Mauerbesichtigungsturm aus sagen: „Kuck mal! 'n Ossi!" Auch die 2004 veröffentlichten literarischen Erinnerungen eines ehemaligen Jungpioniers sind dahingehend liederlich: „Ich war eben ein Ossi", sagt er mehrfach rückblickend und meint aber keinen Ostfriesen damit. Seinem Gedächtnis kam auch abhanden, dass in der DDR die Orangen nicht „Orangen" hießen, sondern „Apfelsinen". Das passt.
„Wossis" gibt es meiner Meinung nach nicht. Es sei denn, man meint Ossis, die im Westen darauf hoffen, nicht als Ossis entlarvt zu werden. Solche kenne ich, verstehe sie jedoch nicht.
Meistens sind „Wossis" Wessis, die versuchen, sich bei Ossis anzubiedern. Eine Vikarin aus Hessen in meiner Potsdamer Heimatgemeinde meinte im Gemeindebrief, weil sie sechs Jahre in Potsdam lebte, sei sie ein „Wossi". Noch weiter war bislang nur der hessische Bauunterneh-

mer Rolf-Jürgen Otto gegangen, der Anfang der neunziger Jahre als Präsident von Dynamo Dresden sogar sagte: „Ich bin ein Ossi!“

Viele Menschen im Osten kommen mit der Einheit auch fast zwanzig Jahre danach nicht gut zurecht, doch auch im Westen gibt es in manchen Gegenden eine Form von West-Nostalgie: In ehemals Westberliner Bezirken gibt es immer noch Leute, die in Mauernähe gewohnt haben und sich beklagen, wie schön ruhig es doch früher war, als sie noch als „Insulaner“ auf ihrer „Insel im roten Meer“ gewohnt hatten. In einem deutschen Nachrichtenmagazin wurde im Frühjahr 2007 auf das bayerische ehemalige „Zonenrand-gebiet“ (so hieß das wirklich!) verwiesen. Es wurden im Artikel Menschen vorgestellt, die sich nicht entblödeten, den Mauer-Tourismus von früher zu preisen, weil früher mindestens sechs Busse am Tag kamen, um sich die Sperranlagen aus nächster Nähe einmal anzusehen. Es gab offenbar Westler, die von der absurden Situation profitierten, dass die DDR eine Mauer gebaut hatte. Ich ertappe mich immer wieder dabei, dass all meine in Seelsorgekursen antrainierte Fähigkeit zur Empathie hier abhanden bleibt. Genauso wie gegenüber DDR-Menschen, die vom System DDR profitiert hatten, vom Mauerfall eingeholt wurden und jetzt DDR-Nachweiner sind.

Dass die Einheit keine Vereinigung war, sondern ein Anschluss nach Artikel 23, hatte leider zur Folge, dass viele Wessis meinten, der Osten müsste nun möglichst schnell wie der Westen sein, denn er war ja nun angeschlossen. So wie ein am Tropf hängender Patient an Geräte angeschlossen ist und sich spürbar erholt. Doch der Ossi schien die Anschluss-Geräte mit letzter Kraft abschalten zu wollen,

um das Gefälle zwischen Arzt und Patient nicht unnötig groß zu machen.
Jedoch auch manche Wessis distanzierten sich von Büchern wie „Neuland“ von Luise Endlich, einer Arztgattin aus Wuppertal, die es nach Frankfurt an der Oder – also quasi zum Fuße des Ural – verschlagen hatte. Ein Lufthansakapitän aus dem Westen, aber mit Wohnsitz in Leipzig, hatte besagter Dame in einer Talkshow entgegengehalten: „Ich habe Ihr Buch angefangen, allerdings nach der Hälfte aufgehört zu lesen.“ Er konnte es nicht mehr ertragen, wie sie den Menschen im Osten eine Eigenständigkeit abzusprechen schien. Warum soll sich denn in über vierzig Jahren nicht eine andere Mentalität entwickelt haben? Es wäre eine besondere Form von „Einheit“, dies zuzulassen und nicht immerzu darauf herumzuhacken als einem Zeichen von Rückständigkeit.
Vor allem vermissten viele Wessis „Dankbarkeit“. Wenn diese eingefordert wird, so ist sie jedoch keine echte mehr. Und außerdem: Was kann der Westler dafür, dass er keine DDR-Zeit mitmachen musste, sondern im Westen leben und arbeiten durfte?
Die innerdeutsche Diskussion nimmt manchmal absurde Formen an, zum Beispiel bei der um Krippenplätze, wie sie von der Bundesfamilienministerin Ursula von der Leyen aus Niedersachsen Anfang 2007 losgetreten wurde. Es laufen dann bei namhaften Wessis verlässliche Anti-DDR-Affekte aus dem Ruder: Zum Beispiel beim Bischof Mixa in Augsburg. Er warf der Ministerin vor, Frauen zu Gebärmaschinen zu degradieren. Wer sieben Kinder großgezogen hat wie die Ministerin, sollte jedoch auch mit einem katholischen Bischof fertig werden.

Oder zum Beispiel Fernseh-Fußball-Experte Günter Netzer, der dem gebürtigen Görlitzers Michael Ballack vor der WM 2006 keine Führungsrolle zutraute, weil dieser „in der ehemaligen DDR aufgewachsen ist" und schließlich dreizehn Jahre lang nur Kollektivismus erlebt und erlitten habe.

Oder auch der niedersächsische Kriminologe Christian Pfeiffer, der 1999 die Kollektivschuld-These vorstellte, im Osten sei der Rechtsextremismus so verbreitet, weil die Kinder in den Krippen der DDR immer zu bestimmten Zeiten aufs Töpfchen gesetzt wurden. Rechtsextremismus hat viele Ursachen. Alles auf die DDR zu schieben bedeutet aber, denselben Fehler zu machen wie die DDR: Neonazis, deren Existenz man Ende der achtziger Jahre wirklich nicht mehr leugnen konnte, wurden pauschal der kritiklosen Aufnahme westlicher Propaganda-Dauerberieselung bezichtigt, wodurch die DDR von hausgemachten Ursachen ablenken wollte.

Des Weiteren der CDU-Politiker in Brandenburg Jörg Schönbohm, der angesichts eines neunfachen Babymordes bei Frankfurt /Oder der Mutter und Täterin vorwarf, bei einer LPG gearbeitet zu haben. Tenor: Die SED hat durch erzwungene Proletarisierung Menschen verrohen lassen.

„Der Westen hat keine besseren Menschen hervorgebracht." Mit diesem Zwischenruf meldete sich Jürgen Stabe, Superintendent i. R. aus Sachsen, im Anschluss an Schönbohm zu Wort. Wenn es nicht so makaber wäre, dann müsste man fast froh sein, wenn Amokläufer im Westen es schaffen, an die Öffentlichkeit zu treten und man mal nicht „fehlenden Religionsunterricht" oder „DDR-Prägung" dafür verantwortlich machen kann.

Anstatt zu registrieren, dass sich der Ossi in einer demokratisch verfassten Gesellschaft nur gegen pauschalen Schwachsinn auch verteidigen möchte, sieht Hubertus Knabe in seinem Buch in der Kritik an Pfeiffer oder Schönbohm ein trotziges Festhalten an DDR-Affekten und outet sich damit immer wieder neu als Wessi.

Im WDR-Fernsehen läuft eine Diskussion über Jugendgewalt an Schulen. Ich bin erschüttert über das riesengroße Ausmaß und das Schulternzucken der Betroffenen, der Betreffer und der Berichtenden. So schlimm ist es im Osten nie im Leben wie in manchen Gebieten im westlichen WDR-Sendegebiet, boulevardlose Recherche vorausgesetzt. Irgendwie ungerecht, dass man immer auf dem Osten rumhackt, finde ich. Zumal, wenn der Westler dem Ostler vorhält, erst vierzig Jahre später dazugekommen zu sein. Selbst vor Fußballspielern macht eine solche Sichtweise nicht Halt: Fatih Aslan erzählt in einem Interview, wie er als türkischer Fußballer in unteren Ligen im Nordosten (also der Ex-DDR) ausländerfeindliche Parolen bei Zuschauern erlebte. „Es war eine Zeit, in der ich intensiv über die Wiedervereinigung nachgedacht habe... Ich wurde in Berlin geboren und ich bin in Berlin aufgewachsen. Und plötzlich wurde ich im Osten als Ausländer beschimpft. Dabei hatte ich immer das Gefühl, dass wir nach der Wende die Gesellschaft waren, die eine andere aufnimmt. Ich dachte: Moment mal, ihr seid doch später dazugekommen." Will heißen: Ihr könnt froh sein, dass wir Euch nicht an Polen verscherbelt haben! Von der Ausländerfeindlichkeit in Westberlin, die 1989 den „Republikanern" 7,5 % der Stimmen eingebracht und unter der viele Türken gelitten haben, erzählt er im Inter-

view nichts. Das war ja vor seiner Zeit, da war er noch ein Kind.
So langsam aber sicher ertappte ich mich dabei, dass ich über den Artikel 23 im deutschen Grundgesetz froh war, der eine Volksabstimmung im Westen über die Einheit verhinderte.
Im Osten war ja eine überwältigende Mehrheit für die Einheit, das ging ja aus dem Ergebnis der ersten freien Wahlen am 18. März 1990 hervor. Aber im Westen wäre die Mehrheit knapp verfehlt worden, dafür hätten Lafontaine & Co. schon gesorgt.
Und knapp daneben ist auch vorbei.
Ausländerfeindlichkeit und rechtsextremes Gedankengut ist oft ein Zeichen von geringer Bildung. Andres Veiel rechnet in seinem Buch zum Mord an einem Jugendlichen in der Uckermark vor: 12 % der Befragten haben eine rechte Gesinnung und einen niedrigen Bildungsstand, aber nur 2 % mit hohem Bildungsstand hegen rechtsextreme Ansichten.
Man muss sich also gegen die Dummheit engagieren und Bildung fördern. Oder?
Zu einer gelingenden Einheit gehört es also auch, gegen Unwissenheit und Desinteresse gegenüber dem Osten anzugehen. Der in Potsdam lebende Wessi Günter Jauch führt das in seiner Sendung „Wer wird Millionär?“ sehr eindrucksvoll vor, indem er bornierte Wessis vorführt: „Wie weit geht denn für Sie Deutschland?“ Kandidat (will nichts Falsches sagen): „Ja, schon bis zur Oder-Neiße-Grenze. Warum?“ „Und die Puhdys sagen Ihnen rein gar nichts?“ Ein anderer wusste mit dem Begriff „Greifswalder Bodden“ nichts anzufangen und schwankte zwischen

einem Höhenzug im Harz oder einem See in der Lausitz. Solche Leute lässt Jauch mit Freude auf null beziehungsweise fünfhundert Euro zurückfallen. Wir wussten aus dem Westfernsehen alles über den Westen, was die Bundesbürger auch wussten, und wir interessierten uns für die andere deutsche Gesellschaft hinter dem eisernen Vorhang. Nur: Für viele aus dem Westen war der Osten emotional so weit weg wie etwa Kenia. Wer keine Ostverwandten oder Freunde dort hatte, konnte den Osten als Schul-Pflichtprogramm abhaken.

Man verlangt von uns immer „Flexibilität", aber in Wirklichkeit zeigen die in den Westen abgewanderten Ossis eine viel größere Flexibilität als die Wessis im Osten. Die versuchen, uns ihre Art der Uhrzeiten aufzudrücken („viertel vor, viertel nach" – selbst im Kulturradio vom Rundfunk Berlin-Brandenburg dominieren diese weder im Osten noch im alten Westberlin gebräuchlichen Uhrzeiten mittlerweile). Meiner Frau habe ich am Tag nach unserem Kennenlernen in Münster/Westfalen die Ost-Uhrzeiten sogar schriftlich erklärt (mit aufgemalter Uhr), da sie mir in sich logischer scheinen als die westdeutschen Zeitansagen, wo man im Gegensatz zum Englischen nicht übersetzt „viertel nach, halb nach, viertel vor" zählt, sondern „viertel nach, halb, viertel vor". „Uhrzeiten für dumme Wessis" hatte ich dieses Merkblatt überschrieben. Dass meine spätere Frau darauf nicht beleidigt, sondern belustigt reagiert hatte, machte mir einen Tag nach dem Kennenlernen deutlich: Sie ist die Richtige!

Anders sind die Uhrzeiten in Schwaben, da zählt man wie im Osten „viertel, halb, dreiviertel" (folgt jeweils die angefangene Stunde). Dafür sagen die da „zwanzig vor" oder

„zwanzig nach" und schütteln sich angewidert, wenn man ihnen die Vorteile des ostdeutschen „zehn vor halb" oder „zehn nach halb" anzupreisen gedenkt. Ganz verrückt ist es in Bayern, wo man „viertel nach", aber „dreiviertel" sagt. Ausgerechnet Bayern zeigt sich hierin als Motor der Wiedervereinigung. Sobald der Ossi im Westen ist, passt er sich natürlich an, denn der Wessi versteht ihn ja schlichtweg nicht, wenn er sagt: „Um dreiviertel drei fährt mein Zug" (außer in Bayern); er muss also sagen: „Um viertel vor drei".

Immer wieder spüre ich bei der Schilderung gesamtdeutscher Wahrnehmungen: Es zählt doch oft nur die westdeutsche Position. Ausnahmsweise gebe ich dem ehemaligen Sportreporter Heinz Florian Oertel recht, wenn er dies ein „Wertschätzungsgefälle" nennt. In der „Zeit" ist angesichts des 66. Jahrestages des deutschen Überfalls auf die Sowjetunion im 2. Weltkrieg als Untertitel eines Artikels mit dem Titel „27 Millionen" zu lesen: „So viele Sowjetbürger starben als Opfer des deutschen Krieges zwischen 1941 und 1945. Es ist eine Zahl, die viele hierzulande bis heute nicht kennen. Oder nicht zur Kenntnis nehmen wollen." Nur, wenn man den Osten außen vor lässt, denn die Kriegsopfer der Sowjetunion wurden bei uns exzessiv behandelt im Schulunterricht. Die DDR wollte uns ja schließlich weismachen: Sie hat mitgesiegt am 8. Mai 1945! Warum gibt es fast zwanzig Jahre nach dem Mauerfall Historiker, die das nicht zu Kenntnis nehmen wollen und so tun, als gäbe es nur die alte Bundesrepublik?

Obwohl mich als Anhänger des 1. FC Union Berlin mit dem 1. FC Magdeburg keine Fanfreundschaft verbindet, hatte ich Anfang Juni 2007 gehofft, die Magdeburger würden den Aufstieg in die Zweite Bundesliga schaffen, denn dann hätten viele bis dato unflexible Wessis endlich einmal angesichts der häufigeren Erwähnung der Hauptstadt von Sachsen-Anhalt gemerkt, dass die Stadt nicht Maaaaagdeburg heißt (wie „die Magd"), sondern mit kurzem „a", also wie „Mackteburg"; die Magdeburger sagen sogar „Machteburch". Aber es sollte nicht sein. Selbst versierte Sportreporter wie Reinhold Beckmann hatten knapp 17 Jahre nach der Wiedervereinigung das noch nicht mitbekommen. Wie singt der Potsdamer Kabarettist Sam Finke in seiner erdachten Sachsen-Anhalt-Hymne dieses identitätslosen Bundeslandes nach der Melodie von „Auf der schwäbschen Eisenbahne"? „Rolle, rolle, rolle durch Halle oder Magdeburg, denn nur ein bekloppter Mann hält in Sachsen-Anhalt an."

Manchmal muss sich aber auch der Ossi als lernwillig und lernfähig in Sachen Einheit erweisen, zumindest, wenn er sein Geld mit Ostalgieprodukten verdient.

Man kann rote T-Shirts kaufen, auf denen in kyrillischen Buchstaben geschrieben steht: „Wenn du das lesen kannst, bist du kein dummer Wessi." Als ich auf einem Markt in Neuruppin meiner Frau die Aufschrift vorlas, war ihr lakonischer Kommentar: „Es gab auch im Westen Schulen, auf denen man Russisch lernen konnte. Zum Beispiel auf meinem Mindener Rats-Gymnasium." Viele Ossis wissen das bestimmt bis heute nicht, so wie viele Wessis aus Interesselosigkeit annehmen, im Osten konnte man kein Englisch lernen, sondern nur Russisch. Oder wollten die Macher des T-Shirts sagen: Es gibt nicht nur dumme Wessis, sondern auch kluge? Nämlich diejenigen, die Russisch gelernt haben?

Und sie übersehen, dass viele Ossis heute gar nicht mehr russisch lernen. Oder ist der Begriff „Ossi“ wirklich beschränkt auf diejenigen, die vor 1990 in die DDR-Schule gegangen sind?

Oft wird darauf hingewiesen, dass der Osten wegen der 40 Jahre DDR atheistischer wäre als der Westen. Mag sein, dass der Westen nur 12 Jahre verordneten Atheismus hatte und wir 44 Jahre mehr, aber es liegt immer auch am Elternhaus, wie der Glaube weitergegeben wird und als Alternative zu sozialistischer Phrasendrescherei sich bewähren konnte. Oft höre ich von Wessis, im Westen sei der Atheismus mindestens genauso verbreitet wie im Osten, es habe nur im Unterschied zum Osten keinen Traditionsabbruch gegeben, so dass in evangelischen Gegenden im Westen eben die allermeisten sich konfirmieren lassen, weil die Feier eines Passageritus sinnvoll erscheint und man ja auch eine Menge Geschenke bekommt. Und vielfach kann man in deutsch-deutschen Dialogen auch hören: „Ihr habt was riskiert für Euren Glauben, Ihr habt ihn nicht als staatskonform erlebt wie wir.“

Mein evangelischer Bischof Wolfgang Huber hatte einmal vom Schrecken des „gelehrten Materialismus im Osten und des gelebten Materialismus im Westen“ gesprochen und damit gewisslich eine fruchtbare Fährte verfolgt.

Dass nach dem Ende der DDR die Massen wegen der Konfirmation vorstellig würden, weil es jetzt wie schon lange im Westen opportun ist, sich konfirmieren zu lassen, war nur von Super-Optimisten erwartet worden. Mag sein, dass in der großen Umbruchzeit die Kirchen voll waren, aber das betraf eigentlich nur die politischen Veranstaltungen, die woanders nun einmal so nicht stattfinden

konnten. Die Gottesdienste in meiner Heimatgemeinde waren nicht zusätzlich bevölkert von vielen suchenden und orientierungslos gewordenen Menschen. Es hat keine Erweckung stattgefunden in den Kirchengemeinden nach dem Ende der DDR. Vielleicht haben auch diejenigen recht, die klagen, die Kirche sei in der Umbruchzeit zu sehr mit sich selbst beschäftigt gewesen und habe die Gunst der Stunde nicht „für sich nutzen können". Mich haben solche Formulierungen immer etwas befremdet – wir hatten uns doch von unserem Märtyrer Dietrich Bonhoeffer sagen lassen: „Kirche ist nur Kirche, wenn sie Kirche für andere ist" und eben gerade kein Selbstzweck.
Das war doch aber auch eine verrückte Zeit, die wir da miterleben durften. Man hatte in der DDR-Diktatur einen gemeinsamen Feind gehabt, und plötzlich hatte man eine ausdifferenzierte Gesellschaft vor sich und war Teil von ihr. Die Kirche war vom Staat gezwungen worden, eine Parallelgesellschaft zu sein, und auf einmal war man als Kirche Teil einer offenen Gesellschaft, sollte und konnte in der Öffentlichkeit mitgestalten.
Ich gebe offen zu: Für mich ist das schon etwas Besonderes, was ich mir früher nie vorstellen konnte, wenn wir in Neustadt (Dosse) das kommunale Forstlehrgartenfest mit feiern und unter freiem Himmel einen gut besuchten Gottesdienst gestalten und mit Hilfe vieler Bläser singen können: „Großer Gott, wir loben Dich!" Mein Studienfreund Steffen, der mittlerweile in Kanada Pfarrer ist, erzählte mir von der Einschulung seiner ältesten Tochter, und wie dort in der Schule bei der Eröffnung des Schuljahres das Vaterunser gebetet wurde. „Wolf, ich hatte Tränen in den Augen." Er dachte an seine eigene DDR-Schulzeit zu-

rück, die er als Pfarrerskind nicht in angenehmer Erinnerung hat und wo ein Vaterunser in der Schule gänzlich undenkbar gewesen wäre.

„Fühlen Sie sich angekommen in der Bundesrepublik?", wurden die Ex-DDR-Bürger verschiedentlich in Studien und Zeitschriften-Fragebögen gefragt. Ich wüsste nicht richtig, was ich da eintragen sollte: Ich würde mich rausmogeln mit der Gegenfrage: „Heißt das jetzt etwa: Sind Sie der alten Bundesrepublik richtig beigetreten?" oder „Freuen Sie sich über ein neues Deutschland, und würden Sie an seiner Erneuerung mit Rat und Tat mitarbeiten und mitgestalten?" Wer eine Einheit will, die den Namen verdient, mache mit!

Einheit muss nicht Einheitlichkeit bedeuten, genauso wenig wie Integration Assimilation bedeutet. „Nur Diktaturen sind auf Gleichsinnigkeit der Untertanen angewiesen", schreibt Jens Bisky in seinem Buch „Die deutsche Frage". Dem ist nichts hinzuzufügen.

Hubertus Knabe meinte, die friedliche Revolution hätte eine neue Identität für die Ostdeutschen stiften können, denn sie und nicht der Westen hatten das SED-Regime gestürzt.

Doch in der Zeit nach dem Sturz zählte nur noch der Westen; der Westen gab die Richtung vor und hatte das Geld. Wahrscheinlich ist darum diese Identitätsstiftung ausgeblieben.

Ich merke, dass ich noch immer davon träume, dass der Osten die Republik verändert, und dies nicht nur auf Grund der vielen abgewanderten und abwandernden flexiblen jungen Frauen, die vielleicht mit einem am Osten interessierten Wessi im Schlepptau zurückkommen.

Peter Ensikat fragte einmal einen Wessi, der ihm gesagt hatte: „Mensch, Ihr habt noch viel zu lernen!“ „Wie wär’s, wenn wir das gegenseitig täten?“ Wenn alle Wessis das bejahen, dann wird es zur Vollendung der deutschen Einheit kommen.

Kapitel 18: Brandenburger Pfarrdienstreise

Bei der Abifeier im Juni 1988 hatte mich meine Klassenlehrerin beiseite genommen und gefragt: „Sag mal, stimmt das: Du willst Theologie studieren?“ Auf mein hartnäckiges Nachfragen hin gab sie zu, der Oberbonze Herr Retzlaff hätte das behauptet. Ich wies alle Behauptungen weit von mir, und ich tat das ehrlich. Ich fühlte mich nicht berufen dazu. Punkt. Freunde sagten mir, ich würde doch sowieso nicht zum Studium zugelassen werden, außer vielleicht zur Theologie. Ich kannte viele, die der Staat in seiner repressiven Art in diese Studienecke gedrängt hatte. Sie hatten weitgehend ihre Ruhe, weil niemand von einem zukünftigen Pfarrer faule Kompromisse erwartete. Wenn möglich, sollten alle Christen Pfarrer oder Kirchenmusiker werden. Doch ich habe immer geantwortet, ich müsste mich zum Pfarrer erst berufen fühlen. „Wenn ich mich berufen fühlen sollte, dann würde ich sofort Theologie studieren“, erklärte ich großspurig.
Im Februar 1989 hatte ich mehrere Erlebnisse, die mich zur sich langsam Bahn brechenden Erkenntnis brachten: Gott will, dass Du Pfarrer wirst.
Nicht erst im Studium, sondern schon vorher im Rahmen des großen Umbruchs in der DDR, gab es dann große Hin-

terfragungen: Jetzt hindert Dich doch niemand mehr, Dolmetscher zu werden. Doch ich gestand mir ein, dass die Unfreiheit, das Eingesperrtsein jetzt ja auch weggefallen war, nicht nur die Studienablehnung. Mein Schulfreund Gunther machte mich darauf aufmerksam, dass meine Berufung ja zu Ost-Zeiten erfolgt sei. Güldete (wie wir Potsdamer sagen) dies aber auch für die neue Zeit? Ich sagte ihm und auch mir: Ganz klar, ja. Sonst hätte Gott mir das ja anders klar machen können. Also Augen auf und durch!
Ich bewarb mich an der Humboldt-Universität Berlin zum Theologiestudium.
Diese rote Sektion Theologie, an der ich im Herbst 1990 mit dem Studium anfing, erlebte einen ganz eigenen großen Umbruch. Sie hatte bisher Pfarrer eher als Don Peppones ausgebildet, und nun war der Weg zur Ausbildung von Don Camillos frei. Als ich mich zum Studium bewarb, hatten wir noch keine offene Gesellschaft. Manche legten mir die Uni in Greifswald oder die Kirchliche Hochschule Ostberlin nahe, aber ich wollte nicht im Elfenbeinturm studieren. „Als Pfarrer muss ich die Sprache der Bonzen sprechen, und da werde ich an der Humboldt-Uni am besten vorbereitet.“, war meine Devise.
Zusätzlich zur Revolution erfolgte zunehmend eine Zusammenlegung dreier Lehrkörper, brauchte man doch die Kirchliche Hochschule Berlin-Ost und die Kirchliche Hochschule Berlin-West (KiHo) nicht mehr, und alles wurde vereint unter dem Namen „Theologische Fakultät der Humboldt-Universität zu Berlin“. Das war sozusagen „Anschluss“ einmal umgekehrt, zumindest was die Westberliner KiHo anging. Die ging ja von der Tradition her ja sogar noch zurück auf die Bekennende Kirche der Nazi-

zeit, und nun sollte man sich unvorstellbarer Weise vereinigen mit der Ost-Uni. „40 Jahre KiHo und alles war umsonst“, stand in Zehlendorf auf einer Tafel im Speisesaal. „Ihr Wessis werdet es einfach nie lernen“, hätte ich am liebsten drunter geschrieben. Vielleicht hatten manche begriffen, wie sich eine Vielzahl von DDR-Bürgern nach dem 3. Oktober 1990 vorkam?
Wenn ich mir die meisten betrachtete, die mit mir zusammen im Herbst 1990 angefangen hatten mit dem Studium, so konnte man diejenigen, die wie ich klar sagten: „Ich werde Pfarrer!“, an einer Hand abzählen, und da saßen so ungefähr dreißig Leute. Eine ehemalige Westberliner Studentenseelsorgerin reagierte verständnislos: „Das verstehe ich aber nicht. Wo doch bei Ihnen die Pfarrgehälter so angehoben wurden jetzt.“ Ich konnte darüber nur den Kopf schütteln. Wieso sollte jemand Pfarrer werden wegen des vermeintlich guten Gehaltes, was man im Osten nicht hatte? Aber ich weiß, wir Ossis sollten ja eine Menge lernen...
Meine eigene Familie hatte nicht mit der Aufnahme eines Theologiestudiums gerechnet. Irgendwie hatte ich ganz pathetisch das Gefühl, diesen neuen, in meiner Biographie nicht zwingend vorgesehenen Lebensabschnitt mit einem neuen Namen beginnen zu müssen. Ich wollte einen neuen Vornamen haben. Gebürtig hieß ich nämlich eigentlich „Wolfram“. Meine Eltern liebten Wagner-Opern, ich nicht. Da gibt es den Beginn von „Tannhäuser“ über den Sängerkrieg auf der Wartburg, wo gesungen wird: „Wolfram von Eschenbach (dum, dum) – beginne!“ Vorname und Nachname zusammengenannt löste immer ein Krächzen aus: „Wolfram Fröhling“ – es „fr“te nur so vor sich hin. Hatten meine Eltern nicht bedacht.

Ich hatte meinen Vornamen nie gemocht, sondern konnte hingegen nur Woody Allen beipflichten, der in einem seiner Filme aus einer Wagner-Oper rennt mit den Worten: „Bei Wagner bekomme ich immer so eine unbändige Lust, in Polen einzumarschieren."

Meine Freunde, selbst meine Eltern, nannten mich meistens „Wolf". Auf meinen Wunsch hin.

In der revolutionären Zeit wurde ich zunehmend auf Wolf Biermann aufmerksam, den 1976 aus der DDR rausgeschmissenen Barden, der im November 1989 plötzlich wieder in der DDR singen konnte und durfte. Sein Auftritt Anfang Dezember in Leipzig wurde sogar vom Fernsehen übertragen. Er sang dort alte Lieder, wegen derer er in der DDR Auftrittsverbot gehabt hatte und ganz neue, auf die Revolution bezogene.

Biermann konnte toll Gitarre spielen, ich nicht. Darum hatte ich die Lieder seiner im Frühjahr 1990 erschienenen Platte „Gut Kirschenessen" auf dem Klavier nachgespielt. Biermann stand für uns Revolutionäre für den Traum eines dritten Weges zwischen DDR und Westen („Wir wollen endlich eigene Fehler machen und nicht die des Westens noch einmal"). Am Vorabend der ersten freien Wahlen hörte ich Biermann im Potsdamer Haus der Jungen Pioniere und ließ mir anschließend die Platte signieren. „Für Wolf von Wolf". Er unterschrieb mit „Karl-Wolf. Ich heiße nämlich eigentlich Karl-Wolf mit Bindestrich". Mir war das ganz egal. Mein Entschluss stand fest: Ich wollte „Wolf" heißen.

Im September 1990, kurz vor dem Beginn meines Studiums, stellte ich mich in die lange Schlange der Wartenden am Potsdamer Standesamt. Die mit mir Anstehenden wollten allerdings keinen Vornamen ändern, sondern nur aus der Kirche austreten. „Was kann ich dafür, dass ich getauft bin?“, fragte eine ca. 40-jährige Dame mich angehenden Theologiestudenten. Die Leute hatten, wie sich herausstellte, seit Jahren keine Kirchensteuern bezahlt, die in der DDR von den Kirchen selber eingezogen wurden. Nun hatten sie auf ihrem Lohnstreifen den Vermerk „ev.“ gefunden, weil sie getauft und nicht ausgetreten waren, und nun setzten sie ihrer passiven Mitgliedschaft ein aktives Ende. Ich war deprimiert und irritiert.

Als ich Wartender ins Standesamtsbüro gerufen wurde, war schon alles vorbereitet. „Sie wollen aus der Kirche austreten? Bitte füllen Sie dieses Formular aus und melden sich dann im Zimmer...“ „Nein, nein, ich will nicht aus der Kirche austreten. Ich will doch Pfarrer werden!“ „Ach, aber was wollen Sie denn dann hier?“ „Na, ich möchte meinen Vornamen ändern lassen.“ Die Beamtin war offenkundig von Herzen froh über die Abwechslung. Sie bat mich, in einer Frist von einer Woche eine kurze Begründung für dieses Ansinnen aufzuschreiben. Kernstück meiner Argumentation war der „Beginn eines neuen Lebensabschnitts“. An der Amtskasse wurde ich nach Vorlage meines Studentenausweises um die Zahlung von 10 DM gebeten (sie hatten auch schon einen Kai-Uwe, den die Wegnahme des Bindestrichs wegen des hohen Einkommens 750 DM kostete) und erhielt gegen eine weitere Gebühr sogar eine neue Geburtsurkunde. Meine Vergangenheit als „Wolfram“ ist nun vertuscht.

Nach fünf Jahren Studium konnte ich das 1. Examen ablegen. Danach sollten zwei Jahre vergehen, bis ich Vikar werden konnte, wie das Referendariat bei Pfarrern heißt.

Die Kirche hatte eben kein Geld. Aber ich konnte trotzdem angesichts meiner musikalischen Erblast (drei von vier Großelternteilen waren Musiker) gut als Musikkabarettist leben und ein dreiviertel Jahr vor meinem Vikariat ein unentgeltliches Gemeindepraktikum in Potsdam absolvieren. Außerdem stand für mich fest: Ich werde beides machen, Pfarrer und Kabarettist. (Aber das ist ein anderes Buch.) Und weil die erste Platte von Konstantin Wecker „Die sadopoetischen Gesänge des Konstantin Amadeus Wecker“ hieß, lautete der Titel meines ersten Georg-Kreisler-Programms: „Die Kreisleriana des Wolf Amadeus Fröhling“. Seit 1997 nenne ich mich so, und es hat absolut nichts mit Mozart zu tun.
Seine allererste Pfarrstelle kann man sich nicht aussuchen. Lehrjahre sind keine Herrenjahre.
Gleichzeitig mit meinem positiven Bescheid, durch das Aufnahmeverfahren gekommen zu sein (so eine Art zweitägiger „Big-Brother-Container“) bekam meine Frau die Mitteilung, zum 1. Mai 2001 ihr Vikariat antreten zu können. Wir dachten uns: Zwei Leute aufs Land zu schicken, das werden sie sich nicht entgehen lassen. Also setzten wir uns am Abend vor meinem Orientierungsgespräch über die Brandenburgkarte, um Ahnungen auszusprechen. Sicherheitshalber band ich mir meinen Herthaschal um, damit der Oberkirchenrat Feil die Botschaft klar empfängt: „Bitte nicht nach Cottbus, da sind alle für den FC Energie, da bekomme ich als Herthafan kein Bein auf den Boden.“ Der Oberkirchenrat erzählte mir von seinen früheren Ausflügen zu Herthaspielen und sprach dann den interessanten Satz aus:
„Ich habe vor, Sie in den Kirchenkreis Oderbruch zu entsenden“. Kannte ich aus den 1997er Nachrichten noch,

als dort Hochwasser war. „Nach Neuhardenberg!" Das sagte mir was.
„Das hieß doch zu DDR-Zeiten Marxwalde, und da war der Sänger der christlichen Band ‚Solaris' Pfarrer." Oberkirchenrat Feil erklärte, Schloss und Kirche seien hervorragend saniert, und nun warte man auf einen Pfarrer, der ein kompetenter Ansprechpartner für die Schlossstiftung sei. Ein geistiges und kulturelles Zentrum sei im Entstehen, im Schloss gegenüber der Kirche. Das klang doch alles ganz vielversprechend. Eigentlich hatte der Kirchenkreis eine Entsendungsstelle in Neulietzegöricke einrichten wollen, aber da spielte der Oberkirchenrat nicht mit: „Ich lasse mir meine jungen Pfarrer nicht verheizen auf Stellen, wo fünf kaputte Kirchen stehen." Entweder nach Neuhardenberg oder gar nicht. Als ein Jahr später doch ein Entsendungspfarrer nach Neulietzegöricke geschickt wurde, handelte es sich somit offenbar um eine Strafexpedition.
Ich sollte also gegen den Willen des Kirchenkreises nach Neuhardenberg, meine Frau als Vikarin zum Kollegen nach Wriezen, 15 Kilometer weiter. Also schauten wir uns das mal an. Ein Besuch in Neuhardenberg offenbarte: Die Kirche war eine riesige Baustelle, die Gesamt-Finanzierung war noch nicht gesichert. Frau Darge, die uns ehrenamtlich durch die Kirche führte (wir gaben uns nicht zu erkennen), jammerte über den Weggang des Pfarrers.
Schuld sei nur der Nachbarpfarrer Alternie, weil der erst 2005 in den Ruhestand gehen wolle. Neuhardenberg solle nämlich perspektivisch mit Gusow zusammengelegt werden, und erst dann käme man auf rund 1000 Seelen, also eine volle besetzungsfähige Pfarrstelle.

Wer sieben Jahre perspektivlos auf einer Entsendungsstelle sitzt, wird entlassen. Und da musste Rolf Haste, seit fünf Jahren Entsendungspfarrer, handeln und sich wegbewerben.

Der Nachbarpfarrer Alternie hatte schon zweimal die Pfarrstellen-Verwaltung in Neuhardenberg machen müssen. Viele im Ort sagten mir: „Nicht noch ein drittes Mal!"

Zur Gemeinde gehörten mit Wulkow und Kiehnwerder noch zwei kleinere Gottesdienstorte; dies schien mir als Anfänger im Pfarramt überschaubar.

Hier, am Rand des Oderbruchs, hatte es nach dem großen gesellschaftlichen Umbruch große Veränderungen gegeben: Die meisten Menschen hatten in der Landwirtschaft gearbeitet und waren arbeitslos geworden. Viele jüngere Menschen waren weggezogen; es gab im Ort sehr viele Spätaussiedler aus der Ukraine und aus Kasachstan.

Ein Viertel der Kirchengemeinde bestand aus Russlanddeutschen, wobei die meisten allerdings keine Bindung zur Kirche hatten. Sie waren in zwei Neubauvierteln im Dorf konzentriert.

Neuhardenberg hatte eine eigentümliche Geschichte: 1348 erstmals als Zollstation mit Namen Quilitz erwähnt, wurde der Ort 1815 in Neu-Hardenberg umbenannt, denn der preußische König hatte seinem Staatskanzler Karl-August Fürst von Hardenberg Quilitz als Dank für die viele Verwaltungsarbeit bei den Stein-Hardenbergschen Reformen geschenkt.

Der letzte Standesherr Carl-Hans Graf von Hardenberg (1891-1958) war Hitlergegner, beteiligt am Attentat auf Hitler am 20. Juli 1944 und wurde deshalb von den Nazis noch enteignet. Es war mir ein Bedürfnis, jedes Jahr am

20. Juli auf dem Hardenbergfriedhof hinter der Kirche eine Andacht mit auswärtigem Bläserchor zu veranstalten, woran sich auch die Schlossstiftung gern beteiligte, wohingegen die Beteiligung im Dorf zu wünschen übrig ließ.
Graf Hardenberg war nach seiner Verhaftung im KZ Sachsenhausen mit dem Kommunisten Fritz Perlitz zusammengekommen. Beide hielten trotz aller antagonistischen Widersprüche zusammen, weil sie Hitlergegner waren. Nach dem Ende Hitlers brachen die alten Unterschiede wieder auf; Perlitz wurde SED-Kreissekretär im nahen Seelow; der Graf wurde als Ausbeuter und Junker mit Perlitz' Billigung verfemt und musste in der Westzone leben.
Der Graf war sehr beliebt im Dorf, wie mir die alten Neuhardenberger fortwährend bestätigten. Seine erneute Enteignung durch die Bodenreform wurde als großes Unrecht empfunden. 1949 sollte dann auch noch der „Junkername“ des Dorfes verschwinden.
Es wurde umbenannt in „Marxwalde“. Karl Marx war zwar nicht einmal zum Pilzesuchen hier gewesen, aber auch in Chemnitz (was zu DDR-Zeiten „Karl-Marx-Stadt“ hieß), hatte er keine Besuche gemacht. Das Pfarrhaus und auch die Kirche stehen in der Karl-Marx-Allee. Damit das Schloss nicht in dieser Straße stehen musste, wurde ein kleines Stück der Allee extra in „Schinkelplatz“ umbenannt, denn Schinkel hatte das Ensemble damals entworfen. Auf einer Gedenktafel in unserer Kirche aus dem napoleonischen Befreiungskrieg fand sich auch ein „Carl Marx aus Neuhardenberg, Trainsoldat, seinen Wunden erlegen“ (also im Lazarett gestorben). Da hatten wir die Lösung, warum der Ort „Marxwalde“ geheißen hatte: Der kommunistische Philosoph wurde ja erst Jahre später ge-

boren. Es war bei Kirchenführungen, die ich mitunter auch vornahm, ein herrlicher Gag, wie ich die Karl-Marx-Allee verteidigen konnte mit dem Hinweis darauf, dass auch der Staatskanzler Hardenberg mal Karl mit „K“ und mal mit „C“ geschrieben werde und man „unseren Carl Marx“ mit einer Straße ehrte.
Bereits in den dreißiger Jahren hatte Graf Hardenberg einen Teil seines Landes an die Wehrmacht abtreten müssen, damit diese einen kleinen Flugplatz bauen konnte. Zu DDR-Zeiten baute die Nationale Volksarmee (NVA) diesen als Militärflughafen aus, Jagdflieger und Kampfflugzeuge donnerten über den Ort; in Bärwinkel und Quappendorf konnte man – so wurde mir erzählt - zu bestimmten Tageszeiten keinen Kaffee ohne Fleckenfolgen trinken, so sehr vibrierte der Boden unter dem Fluglärm. Viele Piloten und ihre Familien siedelten sich an; die Einwohnerzahl wuchs von 1 200 in den fünfziger Jahren auf 3 500 in den achtziger Jahren. Die Bundeswehr entschied erst 1992 endgültig, den Flugplatz nicht zu übernehmen, so dass viele (insbesondere jüngere) Armeeangehörige wieder wegzogen. Die Einwohnerzahl pendelte sich bei ca. 2 000 ein. Die NVA hatte mit ihrer Abgrenzungspolitik gegenüber der Kirche als ihrer Meinung nach letzter Bastion des Imperialismus im Dorf ganze Arbeit geleistet: Nicht nur Militärangehörige, sondern auch deren Familien waren zum Kirchenaustritt gedrängt worden; hier kam es nach 1990 meiner Wahrnehmung nach zu keiner kirchlichen Rückbesinnung. Die Kirchengemeinde hatte ihrerseits nach meiner Beobachtung mit Abschottung reagiert; man war standhaft geblieben und wollte „mit den alten Genossen nichts zu tun haben“. Die waren in den Augen

mancher engagierten Christen vor Ort verloren, Kontakt des Pfarrers zu ihnen nicht erwünscht. „Besuchen Sie die Leute, die zur Kirche kommen und die sich früher immer treu zur Kirche gehalten haben, zu den anderen brauchen Sie nicht zu gehen“, war die klare Devise eines älteren Kirchenältesten, der für viele sprach. Er hatte wie viele andere die schwierige Geschichte des Ortes in der eigenen Familie erlebt; nur noch er und seine Ehefrau waren Kirchenmitglieder.
Nach wenigen Monaten im Dorf erhielt ich den Anruf der Leiterin des Neuhardenberger Chores, ob ich als singender Pfarrer nicht Lust hätte, mitzusingen. Der Chor war früher an die LPG Tierproduktion Marxwalde angeschlossen; in ihm sangen viele ehemalige Armeeangehörige mit, aber auch Kirchenmitglieder. Es gab im Laufe meiner Neuhardenberger Zeit diverse Gottesdienste, bei denen ich auf den Chor zurückgriff. War es für mich eher eine Freude, Menschen, die dem Evangelium fern standen, im Gottesdienst zu haben, dominierte bei kirchlich engagierten Gemeindegliedern eher Ärger über das Engagement des Chores im Gottesdienst. „Ich kann denen das nicht abnehmen, wenn die christliche Lieder singen“, waren ernstzunehmende Stimmen im Gemeindekirchenrat.
Eine Offiziersfrau aus dem Chor hatte in meiner Abwesenheit naserümpfend gemutmaßt, wir würden ja nun wohl bald zum Kirchenchor werden. Sie hatte verstanden.
In meinem Informationsrundbrief an Freunde und Bekannte vom Frühjahr 2001, in dem ich unsere neuen Arbeits- und Wohnort vorstellte, beschrieb ich das rückbenannte Marxwalde als wahrscheinlich schwieriges Pflaster auf Grund der Armeevergangenheit des Dorfes.

Im Rückblick muss ich jedoch sagen: Die vielen ehemaligen Armeeangehörigen, die mit der Kirche absolut nichts am Hut hatten, waren nicht mein Hauptproblem im Ort. Im Gegenteil.

„Die Atheisten sind ganz begeistert von Ihnen“, hatte Frau Darge im Gemeindekirchenrat erzählt, als ich nach einem halben Jahr erste Bilanzierungen vornahm.

Dabei hatte ich mich durchaus abgegrenzt und mich nicht vereinnahmen lassen. Zum Beispiel bei der Bürgerinitiative „Pro Airport Neuhardenberg“. Die irische Billigfluglinie Ryanair wollte Neuhardenberg als Berlin-Flughafen nutzen und 550 Arbeitsplätze schaffen. Natürlich war ich dabei, kam sogar mit einer irischen Fahne zum ersten Treffen am Dorfanger. Auch den Chef der Airport Neuhardenberg GmbH lernte ich kennen, einen Dortmunder Unternehmer. Man begegnete dem Investoren mit großer Skepsis, die sich spätestens im Frühjahr 2007 als berechtigt herausstellen sollte, als er wegen dubioser wirtschaftlicher Transaktionen verhaftet wurde.

Wir sammelten Unterschriften für eine zügige Inbetriebnahme des Flugplatzes; ich hatte in der Gemeinde mitbekommen, dass nahezu alle hinter dem Projekt standen. Man differenzierte zwischen der Lärmbelästigung durch NVA-Jagdflieger und zivile Maschinen.

Mehrere zugezogene Berliner (aus dem Westen) hatten allerdings Angst um ihre Grundstück-Werte und wollten den Flugplatz nicht. In einer Bürgerversammlung in Quappendorf bei Neuhardenberg ergriff meine Frau das Wort und schmetterte von Wessi zu Wessi diese Argumentation ab: „Ich habe das Gefühl, wenn ich Ihnen zuhöre, es ginge hier um die Farbe eines Dauerlutschers. Es geht hier aber um

viele Arbeitsplätze, es geht um unsere Zukunft und die unserer Familien“, rief sie unter tosendem Beifall. Einer der Westberliner mit Wochenend-Grundstück in Quappendorf schrieb ihr hinterher einen Brief. Er habe sich durch ihren Auftritt lächerlich gemacht gefühlt. Auch er würde Arbeitslosigkeit kennen – „Ja! Sicher! Glaube ich ihm ja! Aber doch nicht diese strukturelle Arbeitslosigkeit wie im Oderbruch!“, unterbrach Michaela ihre stille Brieflesung. Sie antwortete auf das Schreiben nicht.
Es sollte sich leider langsam aber sicher herausstellen: Die Brandenburgische Landesregierung wollte diesen Flugplatz nicht, man hatte Angst um Berlin-Schönefeld und wand sich mit in meinen Augen völlig unzureichenden Ausflüchten heraus.
Mein Kampf in der Bürgerinitiative ließ mich oft mit ehemaligen Militärangehörigen zusammenkommen, wenn man hinterher noch in der Kneipe zwei Bier trank. Auch ein „Arbeits-Du“ war mittlerweile entstanden. Wir redeten auch viel über die DDR-Zeit. Friedbert John (PDS und früher Jagdflieger) sagte einmal: „Möchte mal wissen, was an der DDR so schlimm gewesen sein soll.“ Darauf sagte ich nur lakonisch: „Für Euch Bonzen natürlich nich'!“ Da gab es vielleicht Tumulte! Jagdflieger Gerd Kurze erklärte, er wolle mit mir nichts mehr zu tun haben (hielt sich aber nicht dran); John war entsetzt: „Also, ich bin noch nie als Bonze beschimpft worden, und dann auch noch vom Pfarrer!“ Kann ich doch nichts für, wenn er nur unter seinesgleichen verkehrte, dachte ich mir. Ich hatte das Wort „Bonze“ für „Parteifunktionär“ nicht erfunden. Für mich und viele andere waren alle SED-Mitglieder „Bonzen“. Wehe, man nennt das Kind beim Namen.

Viele ehemalige NVA-Angehörige trafen sich in Neuhardenberg als „alte Kameraden“ kurz vor meinem Weggang. Auch unser Chor sang bei diesem großen Treffen, das auf mich allerdings einen ziemlich gruseligen Eindruck machte. Die hatten alle so einen „Ich-bereue-nichts“-Gesichtsausdruck. In einem umgetexteten Lied für die extra für das Treffen angefertigte Zeitung regte man sich darüber auf, dass man, wenn man „staatsnah und Genosse“ war, Schwierigkeiten bei der Rente hatte. Ich sollte auch eine musikalische Einlage bringen, aber vorne im Saal hing eine große Truppenfahne mit unübersehbarem DDR-Emblem. Als einer von dreißig Chorsängern ging das ja noch, aber als Solokünstler mit Georg-Kreisler-Liedern wollte ich bei aller Makabristik nicht unter einer DDR-Fahne singen.

Ich stieg persönlich auf eine Leiter, um sie abzuhängen, doch Gerd Kurze winkte ab:

„Lass dran! Dann singste eben nich’!“

Martin Espe, Bürgermeister seit Herbst 2003, war auch im Vorstand der Bürgerinitiative und PDS-Mitglied, aber sehr undogmatisch. Er war aus dem östlichen Berlin nach Neuhardenberg gekommen, war nur wenige Jahre älter als ich und hatte keinen NVA-Hintergrund wie die meisten anderen Parteimitglieder hier. Wir redeten oft miteinander, waren als Pfarrer und kommunistischer Bürgermeister so etwas wie Don Camille und Peperoni.

So ganz uneigennützig war mein Engagement in der Bürgerinitiative nicht: Ich hoffte bei positivem Bescheid für den Flugplatz auf viele Zuzüge von kirchlich sozialisierten Wessis, die dann die Gräben zwischen Ortsgemeinde und Kirchengemeinde überbrückt oder gar zugeschüttet hät-

ten. Dann hätte ich auch für mich/uns da eine Perspektive gesehen.
Neuhardenberg hatte seit 1979 keine kontinuierliche Gemeindearbeit erlebt. Der letzte Pfarrer, der länger geblieben war, ging damals nach 14 Jahren Dienst im damaligen Marxwalde. Danach wurde Neuhardenberg Entsendungsstelle, und kein Pfarrer war länger als sechs Jahre geblieben. Ich war bereits der 5. Pfarrer innerhalb von 21 Jahren. Und ich war der drittkürzeste Pfarrer seit ca. 1900, denn nur zwei vor mir waren zwei Jahre in Neuhardenberg gewesen, ich drei Jahre. Beinahe wären es bei mir auch nur zwei gewesen, und das kam so:
In der Woche vor der Konfirmation 2003 tauchte ein Foto in der Zeitung auf, wo eine meiner Konfirmandinnen als Jugendweiheteilnehmerin identifiziert wurde. Die Wortführer im Gemeindekirchenrat waren entsetzt. „Das hat es ja noch nie gegeben".
Die „Lebensordnung" unserer Kirche stellte jedoch klar heraus: Wenn eine Jugendweihe keine dezidiert antikirchliche Richtung einnimmt, dann sollte man keinen Jugendgeweihten prinzipiell von der Konfirmation ausschließen. Die Einigung auf die Lebensordnung war allerdings erst nach der Sommerpause möglich. Im Anschluss an die Juli-Sitzung im Gemeindekirchenrat war ich jedoch drauf und dran gewesen, den Kram hinzuschmeißen – noch dazu hatte ich eine interessante Ausschreibung gelesen. Eine Gemeinde aus Berlin-Charlottenburg suchte einen Pfarrer unter vierzig, der bereit sei, „verkrustete Strukturen aufzubrechen". Da die Ausschreibung aufgefasst wurde als Ruf „Pfarrer, löse unsere Probleme!", hatten sie Mühe, jemanden zu finden. Die Personaldezernentin im Landeskir-

chenamt sagte mir hinterher, dass sie mich damals sofort genommen hätten. Aber ich wollte diesen Jugendweihe-Konflikt mit dem Gemeindekirchenrat klären. Im Protokoll der September-Sitzung schrieb Frau Darge auf, der Gemeindekirchenrat habe sich mit der Ordnung des kirchlichen Lebens beschäftigt und die Passagen zur Behandlung der Jugendweihe seien „für uns richtungsweisend". Noch am selben Abend zerriss ich den Kirchenzeitungs-Ausschnitt mit der Stellenausschreibung. Warum nur war das Arbeiten hier mitunter so mühsam? Entgegen meiner vorherigen Erwartung machte mir nicht die dezidiert atheistische Vergangenheit des Dorfes Probleme, sondern eine Haltung einflussreicher Vertreter der Kirchengemeinde, die insgesamt in meinen Augen nicht bereit schienen, auf Nichtchristen mit ausgestreckter Hand zuzugehen. Mit meiner Versöhnungsarbeit stand ich in der Gemeinde oft allein da, so wie ein König ohne Volk. Bei allem Respekt, den ich vor den sehr spezifischen DDR-Erfahrungen der Kirchengemeinde hatte: Ich verstand diese Abwehr nicht. Jesus hatte sich doch Zöllnern und Sündern zugewandt; Er hätte bestimmt nicht gesagt: „Für Euch in Neuhardenberg gilt das natürlich auf Grund Eurer spezifischen Geschichte nicht!" Der von den Nazis ermordete Pfarrer Bonhoeffer hatte uns posthum doch den Satz von der Kirche als „Kirche für andere" mitgegeben, und das Selbstverständnis einer christlichen Gemeinde besteht doch in der Mission und nicht im Selbstzweck. Ich predigte also mit zunehmender Verweildauer nicht mehr zur Gemeinde, sondern immer wieder gegen sie. Wie lange mochte das gut gehen? Besonders manifestierte sich dieses unterschiedliche Kirchenverständnis an dem Umgang mit dem von mir gestalteten Gemeindebrief. Der Gemeindekirchenrat wollte ihn eher als internes Info-Blättchen haben und nur an die Kirchenmitglieder im Ort verteilen. Ich hingegen wollte möglichst viele Menschen erreichen und möglichst alle Haushalte mit kirchlichen Nachrichten versorgen. Die Mehrauflage wurde durch Werbung mehr als refinanziert, aber der Widerstand mancher Kirchenältester blieb beständig bestehen, genauso der gegen eine unkonventionelle Titelbildgestaltung. Es sollte sich halt niemand dafür interessieren, der nicht zur Gemeinde gehörte, und die Treuen sollten nicht verschreckt werden.

Im Sommer 2004 bestand meine Frau ihr Zweites Theologisches Examen, und wir beschlossen Ende Mai, uns zusammen auf eine andere Pfarrstelle zu bewerben, wo wir unbeschriebene Blätter wären.

Der Anlass für meinen Weggang nach drei Jahren war die Einrichtung einer Stadionkapelle bei Hertha BSC. Der Sportpfarrer sagte mir: „Wenn das wahr wird, rechne ich fest mit Dir. Kein Pfarrer bei uns hat so einen Hertha-Stallgeruch wie Du.“ „Mein Entsendungsdienst ist seit einem Jahr zu Ende, ich kann mich ja dichter ran bewerben“, war meine Antwort.

Die Wahl fiel auf Neustadt (Dosse); die Stadt der Pferde mit dem großen alten preußischen Brandenburgischen Haupt- und Landgestüt (seit 1788), mit direktem Bahnanschluss – zu Hertha nur eine Stunde.

Anfang Juni erkundigte ich mich vor Ort, ob es hier irgendeine schwierige Vergangenheit gäbe wie einen NVA-Flugplatz oder vielleicht eine besonders rote LPG (ich wollte ja nicht dieselben Grundsatzdiskussionen wie in Neuhardenberg ständig noch einmal haben). Der damalige Gemeindekirchenratsvorsitzende sagte mir am Telefon wörtlich: „Wenn Sie dazu beitragen, dass mehr Menschen in die Kirche kommen – herzlich willkommen." Das war doch eine klare Aussage und etwas anderes, als ich drei Jahre lang erlebt hatte.

Mitte Juni erhielt ich vom Landeskirchenamt in Berlin die Mitteilung: Ich sei der Kandidat, den sie von den fünf Bewerbern ausgewählt hätten, wenn wir uns die Stelle teilen würden. Meine Frau sagte gleich: „Du machst den Fußball, ich mache die Pferde!"

Viele aus Neuhardenberg waren ehrlich traurig, und am allermeisten die Nichtchristen im Ort, die sich aber von wenigen Ausnahmen abgesehen nicht zum Abschiedsgottesdienst trauten, auch wenn sie gern gekommen wären. Jagdflieger John nannte mich gar einen „Verräter", wodurch ich mich echt geehrt fühlte. Der PDS-Bürgermeister und BFC-Fan Martin Espe überreichte mir, um mich Herthafan zu ärgern, im Gottesdienst einen Energie-Cottbus-Schal.

Viele Atheisten des Dorfes waren jedenfalls trauriger über meinen Weggang als die Wortführer im Gemeindekirchenrat. Das muss mir erst mal jemand nachmachen!

Rückblickend haben mir in Neuhardenberg eindeutig die vielen Trauungen in Neuhardenberg und Wulkow von auswärtigen Brautpaaren am meisten Freude gemacht. Da konnte man erwartungslosen Menschen zeigen, wie locker, modern und trotzdem ernst Kirche sein kann gemäß dem 11. Gebot: „Du sollst nicht langweilen." Denn die Brautpaare kamen ja nicht wegen des schmissigen Pfarrers, sondern wegen der „Location" Schloss und Kirche.

Ich denke gern an viele gute Gespräche über Gott und die Welt auf vielen Hochzeitsfeiern zurück, wo mehrmals

Brautpaare mitunter Jahre später zurückkehrten, um das erste Kind taufen zu lassen, weil ihnen die Hochzeit so sehr gefallen hatte. Und wo bestimmt auch viele Bilder von Kirche als verstaubtem, langweiligem Verein zusammenbrachen. Das Material dazu habe ich immer gern geliefert.

Kurz nach meinem Abschied von Neuhardenberg feierte ich noch zweimal dort eine Hochzeit, die jeweils lange vor meinem Weggang geplant war, und im Dezember fand die Orgelweihe mit mir als Pfarrer statt. Das hatte ich mir zum Abschied gewünscht. Am 4. Dezember 2004 um 14 Uhr stand ich in meiner alten Gemeinde am Altar. Kirchenmusikdirektor Professor Meiser aus Potsdam, bei dem ich schon im Kinderchor gesungen hatte, spielte die Orgel.

Die Orgelweihe war mein eigentlicher Abschiedsgottesdienst. In der Predigt ließ ich durchscheinen, dass die Ursachen meines Weggangs aus Neuhardenberg tieferer Natur waren als die Aussicht, Stadionpfarrer bei Hertha zu werden. Es war im nachhinein betrachtet der Anlass zum Stellenwechsel, nicht der Grund, zumal ich niemals in die Konzeption der Kapelle eingebunden war. Kurz vor der Einweihung der Stadionkapelle im Mai 2006 meldete sich der Architekt in der Pfingstbeilage der Kirchenzeitung zu Wort. Er sagte: „Hier erwarten wir keine Leute in Fanklamotten." Wenn ich selber als Fan in Fanklamotten da nicht hingehen darf, dachte ich mir, was sollte ich andere überzeugen, dort zu heiraten und ihre Kinder taufen zu lassen? Theologische Begründungen für seine restriktive Haltung blieb der Architekt schuldig. Als Fan und Pfarrer kann ich mich davon nur distanzieren und habe mich nicht mehr um die Sache gekümmert.

Nach meinem Weggang kam Pfarrer Alternie nun also doch zum dritten Mal kurz vor seinem Ruhestand zur Übernahme von Neuhardenberg für ein Jahr, nachdem er durch Fröhlings Inthronisierung 2001 knapp daran vorbeigeschrammt war. Es wuchs zusammen, was im Prinzip zusammen gehörte. Nach seinem Weggang wurde Neuhardenberg trotz der Zusammenlegung mit Gusow und Platkow zur 50%-Stelle erklärt. Spätestens da hätten meine Frau und ich gehen müssen. Aber da wäre Neustadt (Dosse) nicht mehr frei gewesen.

Kapitel 19: Drehen Sie sich nicht um, Frau Lot!

Im September 2003 konnte ich als Pfarrer von Neuhardenberg den alten, weisen Ralph Giordano für eine Lesung in unserer Kirche gewinnen. Im Schloss Neuhardenberg nebenan gab es gerade eine Ausstellung über Stalin, und Giordano sinnierte: „Die Nazis waren ja nur zwölf Jahre an der Macht, aber die Sowjetunion hat viel länger existiert. Und diese zwölf Jahre beschäftigen uns immer noch heute. Wie lange wird uns dann erst die Aufarbeitung der Sowjetzeit beschäftigen?“ Ein wahres Wort. 40 Jahre DDR sind irgendwo in der Mitte zwischen Nazizeit und Sowjetherrschaft, was die notwendige Aufarbeitungszeit angehen mag.
Werde ich das Ende der Aufarbeitung noch erleben? Vielleicht nicht einmal meine Kinder. Ich werde ihnen jedenfalls erzählen, warum mich die DDR immer noch so sehr beschäftigt und mich bei ihren Verdrängern und Verharmlosern aggressive Affekte befallen.

Viele sind sich gar nicht dessen bewusst, wie stark das Denken durch diesen Staat geprägt ist.
Meine Frau und ich schrieben im Juni 2007 in unserem in alle Neustädter Haushalte verteilten Gemeindebrief eine nicht als solche eindeutig erkennbare Glosse, weil uns die Existenz eines Rotlichtetablissements mitten im Ort ärgerte. Wir kündigten an, juristische Schritte zu prüfen, um Autokennzeichen von Männern zu veröffentlichen, die zumeist verschämt hinter dem Haus parkten und wurden innerhalb weniger Tage zum Stadtgespräch. In vielen Reaktionen, auch in einem Leserbrief an die Lokalzeitung im 15 Kilometer entfernten Kyritz, wurde darauf verwiesen, dass 1989 die Stasi in Neustadt Autonummern von Leuten aufgeschrieben habe, die zum Montagsgebet gingen. Der Chefredakteur der Lokalzeitung sagte mir, die Menschen hätten dies nicht vergessen, und es würde auch noch eine ganze Weile dauern, bis die Leute eher an das ganz normale Treiben von Privatdetektiven denken würden als an die Stasi, wenn jemand Autonummern mitschriebe. Kirchenbesuch und Puffbesuch wurden zwar hier unbedachter Weise miteinander verglichen, aber das war denen egal, die an einer Vertiefung der Diskussion über Prostitutions-Akzeptanz vor Ort nicht interessiert waren.
Die menschlichen Abwehrmechanismen griffen. Der Mensch neigt mitunter nicht nur dazu, Dinge nicht an sich heranzulassen und mit Totschlagargumenten abzuwehren, sondern mitunter auch dazu, vergesslich zu sein. „Wenn Frauen ihre Geburtsschmerzen nicht irgendwann vergessen würden, dann wäre die Menschheit längst ausgestorben“, – mit dieser Weisheit überraschte mich ein Mann, dem ich zum 50. Geburtstag gratulierte und mit dem ich

gemeinsam über den Hang mancher Kreise zur DDR-Nostalgie den Kopf schüttelte.
2003 gab es im Fernsehen DDR-Shows; ZDF, MDR, RTL – jede Sendeanstalt wollte plötzlich nostalgisch und darin ultimativ sein. „Muss das lustig gewesen sein in der DDR" – so hätten ahnungslose Außerirdische wahrscheinlich geurteilt, hätten sie diese Shows sehen können. Viele Ossis freuten sich, weil die DDR zum Thema von Fernsehshows wurde, und sie hofften, ihre Lebenswelt würde dann stärker als bisher beachtet werden. Sascha Lange aus Leipzig resümierte treffend: „Nun glauben wirklich alle, dass Ossis Trottel sind. Schönen Dank auch!" Eiskunstläuferin Katarina Witt im Blauhemd der Freien Deutschen Jugend (FDJ) moderierte eine dieser Sendungen, von denen ich mir keine einzige ansah. Wahrscheinlich, weil mich dieser Aufzug in den Fernsehankündigungen an die Fotos vom Frühjahr 1989 in der „Jungen Welt" erinnerte: Katarina Witt forderte im Blauhemd die Leser der FDJ-Zeitung ganzseitig auf, die Kandidaten der Nationalen Front zu wählen.
Der Hallenser Psychotherapeut Hans-Joachim Maaz sagte in einem Rundfunkinterview, diese DDR-Shows würden den Menschen in Ostdeutschland einen Bärendienst erweisen, weil jeder sich nach der Konfrontation mit dem DDR-Bild dieser Shows fragen müsste: Warum wollte denn die übergroße Mehrheit der DDR-Bürger 1989 diese DDR nicht mehr haben? Wie kommt es, dass diese DDR die größte Fluchtbewegung in Europa seit dem Ende des Zweiten Weltkrieges ausgelöst hat?
Der Kabarettist Peter Ensikat, der die gesamte DDR-Zeit miterlebt hat, brachte es angesichts dieser für mich nicht nachvollziehbaren medialen DDR-Nostalgiewelle in einem

Fernsehinterview einmal auf den Punkt: „Ein paar Stunden DDR wären für einige Menschen da sehr heilsam".
Bei aller Freiheit des Denkens und aller Statistik: Man muss sich nicht damit abfinden, dass ca. 9 % der Menschen im Osten die Mauer und die DDR ernsthaft wiederhaben wollen.
Und man muss und darf die Menschen nicht aufgeben, die solche Ansichten äußern.
Die Menschen finden völlig zurecht vieles kritikwürdig am aktuellen Deutschland, nur glauben sie, Lösungen in der Vergangenheit zu finden und wissen doch genau, dass eine Rückbesinnung auf alte, vergangene Zeiten keine Lösung der Probleme bietet.
Andres Veiel lässt in seinem Theaterstück „Der Kick" zum Mord von Potzlow den Vater eines Freundes des ermordeten Marinus Schöberl zu Wort kommen: „Hier im Dorf hat keiner Arbeit. Mit der Wende ging es los. Westdeutsche Firmen kamen in die DDR. Übernahmen Betriebe, zeigten uns, dass es auch mit weniger Leuten zu machen ist. Bessere Maschinen, und Leute dürfen zu Hause bleiben. Wir wurden nie zur Selbständigkeit erzogen. Es hieß immer: Sei gehorsam, verteidige Deinen Staat. Damit kannste keine Firma aufbauen. Aber plötzlich sollen wir es auf die Reihe bekommen. Plötzlich sollen wir uns selbständig machen." Wessi Veiel beobachtete sensibel: DDR-Bürger seien eben gewöhnt gewesen, dass der Staat sich um alles kümmere. Rolf Henrich, Mitbegründer des Neuen Forum in der DDR, nannte 1989 sein Buch über die DDR ja „Der vormundschaftliche Staat".
Veiels Beobachtung: Statt etwas zu unternehmen, werde die Verantwortung einfach auf die staatlichen Stellen geschoben und gefordert, dass Schulen und Jugendzen-

tren richten, was die Eltern selbst nicht schaffen: die Kinder zu erziehen. Denn Eltern prägen in erster Linie Kinder. Das merke ich ja selbst.

Ein ganz profanes Beispiel: Wenn ich will, dass mein Sohn über Spejbl und Hurvinek, die beiden Marionetten aus Prag, lacht, dann muss ich nach CDs oder DVDs suchen und sie ihm vorspielen, und bei Oma und Opa in Potsdam sind noch meine Schallplatten aus meiner Kinderzeit von Spejbl und Hurvinek. Im Kindergarten sehe ich es ja: Alle Ost-Eltern kennen Spejbl und Hurvinek, aber die meisten Kinder kennen sie nicht. Es liegt eben an den Eltern. Es ist nicht „die Gesellschaft". Das ist sie nur ohne die Eltern.

Der Vater der beiden Haupttäter in Potzlow erzählt im Theaterstück: „Was meinen Sie, was damals in den sechziger Jahren für'n Trubel in Potzlow war. Da war hier nebenan die Gaststätte, die jetzt zu ist. Hier gegenüber, da war 'ne andere Gaststätte, da war Kino da drinne. Jeden Sonntag kam der Filmvorführer, da wurde Kino vorgeführt für 25 Pfennig Kinoeintritt, konnte man hingeh'n. Hinter Seehausen, Warnitz, Freilichtkino, brauchte man nicht bezahlen. Haben wir abgewartet, bis alles düster war, dann ham wir uns rangeschlichen und denn... Maitanz war gewesen, da war Erntefest. Wurde auf dem Platz gefeiert und Tanz im Saal. Richtung Kirche, 'n riesengroßet, weißes Haus, da war früher 'n Lebensmittelladen drinne, Henke, der wohnt immer noch da, aber der Laden is' raus. Links davon, hinter der Gaststätte, da war früher Sprung, war auch noch 'n Lebensmittelladen. Dann gab's 'n Bäcker, dann gab's 'n Fleischer, dann gab's hinten bei der LPG noch mal 'ne Gaststätte, Paul Schlecht. Dann gab's 'n Friseur... dann war da

’ne Sparkasse drinne.... Von 700 Leute in der LPG sind zwei übrig geblieben. Die einzige Gaststätte hat auch dicht gemacht. Die paar Leute, die hier noch sind, können sie wegtreiben und denn hier ’n Naturreservat aufmachen.“

Veiels Recherche-Ergebnisse in Potzlow: Tatsächlich wurden die Schattenseiten der DDR sehr wohl wahrgenommen. Wer das System aber nach außen nicht in Frage stellte, wurde zumindest in Ruhe gelassen. Das Thema Stasi, Überwachung und Repression schneidet keiner an. Stattdessen rücken sie etwas anderes in den Vordergrund: In der DDR fühlten die meisten Gesprächspartner sich rundum versorgt. Der Staat habe sich „gekümmert“, man habe Arbeit, seinen kleinen Hof oder gar eine Datsche gehabt und habe „sich nicht weiter Sorgen machen müssen.“ Wie sagte Major Gerber zu den Neuntklässlern auf dem Weg ins Wehrkunde-Lager? „Denken braucht ihr hier nicht, das werden andere für euch übernehmen.“

Ein ehemaliger NVA-Offizier, der mittlerweile als Leiter einer Arbeitsfördergesellschaft arbeitet, sagte mir einmal: „Der Mensch ist nicht geschaffen für die Demokratie, er will gelenkt werden.“ In einem Brecht-Lied, das wir in der 9. Klasse gelernt haben, heißt es in der zweiten Strophe: „Und weil der Mensch ein Mensch ist, drum hat er Stiefel im Gesicht nicht gern. Er will unter sich keinen Sklaven sehn und über sich keinen Herrn.“ Doch genau das stimmt einfach nicht. Es wäre schön, wenn es so wäre. Aber das Radfahrerprinzip „nach oben buckeln, nach unten treten“ hat auch die DDR den Menschen nicht austreiben können.

Bei uns in Kampehl, einem Ortsteil von Neustadt (Dosse), hat ein Wessi aus der Nähe von Kiel im Schloss-Keller eine

DDR-Sammlung zusammengestellt. Die Kirche ist für den mumifizierten Ritter Kalebuz (1651-1702) zuständig, der in einem Gruftanbau total unverwest ruht und Touristen gezeigt wird, und wer will, kann sich im Schlosskeller gleich weitergruseln. Als ich einmal dort war, stellte ich mir vor, jetzt fiele eine Eisentür ins Schloss, und ich stünde wirklich in einem DDR-KONSUM-Geschäft (Witz: Abkürzung für „Kauft ohne nachzudenken schnell unsern Mist!“), und alles war nur ein Traum. Ein paar Stunden DDR wären für manche da sehr heilsam... Manche Wessis reagieren verständnislos auf so eine Einrichtung. „Hier ist alle paar Meter die DDR mit Händen zu greifen!“, sagte eine Verwandte. „Wozu eine Ausstellung?“

Neben der Feuerwehr in Perleberg, 60 Kilometer von Neustadt entfernt, betreibt unser Vorgänger, von 1978 bis 2003 Pfarrer in Neustadt-Köritz, ein Geschichts-Museum. Vor der Tür weht groß die DDR-Fahne. Mir wird schlecht. Eine junge Dame hinter dem Kassenschalter fragt mich: „Sie möchten also in die DDR einreisen? Drei Euro bitte!“ Ich denke mir: Hey, mit so was macht man doch keine Witze, aber ich beherrsche mich.

Auch hier dasselbe Gefühl wie im Schlosskeller von Kampehl, nur viel weiträumiger:

Ich befinde mich in einem Gruselkabinett! Oder in einer großräumigen Geisterbahn zum Durchgehen (hatten wir beim Rummel auf dem Potsdamer Bassinplatz, als ich noch ein Kind war). Die Einträge im Gästebuch geben in großer Zahl meine Eindrücke wieder: Gut, dass das vorbei ist!, lautet der durchgängige Tenor. Ein paar Stunden DDR wären für manche da sehr heilsam... Ich hätte jetzt gern einen Schnaps, aber den hamse nich. „Wie halten Sie das nur aus,

diese ständige Konfrontation mit der DDR?“, frage ich unseren Vorgänger. Er zuckt mit den Schultern. Wahrscheinlich hat er sich so sehr an der DDR gerieben, dass ihm nach dem Mauerfall das Lebensthema auf unerwartete Weise urplötzlich abhanden kam (so ging es ja vielen Pfarrern damals). Und nun bleibt das Thema doch erhalten. Er hat jedenfalls ein großes Sendungsbewusstsein und will gegen alles Vergessen zeigen, wie die DDR wirklich war.
Beim 1997er Auswärtsspiel des 1. FC Union Berlin beim Westberliner Verein Tennis Borussia hissten einige junge Fans eine DDR-Fahne an unserem Block-Zaun. Ich holte sie ein und hätte die Hisser beinahe verprügelt. Was wussten diese jungen Schnösel von der DDR? Was wissen sie von den Repressionen, denen Unionfans und Union selber in selbiger DDR ausgesetzt waren? Der liebe Gott ist manchmal mit seiner gleichmacherischen Verteilung der Dummheit auch unter Fußballfans schwer zu verstehen. HERR, schmeiß Hirn vom Himmel!
Wenn ich daran denke, dass mir in Berlin am 3. Oktober 1990 auf Grund meiner Kritik an der Kritiklosigkeit am geeinten Deutschland von einer Westfrau gesagt wurde: „Sie haben offenbar nicht genug gelitten“, könnte ich heulen.
Es gibt Menschen, die werden zu trotzigen Verteidigern der DDR, weil Wessis das Wort „Unrechtsstaat“ im Munde führen und die DDR mit dem Dritten Reich in einem Atemzug nennen. Es kommt eben immer darauf an, wer die DDR bewertet. Sind es diejenigen, die 40 Jahre lang in ihr trotz alledem gelebt haben, oder sind es diejenigen, die 40 Jahre im Trockenen gesessen haben? Wäre das Buch „Die Täter sind unter uns“ von Hubertus Knabe von einem Ostdeutschen geschrieben worden, es würde so

manche PDS-Politiker und DDR-Nostalgiker ins Nachdenken oder Schleudern bringen. Aber so...

Richard Schröder hat sehr frappierend analysiert, dass das Wort „Unrechtsstaat“ zur Beschreibung der DDR im Munde von Wessis anklagenden Charakter hat im Sinne von: „Ihr habt alle mitgemacht; Ihr hättet doch...“. Und da bekommt die Sache eine Schieflage.

Bei einem Ärzte-Kongress meines Vaters in Paris hatte ich eine Begegnung mit einem Medizinprofessor aus Aachen, der vor dem Mauerbau in den Westen abgehauen war.

Er belehrte uns über den Charakter der DDR und verstieg sich zu der These: „Wenn ich in der DDR gelebt hätte, ich wäre auch ins Gefängnis gegangen.“

Trotz meiner gerade erst zweiundzwanzig Jahre verlor ich all meinen Respekt und antwortete, dem Aachener Professor ins Wort fallend: „Sind Sie aber nicht! Sie sind abgehauen!“ Dann war Ruhe, und mir ging es besser. Am Ort, den der Franzose mit „pissoir“ wiedergibt, traf ich meinen Vater, der mir von hinten auf die Schulter klopfte. „Großer, Du warst klasse!“

Im ersten Teil der Bibel wird der Urvater Lot mit seiner Familie vor der Vernichtung bewahrt. Gott schärft ihnen ein, nicht zurück zu blicken, sich nicht umzudrehen, wenn Er die Stadt Sodom zerstört. Lots Frau hält sich nicht daran und erstarrt daraufhin zur Salzsäule (1. Mose <Genesis> 19, Vers 26). Für mich ein durchschlagendes Bild, um zu erklären, was mit Menschen passiert, die glauben, in der vergangenen Vergangenheit Halt zu bekommen.

Im Neuen Testament sagt Jesus zu einem Menschen, der Ihm nachfolgen will und sich nicht wirklich von dem trennen kann, was ihn daran hindert: „Wer die Hand an den

Pflug legt und sieht zurück, der ist nicht geschickt für das Reich Gottes." (Lukas 9, Vers 63).
In meiner ersten Pfarrstelle in Neuhardenberg ist mir sehr viel Frustration über das neue Deutschland und sehr viel Trauer über den Verlust vergangener Zeiten begegnet.
Diese Erfahrungen mündeten am 29. März 2004 in meine Morgenandacht im Deutschlandradio Kultur, die ich hier ungekürzt wiedergebe. Denn es ist mein Weg als Christ, mit jeglicher Nostalgie umzugehen. Auch mit meinen 20 Jahren DDR und den Folgen. Das Rad der Geschichte - zum Glücke dreht es sich nicht zurücke! Amen.

„Früher war alles besser" – diesen Satz kann man oft hören. Ältere sagen: Diesen Satz gab es auch schon, als wir jung waren. Der Mensch lebt eben sehr oft in und mit der Vergangenheit. Und es ist gut und wichtig, die Vergangenheit nicht zu vergessen oder gar zu verdrängen.
Ein Bundespräsident hatte vor einigen Jahren gesagt: „Wer die Vergangenheit nicht sieht, wird blind für die Gegenwart." Und im Gegensatz zu vielen Nostalgiesendungen im Fernsehen meinte er offenbar ein kritisches Verhältnis zur Vergangenheit. Es gibt nämlich Rückblicke in die Vergangenheit, da geht es nicht nur um Erinnerung, nicht um Erklärung des Erlebten, sondern um Verklärung.
Jesus kleidet seine Kritik an solcher Verklärung in ein Bild aus der Landwirtschaft.
Er sagt: „Wer die Hand an den Pflug legt und sieht zurück, der ist nicht geeignet für das Reich Gottes." Jesus sammelt Menschen für das Reich Gottes, und da geht es in der Tat um die Zukunft. Wer die Hand an den Pflug legt, wer eine Furche pflügt, muss nach vorne sehen, sonst wird die Fur-

che schief gezogen, und das bedeutet für den Ackerbau: Verschwendung von Möglichkeiten, denn nur bei gerade gezogenen Furchen kann man viel Samen ausstreuen. Jesus will sagen: Niemand würde auf die Idee kommen, eine Furche umzupflügen und dabei nach hinten zu sehen. Da kann ich das Ziel nicht erreichen, da müsste ich schon ein landwirtschaftlicher Akrobat sein. Dasselbe wäre es, mit dem Auto vorwärts zu fahren von A nach B und dabei nicht nach vorne zu sehen, sondern in den Rückspiegel. Kein Mensch würde auf so eine verrückte Idee kommen. Die Fahrt wäre ja schon am nächsten Häuserblock zu Ende. „Wer die Hand an den Pflug legt und sieht zurück, der ist nicht geeignet für das Reich Gottes.“ Jesus predigt hier kein „Augen zu und durch!“ Er sagt nicht: Man muss nach vorne blicken, man muss positiv denken. Sondern Er sagt: Bei Gott geht es immer um die Zukunft, niemals allein um die Vergangenheit. Ihr könnt Euch versuchen, an der Vergangenheit festzuhalten, aber es wird Euch weder für heute noch für morgen helfen. Mit allen Seinen Worten möchte Jesus uns Mut machen zum Vertrauen gegenüber Gott. Bleibt nicht in der Vergangenheit, überlasst Gott alle Eure Zeiten. Er weiß, welche Sorgen Ihr Euch macht. Er weiß, was Euch belastet. Alles könnt Ihr getrost Ihm anheim stellen. Er kümmert sich drum.

Wer die Hand an den Pflug legt und sieht nach vorn, wird seine Furche gerade ziehen.

Das ist die beste Voraussetzung für eine gute Aussaat, die beste Voraussetzung für eine gute Ernte. Auf Gott zu vertrauen, das bedeutet: Ich wende mich der Sonne zu. Da, wo es hell ist. Und alle Schatten fallen dann hinter mich. Auch die Schatten der Vergangenheit.

Kapitel 20: Ick nich'!

Kulturradio vom RBB am Mittag, Ende April 2007. Nach den Nachrichten wird das Thema im „Hörerstreit“ eingeführt: „Schutz vor Terrorismus – die neuen Vorhaben von Innenminister Schäuble (CDU): Droht uns der totale Überwachungsstaat?“ Der Moderator fordert auf, eine Berliner Telefonnummer anzuwählen, um die eigene Meinung zu diesem Thema vorzutragen. Eine Vorbereitung dieses Hörerstreits und Vorab-Vertiefung bietet das Gespräch mit dem Studiogast: Der stellvertretende Fraktionsvorsitzende von Bündnis 90 / Die Grünen im Bundestag Hans-Christian Ströbele, Altlinker und Kreuzberger Direktkandidat mit adrettem grauen Haar und rotem Schal, häufiger Gast bei Fernsehdiskussionen, immer ruhig und bedacht. Den noch adretter gekleideten Ralph Giordano brachte Ströbele allerdings aus der Ruhe bei „Sabine Christiansen“. Giordano erregte sich schier und geißelte bei Ströbele „den ewig-linken fanatischen dogmatischen Antiamerikanismus.“ Ströbele schwieg betreten.

Im Gegensatz zu vielen anderen Politikern scheute sich Ströbele nicht, bereits mehrfach zum Fernseh-Verhör bei Michel Friedman zu erscheinen. Er lässt sich durch den Polemiker und Ich-unterbreche-Euch-alle-Inquisitor nie aus dem Konzept bringen, sondern erklärt freundlich, beginnend mit einem „Nun, Herr Friedman...“ noch einmal, zweimal oder auch dreimal seine Position, gepaart mit einer gehörigen Ladung Sendungsbewusstsein.

Bei Ströbele weiß man schon vorher genau, welche Position er zu welchem Thema haben wird, und er hat mich noch nie enttäuscht. Er beherrscht sogar die paradoxe Inter-

vention, schlug er doch im Rahmen der Terrorismusbekämpfung vor, einen christlichen Feiertag in Deutschland abzuschaffen und durch einen muslimischen zu ersetzen. Wenn ich Kofferbombenattentäter wäre, würde ich Deutschland unter Ströbele als Bundeskanzler sofort von der Liste der Feindesstaaten streichen und meine Koffer packen.
Aber das ist ja das perverse Spiel, das Henryk M. Broder in seinem Buch „Kein Krieg nirgends – die Deutschen und der Terror" schon 2002 entlarvt hat: „Wie kriegen wir es nur geschickt hin, uns bei den Terroristen anzubiedern, damit sie uns verschonen?"
Als wir im Sommer 2005 in Italien Urlaub machten, sah ich hin und wieder „Pace"- oder „Peace"- Fahnen aus den Fenstern hängen. Für mich hieß die Botschaft: „Wir waren gegen die Befreiung des Irak von Saddam Hussein! Selbstmordattentäter bitte nebenan klingeln!"
Die neueste Umfrage zum Tornado-Aufklärungseinsatz der Bundeswehr in Afghanistan zeigt genau diese Logik: Die große Mehrheit der Tornado-Ablehner in Deutschland hält diesen Auslandseinsatz der Bundeswehr für nicht gut, „weil damit die Terrorgefahr in Deutschland steigen würde". Also: Bloß nichts unternehmen, was die Taliban provozieren könnte. Die Amis haben ja gesehen, was dabei herauskommt. Sollen die Taliban doch tausend Jahre alte Buddhastatuen in Afghanistan sprengen, soviel sie wollen; sollen sie doch den Mädchen die Schulen verbieten; sollen sie doch ihren landesweiten Reality-Mittelaltermarkt in Afghanistan haben, was geht uns das an? Und außerdem hat doch der Westen vor 25 Jahren die Taliban im Kampf gegen die Sowjetarmee unterstützt, was sollten die denn jetzt von uns denken?

Georg Kreisler hat im Lied „Der Hund“ schon früh diesem Typus ein Denkmal gesetzt; er nennt ihn den Wiener Herrn Maier, der sich angesichts vieler Kriege in der Welt immer die Frage stellt, was dann aus seinem Hund werde. Da heißt es unter anderem: „I sag ja immer, so a Kriag hat wenig Sinn, wenn er woanders is, dann schau i halt net hin und sag nur: Treibt es bitte net zu bunt! Mir konn’s ja wurscht sein, aber sag’n S’: Was macht der Hund?“

Keine Frage, dass Ströbele im Kulturradio natürlich alle Pläne zu einer Überwachung von Bürgern strikt ablehnte („Datenschutz“). In den achtziger Jahren hatte er ja maßgeblich an der Ablehnung der Volkszählung in der Bundesrepublik mitgewirkt.

Nun hatten die Hörer das Wort. Zwei Damen aus Westberliner Bezirken riefen nacheinander an; sie stimmten bis ins Detail mit der Ströbele-Position überein. Ich dachte mir beim Hören: Was wissen denn Leute wie Herr Ströbele, die vierzig Jahre lang im Trockenen gesessen haben, von einem Überwachungsstaat? Ich habe ihn erlebt! Gott sei Dank hatte dieser kaum westliche Technik („Die Mikroelektronik ist einfach nicht kleinzukriegen!“, lautete ein kurzer DDR-Witz); es knackte im Telefon, wenn wir abgehört wurden, und nichts wusste die Stasi über unsere Familie, das wir nicht auch schon wussten.

Mir fiel der Kraftwerk-Song „Computerwelt“ von 1981 ein: „Interpol und Deutsche Bank, FBI und Scotland Yard, Flensburg und das BKA haben unsre Daten da.“ In der Wiederholung hieß es dann statt „Flensburg und das BKA“ „Finanzamt und das BKA“, wahrscheinlich um auch die Fußgänger unter den Plattenkäufern auf einen computerisierten Staat aufmerksam zu machen. Bei Kraftwerk klang

es allerdings eher wie ein fröhliches Staunen über Computertechnik denn düster warnend wie bei Ströbele.
Eine Hörerin, die Herrn Ströbele beipflichtete, verstieg sich zu der These: Wenn es in Deutschland keine Meldepflicht gegeben hätte, dann hätten in der Nazizeit viele Juden überleben können. Das ging auch dem Moderator offenbar etwas zu weit, und man einigte sich dann darauf, dass Meldepflicht noch nichts mit Überwachungsstaat zu tun hatte.
Kein Wort allerdings davon, dass mangelnde Zivilcourage von 99 % der Deutschen schuld war am Mord an den Juden im Dritten Reich und nicht irgendwelche Meldepflichten. Aber Schuld haben immer die anderen. Hier argumentieren Ossis wie Wessis unterschiedslos.
Da fasste ich den spontanen Entschluss, mich am Hörerstreit zu beteiligen. Meine Tochter löffelte fröhlich ihr Mittagessen, ohne dass Papa konzentriert neben ihr sitzen und ihr gut zureden musste. Ich wählte die Berliner Telefonnummer vom Kulturradio und kündigte der Telefonistin im Sender an, eine grundsätzlich andere Meinung einbringen zu wollen.
Man bat mich, am Apparat zu bleiben, ich würde bald drankommen.
Ein weiterer Hörer aus einem Berliner Westbezirk pflichtete allem bislang Gesagten bei.
Der vierte Anrufer brachte meine Theorie zum Einsturz, nur Wessis würden gegen die Schäuble-Pläne Amok laufen: Ein Herr aus Hohenschönhausen äußerte begeisterte Zustimmung zu Ströbeles Position und betonte, aus dem Osten zu kommen (klar; welcher nicht umnachtete Wessi zieht denn nach Hohenschönhausen, dachte ich bei mir). Der Hörer beschimpfte den US-Präsidenten in unflätiger Weise als

Schuldigen am Terrorismus. Bevor der Moderator ihm das Wort abschnitt, verstieg sich der Hohenschönhausener noch zu dem Satz: „Hätte die Stasi damals diese Möglichkeiten gehabt, die Herrn Schäuble heute vorschweben, dann Gnade uns.“ Ich merkte innerlich, dass ich nicht mehr ganz mitkam. Wollte der Herr andeuten, die Sicherheitsbehörden Deutschlands seien nichts anderes als die Stasi? Ich hatte keine Zeit, darüber nachzudenken, denn jetzt war ich an der Reihe.
Ich outete mich zunächst als kein Sympathieträger von Schäubles CDU. Telegrammstilartig erklärte ich, dass ich Ströbeles Position und die meiner Vorredner überhaupt nicht teilte. Ich wies darauf hin, dass es die Stasi nur noch als ewiggestrigen Internet-Club „MfS-Insider“ gebe und auch nicht glaubte, dass von Deutschland mit Schäuble als Innenminister ein neuer Holocaust ausgehen würde. Auch erzählte ich in der mir zur Verfügung stehenden Minute (ich wollte möglichst nicht abgewürgt werden), dass ich zu DDR-Zeiten unsere Westberliner Freunde beneidete um ihre Luxus-Probleme mit der Volkszählung („Wat jeht den Staat dit an, wie ville Zimmer ick habe und wo meen Scheißhaus steht?“), lud den jetzigen Staat hingegen ein, meinen Computer ruhig zu durchforsten, weil ich als begeisterter Anhänger einer Demokratie nichts zu verbergen hätte und die ganze Aufregung nicht verstünde.
Der Moderator, offenbar interessiert an einem Hörerstreit, der diesen Namen auch verdiente, freute sich hörbar über meinen Anruf und nahm den letzten Hörer an die Reihe, der wiederum die Position seines Vorredners (also meine) verwarf und betonte, dass er als aus der DDR Kommender sehr wohl Angst hätte vor einer erneuten flächendeckenden Überwachung. Hingegen sah er das Problem

nicht im Terrorismus, sondern empfahl den Amis eine andere Politik, dann würden die Terroristen ihren Terror einstellen.
Dann war die schöne Zeit auch schon um – Endstand 5:1 für Ströbele; die ost-interne Wertung ergab einen Wert von 2:1 für seine Position. Ich hatte es mir offensichtlich zu einfach gemacht. Es war anscheinend keine Ost-West-Debatte. Gut, dass der Mann aus Hohenschönhausen vor mir angerufen hatte, sonst hätte ich noch als Besser-Ossi dagestanden.
Sicherlich ist diese kleine Hörerzahl statistisch nicht relevant, doch sie ergibt als klaren Ausschnitt, dass es um die deutsche Einheit doch gar nicht so uneinheitlich bestellt sein kann, noch dazu, wo zwei Hörer die Ostherkunft betonten, ohne dabei automatisch in eine Gegenposition zu den West-Hörern zu geraten.
Ich habe am Ende wohl eine Sternstunde der deutschen Einheit miterleben dürfen.
Sollte uns das nicht zu denken geben? Ich denke, nein.

INHALT

Verzeichnis von im Buch benutzten DDR-spezifischen Abkürzungen

AG Arbeitsgemeinschaft (in der Schule); heute denkt jeder da wohl eher an „Aktiengesellschaft“, die es im Sozialismus so nicht gab

BFC Berliner Fußballclub Dynamo, Fußball-Serienmeister der DDR, mitunter dank der Stasi; im Volksmund einfach nur „Stasi-Club“ genannt

BSG Betriebssportgemeinschaft; große Fußballvereine waren an Betriebe offiziell angegliedert; offiziell arbeiteten die Spieler dort

DDR Deutsche Demokratische Republik; deutscher, als uns lieb war; von Demokratie keine Spur und eher eine Monarchie denn eine Republik mit Sonnenkönig Honecker an der Spitze

DSF Gesellschaft für Deutsch-Sowjetische Freundschaft; nicht etwa Deutsches Sportfernsehen

EOS Erweiterte Oberschule (Klasse 11 und 12, Spezialklassen von Klasse 9-12)

ESP DDR-Unterrichtsfach in Klassen 7-10; ausgeschrieben „Einführung in die sozialistische Produktion“. Als Ende der 80er Jahre die Bee Gees eine Platte „ESP“ nannten, bekam ich einen Lachanfall. Aber im Englischen ist das wohl die Abkürzung für „außersinnliche Wahrnehmung“, womit auch viel über die sozialistische Produktion gesagt ist.

FDGB Freier Deutscher Gewerkschaftsbund in der DDR – so frei war der aber nicht. Über den FDGB gab es Betriebsvergnügen und eventuell Ferienplätze.

FDJ Freie Deutsche Jugend; „Kampfreserve der Partei“ (s. SED)

GST Gesellschaft für Sport und Technik, paramilitärisch orientiert

LPG Landwirtschaftliche Produktionsgenossenschaft, DDR-Zwangskollektivierung der Bauern; offiziell vollendet 1960

MMK militärischer Mehrkampf, AG an der EOS

ND „Neues Deutschland“ – flächenmäßig größte und langweiligste DDR-Zeitung, da das „Zentralorgan der SED“ sämtliche Honeckerreden im vollen Wortlaut brachte

NVA Nationale Volksarmee

PA Produktive Arbeit; Unterrichtsfach 7.-10. Klasse; in sozialistischem Betrieb lernten Schüler angesichts vieler Mängel verdeckte Arbeitslosigkeit kennen

PDS Partei des Demokratischen Sozialismus, Nachfolgepartei der SED (Witz vom Januar 1990 über den Parteinamen: „Praktisch Das Selbe“), ändert ihren Namen von Zeit zu Zeit, wenn es ihr vorteilhaft erscheint

POS Polytechnische Oberschule (Klasse 1-10) in der DDR

SED Sozialistische Einheitspartei Deutschlands, auch „die Partei“ genannt

Stabü Staatsbürgerkunde; grauenhaftes Unterrichtsfach, in dem ich immer 1 stand

Stasi eigentlich: Ministerium für Staatssicherheit (MfS)

TZ Technisch Zeichnen – m. E. sinnlosestes DDR-Unterrichtsfach (7./8. Klasse)

VEB Volkseigener Betrieb (Witz aus DDR-Zeiten über den Namen: „Vorsicht, es bröckelt!“)

ZV Zivilverteidigung; eigentlich Organisation zum Katastrophenschutz; Kurzfassung für paramilitärischen mehrtägigen Kurs in der 9. und 11. Klasse

Bücher zu meinem Buch, auch wenn sie es gar nicht sein wollen

(Erst-Erscheinungsjahr in Klammern)

Nicht alle empfehle ich auf das Herzlichste.
Wolfgang Herles: Wir sind kein Volk. Eine Polemik (2004) fehlt bewusst.

Die Bibel
nach der Übersetzung Martin Luthers (1984)

Jeny Bisky: Geboren am 13. August.
Der Sozialismus und ich (2004)

Jens Bisky: Die deutsche Frage.
Warum die Einheit unser Land gefährdet (2005)

Ronny Blaschke: Im Schatten des Spiels.
Rassismus und Randale im Fußball (2007)

Maximilian C. Böse (Hg.): Im Zeichen der Eule.
Geschichte und Geschichten vom Helmholtz-Gymnasium Potsdam (2001)

Henryk M. Broder: Kein Krieg, nirgends!
Die Deutschen und der Terror (2002)

Henryk M. Broder: Hurra, wir kapitulieren!
Über die Lust am Einknicken (2006)

Claus Detjen: Die anderen Deutschen.
Wie der Osten die Republik verändert (1999)

Christoph Dieckmann: Das wahre Leben im falschen.
Geschichten von ostdeutscher Identität (1998)

Rainer Eckert: Was stimmt?
DDR. Die wichtigsten Antworten (2007)

David Ensikat: Kleines Land, große Mauer.
Die DDR für alle, die (nicht) dabei waren (2007)

Peter Ensikat: Das schönste am Gedächtnis sind die Lücken (2005)

Joachim Fest: Ich nicht.
Erinnerungen an eine Kindheit und Jugend (2006)

Ralph Giordano: Deutschlandreise.
Aufzeichnungen aus einer schwierigen Heimat (1998)

Gerhard Haase-Hindenberg: Der Mann, der die Mauer öffnete.
Warum Oberstleutnant Harald Jäger den Befehl verweigerte und damit Weltgeschichte schrieb (2007)

Peter Hahne: Schluss mit lustig!
Das Ende der Spaßgesellschaft (2004)

Rolf Henrich: Der vormundschaftliche Staat (1989)

Jana Hensel: Zonenkinder (2002)

Robert Ide: Geteilte Träume.
Meine Eltern, die Wende und ich (2007)

Martin Jankowski: Der Tag, der Deutschland veränderte.
9. Oktober 1989 (2007)

Michael Jürgs/Angela Elis: Typisch Ossi - typisch Wessi.
Eine längst fällige Abrechnung unter Brüdern und Schwestern (2005)

Ephraim Kishon: Drehn Sie sich um, Frau Lot!
Satiren aus Israel (1961)

Ephraim Kishon: Arche Noah, Touristenklasse.
Neue Satiren aus Israel (1963)

Olaf Georg Klein: Ihr könnt uns einfach nicht verstehen.
Warum Ost- und Westdeutsche aneinander vorbeireden (2001)

Hubertus Knabe: Die Täter sind unter uns.
Über das Schönreden der SED-Diktatur (2007)

Karsten Krampitz/Lothar Tautz/Dieter Ziebarth: Ich werde dann gehen. Erinnerungen an Oskar Brüsewitz (2006)

Sascha Lange: DJ Westradio.
Meine glückliche DDR-Jugend (2007)

Wolfgang Leonhard: Die Revolution entlässt ihre Kinder (1955)

Wolfgang Leonhard: Meine Geschichte der DDR (2007)

Hans-Joachim Maaz: Das gestürzte Volk.
Die verunglückte Einheit (1991)

Peter Märtesheimer/Ivo Frenzel (Hg.): Im Kreuzfeuer:
Der Fernsehfilm „Holocaust". Eine Nation ist betroffen (1979)

Heinz Florian Oertel: Gott sei Dank.
Schluss mit der Schwatz-Gesellschaft (2007)

George Orwell: Animal Farm (1945)

Parteidiktatur und Alltag in der DDR.
Aus den Sammlungen des Deutschen Historischen Museums (2007)

Fritz Pleitgen (Hg.): Wolfgang Biermann und andere.
Ausbürgerung. Anfang vom Ende der DDR (2001)

Karl Popper: Die offene Gesellschaft und ihre Feinde (1992)

Claudia Rusch: Meine freie deutsche Jugend (2003)

Richard Schröder: Die wichtigsten Irrtümer über die deutsche Einheit (2007)

Bastian Sick; Der Dativ ist dem Genitiv sein Tod. Folge 2 – Neues aus dem Irrgarten der deutschen Sprache (2005)

Andres Veiel: Der Kick.
Ein Lehrstück über Gewalt (2007)

Daniel Wiechmann: Immer bereit! Von einem jungen Pionier, der auszog, das Glück zu suchen (2004)

Stefan Wolle: Die heile Welt der Diktatur.
Alltag und Herrschaft in der DDR 1971-1989 (1998)